ESCRITORES ESPAÑOLES EN LOS ESTADOS UNIDOS

ANTOLOGÍA

Gerardo Piña-Rosales, ed.

**ACADEMIA NORTEAMERICANA
DE LA
LENGUA ESPAÑOLA**
(Correspondiente de la Real Academia Española)

G.P.O. Box 349
New York, N.Y. 10116

www.academianorteamericana.org

Título: *Escritores españoles en los Estados Unidos*

© Gerardo Piña-Rosales, ed.

©Academia Norteamericana de la Lengua Española, Nueva York, 2007

Ilustración, diseño de cubiertas y fotografías:
© Gerardo Piña-Rosales

ISBN 0-86515-034-6

Impreso en los Estados Unidos – Printed in the United States

ÍNDICE

ÍNDICE DE FOTOGRAFÍAS

ESCRITORES ESPAÑOLES EN LOS ESTADOS UNIDOS

(A MODO DE PRESENTACIÓN)

Los nuevos inquisidores lingüísticos y literarios suelen excluir a la literatura española del ámbito de la llamada literatura latina en los Estados Unidos. ¿Será tal vez porque los españoles no hablamos español, lengua neolatina, como lo son también el italiano, el portugués, el francés, etc., etc.? ¿Será tal vez porque los españoles (que yo sepa) no hablamos latín?

También es verdad que otros estudiosos de la literatura, desoyendo a esos críticos latinófilos, han tenido el buen criterio de considerar la literatura española en los Estados Unidos como parte inseparable del corpus literario hispano, latino (o como se lo quiera llamar).

Numerosísimas y variadas son las aportaciones de los pueblos hispánicos –en todos los campos del saber– a lo que hoy llamamos Estados Unidos de América. Desde *Presencia española en los Estados Unidos*, el libro ya clásico de Carlos M. Fernández Shaw, donde se estudian las contribuciones de España en Norteamérica, hasta los estudios de Thomas Wyer, Alberto Moncada, Fausto Avendaño, Francisco Marcos Marín, sobre la vida de los hispanos en EE.UU., hemos ido constatando cuán verdadero y apropiado es el santo y seña de este país, *E Pluribus Unum*, pero también cuán frágil, cuán engañoso.

El número creciente y la pujanza del hispano en unas tierras que por tradición e historia no pueden serle ajenas constituyen un fenómeno innegable de fuerza arrolladora. Esto explica las olas xenófobas, antiinmigratorias, en el país, camuflada a veces tras la pálida máscara de movimientos con suspuestos fines lingüísticos, como el *English Only*, organización –o más bien secta– formada por una cáfila de hispanófobos que pretenden conseguir la oficialidad del inglés a todo lo largo y ancho de la Unión.

Para ser justos, reconozcamos que también en las ollas de la crítica hispana cuecen habas (o frijoles). Debo confesar, a este

i

respecto, mi asombro e indignación cuando, recién aparecido el monumental *Biographical Dictionary of Hispanic Literature in the United States*, de Nicolás Kanellos, me apresté a consultarlo para cotejar cierta información sobre algunos de los escritores españoles residentes en los Estados Unidos. ¡Brillaban por su ausencia! ¿Qué esotérico, qué arcano criterio –me pregunté intrigado– habrá seguido Kanellos para ningunearnos de esa forma? Leí entonces en sus páginas introductorias que el diccionario aspiraba (y traduzco del inglés) a identificar «un corpus de escritores que están firmemente enraizados en comunidades de considerable presencia hispana en los Estados Unidos y cuyas obras son publicadas, distribuidas y estudiadas en español, inglés, o en ambos idiomas en los Estados Unidos y Puerto Rico.» «¡Conque los españoles (y más de un escritor hispanoamericano silenciado) no damos la talla suficiente para que, como *Hispanic*, se nos otorgue la merced de figurar en el diccionario de marras!», exclamé un tanto mosqueado. Así están las cosas.

Convendrán, queridos lectores, en que intentar ofrecer una panorámica de la literatura española en los Estados Unidos, en estas páginas introductorias, es, a todas luces, una empresa que roza con lo quimérico. Podría elaborar una nómina, con sus comentarios pertinentes, de escritores españoles en Norteamérica, pero este corpus literario es tan vasto, tan complejo, tan variopinto, que la nómina, mucho me temo, habría de reducirse a una aséptica y plúmbea lista de nombres y títulos. Me limitaré, pues, a trazar a vuelatecla los parámetros que delimitan y definen a esa literatura, deteniéndome en los escritores incluidos en esta antología.

Consciente de la provisionalidad de la siguiente división y animado tan sólo por el prurito de ir desbrozando gaba en este campo tan feraz como inexplorado, yo dividiría la literatura española escrita en castellano por españoles residentes en los Estados Unidos, en cinco grandes periodos: el primero de ellos comenzaría con una comedia escrita, *in situ*, por Marcos Farfán de los Godos, y representada en los aledaños de El Paso, con ocasión de la toma de posesión del reino de Nuevo México por Juan de Oñate, el 30 de abril de 1598, y concluiría con la fundación de los Estados Unidos en 1776; el segundo se extendería desde esas fechas hasta la Primera Guerra Mundial; el tercero llegaría hasta la Guerra Civil española y el penoso exilio que ésta provocara; el cuarto periodo podría dividirse a su vez en dos fases: una, que alcanzaría hasta los años cincuenta, en los que se produjo el llamado «último exilio» (y que yo prefiero llamar emigración intelectual o fuga de cerebros), y la otra, hasta 1977, año de la disolución del Gobierno Republicano en el exilio; el quinto y, por ahora, último periodo llegaría hasta nuestros días.

Después de la Guerra Civil española (incivil, internacional) sobrevino en el país un éxodo de grandes y graves consecuencias. Por razones naturales de afinidad cultural y lingüística, la mayoría de los escritores españoles del éxodo y del llanto brujuleó hacia países hispanoamericanos, muy especialmente, México, centro de gravedad espiritual y material del transtierro. Algunos de ellos, tras pasar varios años en tierras hispanoamericanas, acabaron afincándose en los Estados Unidos. Este es el caso Eugenio F. Granell, José Ferrater Mora, Manuel Durán, Roberto Ruiz y Elena Castedo.

Eugenio Fernández Granell tuvo la amabilidad de enviarme, para que lo incluyera en esta antología, un cuento inédito, «Viaje de ida y vuelta», que, como todos los suyos, se inserta en los parámetros de un surrealismo muy personal, impregnado de humor y socarronería.

No es aún suficientemente conocida la obra de ficción del filósofo José Ferrater Mora. De su libro *Mujeres al borde de la leyenda*, he elegido el cuento «Entrevista con Eva», donde se conjugan admirablemente la comicidad y la ironía, en una prosa ágil y precisa.

Conocidísimo por sus estudios críticos, Manuel Durán es, ante todo, poeta. De su última producción poética, reproduzco algunos de sus «Poemas gnósticos», inquietantes y profundos.

De Roberto Ruiz, el autor de esa gran novela que es *Paraíso cerrado, cielo abierto*, presento en esta ocasión un cuento inédito, «La profesión», de léxico troquelado en escritura serena, a veces desapasionada, en busca ante todo de la depuración de superfluos lastres retóricos, y con una temática de signo social.

El cuento de Elena Castedo, «El verdadero Quijote», es una divertida parodia de la vida académica, tan frecuentemente plagada de rencillas y pedanterías.

Durante los años 50 y 60, debido a la desastrosa situación económica y pobreza cultural española, se produjo en el país una grave emigración intelectual o fuga de cerebros. Entre los poetas y narradores que abandonaron aquella triste y achabacanada España –además de Germán Bleiberg, Ildefonso-Manuel Gil, Angel González y otros– se encontraban Carlos Rojas, Manuel Mantero, José Luis S. Ponce de León, Odón Betanzos Palacios, Víctor Fuentes, Ana María Fagundo, Pedro Fernández Giménez, Carlos Varo, Matilde Albert Robatto.

Carlos Rojas, maestro de la novela histórica –o tal vez mejor, de la recreación histórica– nos brinda «Alfonso de Borbón habló con el demonio», texto singular en que se contrapuntean con gran pericia la historia y la anécdota novelística.

Manuel Mantero es, sin duda, uno de los grandes poetas de posguerra. Basten, como botón de muestra, algunos de sus últimos poemas, ejemplos del difícil equilibrio entre la voz poética, intimista y asordinada, y un lenguaje salpicado de referencias culturales, desde las mitológicas hastas las históricas.

De las dos novelas publicadas hasta ahora por José Luis S. Ponce de León, *La seducción de Hernán Cortés y El Hombre de los Gatos*, he seleccionado el primer capítulo de *La seducción...*, novela compleja, experimental, de variados recursos lingüísticos y estructurales, y de una temática «seria» (la Guerra Civil, el exilio, el mestizaje, etc...).

De la vasta obra poética de Odón Betanzos (cerca de un centenar de poemarios) he elegido algunos de los sonetos de su último libro, *Sonetos de la muerte*, que conforman una verdadera elegía a su hijo, muerto en un accidente.

Víctor Fuentes es ampliamente conocido por sus estudios críticos sobre narrativa española contemporánea. En los últimos años ha publicado dos magníficas novelas. El texto que aquí se reproduce «Reviviendo el terremoto de San Francisco (1906-1975)» pertenece a *Morir en Isla Vista*, novela autobiográfica, contada desde variados puntos de vista y en una prosa de talante joyciano.

iv

Desde su primer poemario, *Brotes*, hasta *Como quien no dice voz alguna al viento* y *Retornos sobe la siempre ausencia*, la voz de Ana María Fagundo no ha dejado de cantar los temas consubstanciales al hombre y a la mujer de nuestro tiempo, la magia del poema, el misterio del ser, el amor, el dolor ante la muerte del ser querido, la naturaleza. Y la soledad; la soledad y el sentimiento de extranjería, de desarraigo, perdida y reencontrada una y otra vez la memoria de un pasado, cuyas claves habría que rastrear tal vez por todo el archipiélago canario.

Pedro Fernández Jiménez es uno de esos autores de obra breve, pero sustancial, originalísima y, desgraciadamente, desconocida. El texto que hemos seleccionado es un fragmento de la introducción del mismo autor (encarnado en su heterónimo Dino) a su *Antología Poética Breve (1946-1966)*.

Conocido y admirado por su novela, *Rosa Mystica*, Carlos Varo trabaja en estos momentos en su segunda novela, *En soledad, de amor herido*. De ella podrán solazarse (¡valga el voquible!) con el capítulo titulado, «De eruditione principis mahometani o La educación del príncipe mahometano», dechado de prosa barroca, fina ironía y temática erótica.

Del poemario *Mágica saudade*, de Matilde Albert Robatto, se presentan aquí varios poemas donde la nostalgia por el terruño natal –Galicia– se convierte en voz distintiva y dolorida.

A finales de los sesenta y principios de los setenta, y por circunstancias diversas, desde la aventura personal hasta razones laborales –casi todos ellos dedicados a la docencia universitaria–, fueron afincándose en los Estados Unidos escritores como Gonzalo Navajas, Jesús Torrecilla, Gerardo Piña-Rosales, Hilario Barrero, Dionisio Cañas, Tina Escaja, Carlos Perellón, Ignacio López Calvo, Santiago García-Castañón, Fernando Operé, Alberto Acereda, Francisco Alvarez-Koki.

De la ultima novela publicada por Gonzalo Navajas, *La última estación*, he escogido un capítulo que muestra a cabalidad sus dotes narrativas: su prosa, elegante y sugerente, es el vehículo idóneo para el desarrollo de una trama lírica y existencial.

También he seleccionado un capítulo de la novela de Jesús Torrecilla, *Guía de Los Angeles*, donde las referencias culturales a España y a los Estados Unidos se barajan constantemente, plasmándose así la doble vida que, para bien o para mal, se ven obligados a llevar estos autores.

El diálogo entre lo visual y lo verbal, tanto de carácter ekfrástico como puramente descriptivo, es frecuente en nuestra literatura. Pero no lo es tanto la utilización de la imagen insertada en el mismo texto, recurso más contrapuntístico que meramente dialógico. No son otra cosa mis «Fotogrerías».

Hilario Barrero ganó varios premios importantes con su poemario *In tempore belli*. De sus páginas he extraído un manojo de poemas que, a mi parecer, muestran de manera palmaria su perfección formal y fascinante motivación.

«Poema de amor» y «Apocalipsis» ilustran cabalmente el talante de la poesía de Dionisio Cañas, siempre al borde del horror y de la angustia, iconoclasta, subversiva y siempre lúcida.

Carlos Mellizo cuenta ya con una enjundiosa obra narrativa. El cuento inédito que recojo en esta antología, «Herencia equina», reúne todas las características del cuento tradicional, realista y con un final sorpresivo.

La labor poética de Tina Escaja quizá habría que apreciarla mejor en sus hipertextos, pero creo que con esta gavilla de poemas el lector podrá hacerse una idea del carácter y factura de su Poética.

En el cuento de Carlos Perellón, «El vecino desconocido», de su libro inédito *Inventario de pintores raros*, el narrador reconstruye, a través de la viuda de un pintor ruso recién fallecido en Nueva York, los años de miedo, opresión y oprobio que el artista tuvo que sufrir en la Rusia de Stalin.

Los poemas de Ignacio López-Calvo nos hablan de emigración, de exilio, pues aunque ambos fenómenos sean de naturaleza distinta, la actitud psicológica, de desarraigo, del que los padece, son semejantes.

En el caso de Santiago García-Castañón, más que de poemas cabría hablar de antipoemas. Sea como fuere, su poesía, aparentemente desenfadada y sencilla, contiene todo un arsenal de vitriólicas invectivas contra una sociedad hipócrita, gazmoña y, en el fondo, terriblemente destructora.

vi

Los poemas de Fernando Operé nos recuerdan a veces al mejor Guillén. Sabemos que el mundo no está bien hecho, pero al menos también podemos encontrar en él una voz amiga, un rayo de esperanza.

Estos son de los primeros poemas que publica Alberto Acereda (estudioso, por cierto, de Rubén Darío), pero no son, desde luego, los primeros que escribe, pues ya en ellos brota una voz de corte clásico, de inspiración existencial y hasta metafísica.

De entre la hornada más joven de escritores españoles que despuntan en el panorama literario estadounidense se encuentra Francisco Alvarez-Koki. Aunque casi toda la obra poética de Alvarez-Koki está escrita en castellano, le pedí, para estas páginas, algunos poemas en gallego. En su poética vibra siempre una voz lírica, afectiva, invadida a veces por la congoja y la indignación que le producen las injusticias sociales.

En vez de seguir un orden cronológico en la presentación de estos textos, he preferido agruparlos de modo que ofreciesen una mayor variedad de géneros y de temas. Espero que esta *Antología de escritores españoles en los Estados Unidos* sirva de avanzadilla para futuros estudios críticos sobre un corpus literario que, aunque heterogéneo y desigual, es parte importantísima e indesgajable de la literatura española contemporánea.

Gerardo Piña-Rosales

JOSÉ LUIS S. PONCE DE LEÓN

José Luis Sierra Ponce de León nació en Vigo, Galicia. Se licenció en Derecho en la Universidad de Santiago de Compostela, aunque nunca ejerció como abogado, y en los Estados Unidos se doctoró en asuntos hispánicos en la Universidad de Stanford, dedicándose después a la enseñanza de la lengua y literatura españolas. Es miembro correspondiente de la Academia Norteamericana de la Lengua Española. Vive en San Francisco, California, desde donde hace frecuentes viajes a España y a México.

*Publicó narraciones breves en inglés, un libro (*La novela española de la guerra civil, 1936-1939*) y varios artículos sobre el tema de la guerra en la literatura. El exilio de los republicanos españoles en México pasó a su novela* La seducción de Hernán Cortés, *y el tema de la investigación literaria en los medios universitarios es tratado con ironía y sentido del humor en* El hombre de los gatos, investigador literario, *una reciente novelita, más bien juego literario.*

JOSÉ LUIS S. PONCE DE LEÓN

ALFONSO

Volverás a la casa donde naciste, y sus paredes te mirarán sin verte. Tú, miliciano de ayer, de un ayer que es un pasado tan remoto que ya nadie lo recuerda ni comprende, pinche refugiado, exiliado, trasterrado gachupín que un día llegó flotando como alga sin raíces al puerto de Veracruz, tú volverás como fantasma y nadie te hablará de lo que tú quieres hablar, de lo único de lo que tú sabes hablar, reloj parado en el tiempo, pieza de museo, página arrancada del libro de la historia, castellano pasado por la tierra caliente que te abrasó en un fuego de nostalgias de la madre puta que te puso en la patria calle, digo, al revés, de la madre patria que te puso en la puta calle porque tu hermano era más fuerte que tú. Volverás al pueblo donde naciste y sólo reconocerás los nombres de las lápidas del cementerio, porque en tu ausencia nacieron otros nombres que nada quieren saber de ti, ni de tu lucha que en aquel verano fatídico te pareció la lucha del bien contra el mal, pobre diablo exiliado, quebrado y olvidado, borrado en la distancia de un mar que atravesaste creyendo que ibas a volver en poco tiempo. Volverás a la casa donde naciste, y morirás en ella meditando sobre el paréntesis de tu vida, un paréntesis que sólo se cerrará cuando cierres los ojos. Tres años te chingaron todos tus años, mano. Anda, viejo, deja la tierra caliente y vuelve, si te atreves, a tu meseta castellana. Ya verás lo que te espera, gachupín de la mierda».

Esto es, más o menos, bueno, con algunos adornos que yo le he puesto, lo que me contaste que te dijo la tarasca que compartió tus noches durante tu exilio mejicano, o mexicano, como escriben por allá, y digo tarasca sin ánimo de insultarla, pues según tú me confesaste una noche de ésas en las que, no sé por qué, los padres sienten la necesidad de hacer confidencias a sus hijos, la tal era tarasca en el sentido de que era india pura, de la tribu de los tarascos, los que todavía quedan después de la conquista famosa que al parecer no terminó todavía, pues tú te portaste como uno más de ellos, de los conquistadores, digo, y llegaste allí con aires de Hernán Cortés, te liaste con ella, con la tarasca, que al parecer era muy guapa y estaba muy buena, le hiciste dos hijos y luego, cuando decidiste volver a España, le dijiste adiós y si te he visto no me acuerdo, hasta hoy, indita mía, que yo me vuelvo a la madre patria, o a la Madre Patria, si hay que escribirla con mayúscula, y no volviste a ocuparte de ella, ni de ellos, mis dos medios hermanos que por ahí andarán ahora trabajando en sabe Dios qué y viviendo sabe Dios cómo, si no es que se murieron de miseria o del cabreo que les habrá dado saber que su padre el gachupín los abandonó a los tres, madre, hijo e hija, y se volvió a su tierra como si aquí no hubiera pasado nada, y que sí había pasado algo, carajo, que engendraste dos hijos como dos soles, me contaste, y que él, el chaval, había salido a ti, todo güerito, como me enseñaste que dicen por allá, todo rubio como tú, y ella, la niña, morenita como su madre, con unos ojos negros como... bueno, no quiero decir como el azabache, que es un símil muy manido, pero con unos ojos negros y rasgados, almendraditos, ojitos de india como los que vi a montones cuando fui a Méjico, o a México, y allá ellos que lo escriban como quieran, porque yo fui a Méjico, y no a hacer turismo, que no fui a Cancún ni a Puerto Vallarta, sino que fui a buscarlos, a mis medios hermanos, yo, tonto de mí, a quién se le ocurre hacer eso, como si Méjico fuera una aldea en la que cualquier vecino pudiera decirme «¡Ah, sí! los hijos de la Esperanza, la que los tuvo con un refugiado español que luego se marchó, el hijo de la chingada, y los dejó en la calle, pues mire usted, los dos están ahora casados y viven ahí, ella en la calle tal y cual, y él casi al lado, en la esquina siguiente». ¡Qué ingenuo soy! Esos encuentros con abrazos y lagrimitas sólo ocurren en las telenovelas, y aun allí son increíbles y la gente dice que ya, ya, esas coincidencias no se dan nunca. Y a pesar de todo fui a Méjico porque creí que podría encontrarlos, no en la capital, naturalmente, que es muy grande, sino en La Paz, que es mucho más pequeña, y donde tú trabajaste de contable en una compañía que tenía barcos de pesca, y yo pensé que preguntando por aquí y por allá, en la compañía pesquera o en las cantinas y hasta en los burdeles de la zona roja, alguien iba a acordarse de ti, pero no has dejado huella, mejor dicho, la huella que has dejado, o las huellas, pues son dos, y no tres, pues me imagino que la Esperanza habrá muerto de vieja, se han esfumado y la esperanza, esta vez con minúscula, se murió también, pues me volví a España de vacío sin haber tenido el sentimental encuentro con abrazos y lágrimas y promesas de mantenernos en contacto para siempre jamás, ellos, el güero y la indita, y yo, el español aventurero que había atravesado los mares para buscar, ¡y encontrar! a sus perdidos hermanos.

¿Cómo pude haber sido tan inocentón, tan tonto, tan idealista? Yo, que me considero un hombre inteligente y culto, es decir, escéptico, me lancé a esta aventura detectivesca sin más armas que tres nombres, César, el hermano rubio, y Esperanza, igual que su madre, la hermana de piel canela, como en un bolero, y una ciudad no muy grande, La Paz, ese puerto perdido allá en Baja California, en el fin del mundo, vamos, bajo un sol incendiario, entre el desierto y el azul brillante del Golfo. Y dije que hasta busqué en los burdeles del pueblo. ¡Qué ocurrencia! ¿Por qué se me habrá pasado por la imaginación que mi hermana Esperanza habría terminado de puta? Además, aun aceptando que hubiera sido así, ¿cómo iba a reconocerla en un bar de mujerío si ni siquiera sé qué aspecto tiene? Pero, imagínate por un momento que sí la hubiera encontrado o, peor aún, que hablando con una puta, y estando en la cama con ella, yo hubiera descubierto que la zorra era mi hermana. ¿Qué cara habrías puesto tú cuando te lo contara? Sí, padre, fui a las Américas y jodí a mi hermana, la cogí, como dicen por allá, la estaba cogiendo cuando ella me dijo, pues las putas a veces conversan mientras trabajan, como si estuvieran tomando una taza de té con su cliente, me dijo, digo, que se llamaba Esperanza, como su madre, y que su padre había sido un republicano español que un día desapareció y hasta ahora si te he visto no me acuerdo, una historia muy típica de la puta que quiere inspirar simpatía contando la triste historia de su familia, la circunstancia, a la Ortega, que la empujó a la prostitución. Con qué placer, con qué regodeo, con qué gozo y deleite te lo contaría para recargar tu conciencia, ya bien estibada con abandonos y otras deserciones, para cargarla un poquito más, digo, con la culpabilidad de haber sido el causante de mi, de nuestro, incesto. Y cuando tu cara palideciera de horror, vendría muy a punto completar la historia diciéndote que, ya cerca del orgasmo, cuando me di cuenta de quién era la mujer que tenía debajo, no interrumpí lo que estaba haciendo, retirándome espantado, como en alguna tragedia griega, sino que terminé el incestuoso coito hasta que mi esperma, que algo tendrá del tuyo, me imagino, penetró en el fraternal túnel haciéndote así a ti cómplice de mi pecado, padre lascivo y salaz, responsable de mi, de nuestro, incesto, el mío y el tuyo, cometido éste por poderes que tú me diste al ser el origen de mi semen, el paternal autor de mi cuerpo. Pero nada de esto sucedió, y no pude darme el placer de herirte donde más te doliera, padre de hijos españoles y americanos, europeos y tarascos, blancos y tostados, hijos que te quieren y te detestan, que se buscan y no se encuentran, o que, cuando se reúnen, lo hacen bajo la sombra de pasadas seducciones, de antiguas violaciones que no se borran de la memoria, querido padre español, odiado padre gachupín.

Y él, el hijo con nombre de emperador romano, ¿se parecería a mí? Yo no salí rubio como mi padre, como nuestro padre, padre nuestro que estás en los cielos, o en los infiernos, quién sabe, pues tú podías ser ángel y demonio a la vez, pero no quiero hablar de ti ahora, sino de él, de ese hijo que hiciste en una hamaca mexicana, bueno, sería un poco difícil hacerlo en una hamaca, habrá sido en una vulgar cama más o menos limpia, pues las cosas no te fueron muy bien en Méjico, conquistador fracasado, y por eso te volviste a las Españas, después de todo tú no habías matado a nadie y te fue relativamente fácil arreglar tu regreso del exilio, y por los años sesenta ya se podía volver, ya podíais volver, los que os marchasteis en el treinta y nueve para seguir luchando por la libertad desde el extranjero. ¡Pues sí que luchaste bien tú por la libertad, jodiendo a la Esperanza y haciéndole dos hijos que luego abandonaste! Bueno, el abandonar hijos debe haber sido una de tus especialidades, pues bien que nos abandonaste a nosotros también, primero por aquello de irte a la zona roja, perdón, a la zona republicana, para luchar por vuestra causa, y luego cruzando la frontera francesa y despidiéndote a la ídem, es decir, a la francesa, sin decirnos ni adiós ni nada, y sin escribir a tu mujer, a mi madre, por ya no recuerdo cuántos años, hasta que un día llegó una carta de Méjico en la que le decías, nos decías, que ibas a volver. Y mientras tanto, mientras estuviste en los calores de La Paz y en los calores de tu entrepierna de conquistador violador de hermosas indias tarascas y de otras tribus, ¿pensaste alguna vez en lo que nos estaba pasando a nosotros, a tu mujer y a tu hijo, en el pueblo castellano donde vivíamos, donde tú te habías paseado con mono y fusil hasta que escapaste corriendo cuando llegaron los fachas de Burgos? Pero ya estoy hablando de ti otra vez, y no quiero hacerlo porque quizá terminaría diciendo algunas cosas que no nos gustarían ni a ti ni a mí. Yo estaba hablando de mi hermano César, el rubio, el güero, y ¿cómo habrá sido la vida de ese hermano mío, de ese mestizo de tarasco y castellano, medio tarasco rubio y de ojos azules como su padre? Y hablando de hermanos, ahora me doy cuenta de que ya no estoy diciendo medio hermano, o hermanastro, que suena horrible, sino hermano a secas, porque hermano me siento de esos dos productos de los devaneos indigenistas de mi padre. Y me sorprendo a mí mismo preguntándome cómo habrá sido su vida, así, con un futuro perfecto que indica probabilidad en el pasado y que parece decir que yo creo que él ya se ha muerto, lo cual no es probable pues, a fin de cuentas, él y ella serían ahora más jóvenes que yo. Serían, otro condicional que se me ha escapado, cuando debía haber dicho que los dos serán, digo más, son, más jóvenes que yo. ¡Y qué pedanterías gramaticales me están saliendo ahora, con todo eso de tiempos verbales, de condicionales y futuros perfectos como si el futuro pudiera ser perfecto alguna vez! Y su pasado, el de ellos, el de César y Esperanza, ¿habrá sido perfecto? El mío no lo fue, aunque mi vida no me haya salido mal del todo, que bien que he vivido, que estoy viviendo, en ese mundo de privilegios que da el dinero, el dinero que tú supiste hacer en Méjico, pero poco, para que mis hermanos pudieran tener una vida mejor, el dinero que yo sí supe hacer a lo grande, sacando unas oposiciones a notario y firmando papeles aquí en la ciudad donde nací y de la que tú te escapaste. ¿Te acuerdas? Tú, profesor de instituto de aquéllos que la República había abierto en los pueblos, publicabas alguna que otra cosilla en el periódico de la capital, y lo contento que te ponías y cómo te pavoneabas cuando los del café de la plaza comentaban tus artículos, tan revolucionarios, tan anticlericales, tan mal escritos, que tenías una prosa indigerible, con unas frases largas, interminables, llenas de comas, como si el punto y aparte no existiera. Mi estilo notarial tiene más gracia, modestia aparte, que no es como el tuyo, tan amazacotado, según decía don Tomás el farmacéutico, que era uno de tus críticos más feroces. De todo esto yo no me acuerdo, pero mi madre me lo ha contado no sé cuántas veces, que en el pueblo la gente de orden te llamaba traidor a tu clase, sobre todo porque estabas casado con mujer rica, que la familia de mi madre tenía tierra, y fábricas, y cupones que ella cortaba después de tu fuga.

Y esto está relacionado con la pregunta que me hice yo antes, aquélla de si tú, mientras viviste en tierras de Moctezuma, te habrías preguntado cómo estábamos viviendo nosotros durante tu ausencia, tu exilio, tu fuga, tu espantada, tu salto de Alvarado, aunque lo de Alvarado te venga por tu mujer, primero por encima de los Pirineos y luego de un lado a otro del Atlántico. Pues vivíamos muy bien, como pudiste ver cuando regresaste, mi madre, tu mujer, en la casa que había sido del abuelo, en la enorme casa un poco destartalada, pero señorial, en la Plaza Mayor, que luego fue Plaza de la Constitución, y después de la Victoria, y ahora es Plaza Mayor otra vez. Mientras que tú, profesor de instituto, rojillo, digo, izquierdista, casado con mujer rica, que por eso los señores del casino, a ti, que te apellidas Requejo, te llamaban Ricojo, por ser rico y rojo, aunque sólo fueras rico por tu matrimonio, que de enseñante no ganabas mucho, tú al llegar a Méjico te convertiste en maestro de escuela hasta que te echaron cuando tus alumnos y sus padres protestaron porque un día dijiste que Hernán Cortés había traído a Méjico la civilización, y además lo dijiste con esas ces castellanas que tanto molestan a los mejicanos. Mira que fue mala idea, usar la única palabra española que tiene dos ces y una zeta. Bueno, quizá no sea la única, pero ahora no se me ocurre que haya otra. Y menudo zipizape, ¡toma zetas!, se armó, que te echaron de la escuela y del pueblo, y fue cuando te fuiste a La Paz, y como hay que ganarse la vida de alguna manera te metiste a contable, tú, el revolucionario, te ganaste la vida contando el dinero de los ricachos de una compañía que, me imagino, explotaba a sus obreros, o trabajadores, o marineros, o pescadores, o tripulantes o como sea que llamaran a los que faenaban en sus barcos de pesca por el Mar de Cortés, que al parecer es el otro nombre de lo que yo estudié en el instituto como Golfo de California. Mira que tiene gracia, por un Cortés mal citado te echaron de tu escuela, y terminaste luego a orillas de otro Cortés. Y fue allí donde te liaste con la Esperanza, tu Malinche, pues casado como estabas en España no podías casarte con ninguna de las señoritas de buena familia que, según me dijiste con muy poca modestia por tu parte, te buscaban las cosquillas porque todavía eras buen mozo y, además, rubio como Alvarado, pero ésas no se iban a liar contigo, por guapo que fueras, que ellas eran señoritas como Dios manda, que no abren las piernas sin previas bendiciones, y además tú tenías tus escrúpulos, ¡vaya por Dios, escrúpulos tú! ante la idea de ser bígamo. Y lo mismo que vivías con la esperanza de volver a España tras la caída del generalito y el triunfo de los tuyos, te pusiste a vivir con la Esperanza, tu doña Marina, tu Malinche, tu hermosa tarasca venida de Michoacán, que trabajaba en una de las fábricas de conservas. Y tuviste suerte que ella no tuviera hermanos, ya que con mucho gusto ellos hubieran usado sus machetes en las carnes blanquirubias del gachupín seductor que no hablaba nunca de casorios.

Y era guapa Esperanza, me dijiste aquella noche de confidencias. ¿Por qué me lo dijiste? ¿Por qué me confiaste la historia de los recovecos de tu pasado trasatlántico? ¿Qué necesidad hay de que los padres cuenten sus historias a sus hijos, aunque les digan antes que van a hablar de hombre a hombre, que ya no eres un niño y me vas a comprender? Yo ya no era ningún niño cuando me contaste todo eso, pero no te comprendí, como en tantas otras cosas. Yo ya era un señor casado, y con un hijo, tu nieto, que tan bien te recibió cuando volviste. Comprendo que te picara la entrepierna, y que usaras tu masculinidad, vulgo pito, pues no ibas a vivir como un monje, tú, tan anticlerical siempre. Que te acostaras con mujeres mientras viviste en Méjico me parece muy bien y muy sano para tu salud física y mental, pero ¿por qué esos dos hijos que luego abandonaste para volver al otro hijo que también habías abandonado antes? Te llamaban Ricojo los del casino de antes de la guerra civil, y yo te llamaría Abandijo, porque tu afición favorita siempre fue hacer hijos y luego abandonarlos, pero no te llamaré eso porque suena a sabandija y me parece una falta de respeto, aunque bueno, en realidad nunca te tuve mucho, la verdad por delante. Y volviendo a la historia de Esperanza, ahora ya no le llamo «la Esperanza», porque ese «la» está cargado de significado, y yo sí siento por ella, ahora que hasta me parece que la conozco, más respeto que por ti, su seductor, el padre de mis hermanos que nunca conoceré. Era muy guapa, me dijiste, con unas tetas fuertes y firmes y una piel morena como una modelo de Gauguin. Eso de sus tetas lo dijiste tú, y a mí me pareció muy mal, lo mismo que si hablaras de las tetas de mi madre, tu otra mujer, de la que nunca te oí hacer ningún elogio, ella, la que te aguantó todas tus babosadas revolucionarias y que luego te esperó años y años, los años que tú viviste con Esperanza. Y te esperó sin una queja, que ella siempre pensó que esta vida es un valle de lágrimas y una sala de espera antes de entrar en la otra, que es la que cuenta. Eso de la sala de espera yo nunca lo comprendí bien, porque las salas de espera siempre son aburridísimas y con gente muy seria, y esta vida, bueno, cada uno cuenta como le fue en la feria, pero yo diría que de aburrida, nada, porque si te salió una vida jodida, no veo yo donde está el aburrimiento, y si has tenido mucha suerte y la pasas bomba, pues tampoco te aburres. Pero, en fin, eso de la sala de espera no lo dije yo, que lo decía mi madre, siempre tan pulcra, tan fina, tan elegante, tan resignada con su suerte de viuda de un vivo, ¡y qué vivo!, tan digna, tan... bueno, ya no se me ocurre otro adjetivo. Y ella te esperó rezando rosarios y cortando cupones, dedicada completamente a su hijo Alfonso, sí, ella había insistido, a pesar de tu oposición, en ponerme Alfonso, como el rey depuesto, dedicada, digo, al hijo de su exiliado marido, o muerto, quizá, porque tú no piaste por quién sabe cuántos años y nadie en la familia sabía si estabas vivo o dando margaritas, cuando en realidad lo que estabas haciendo era bebiendo margaritas en algún bar del puerto de La Paz, que a ti siempre te tiró mucho el ambiente de los puertos, quizá por tener espíritu viajero, frustrado por tu sedentaria y provinciana vida de profesor de instituto en un poblachón mesetario. A veces, sentado en cualquiera de las aulas del instituto, durante mis años adolescentes, yo pensaba que tú podías haber estado allí, dando tus clases, y que yo podía haber sido uno de tus estudiantes, pero quizás haya sido mejor que tú estuvieras con tus debes y haberes en La Paz, y no aquí con tus deberes de marido y padre, porque ¿cómo iba yo a aceptar que tú, mi padre y profesor, me dieras malas notas si alguna vez las hubiera merecido? Porque a lo mejor te salías con historias de que la ética te prohibía dar buenas notas a tu propio hijo, o incluso examinarlo, y me dejarías en manos de alguno de los otros profesores, aquéllos que tanto te criticaban, excepto los que eran de la misma cuerda, de los que tiraban a la gauche, y si me tocaba uno de los otros, de los medio fachas, ¿no se le ocurriría dejar la ética a un lado y suspenderme, sólo por joderte a ti? Bueno, en realidad todo esto no podía haber pasado, pues yo fui al instituto ya terminada la Gloriosa Cruzada, y tú no serías catedrático, aun suponiendo que siguieras vivo, porque te habrían echado y tendrías que estar en casa, sin trabajar, viviendo como un rentista a cuenta de la familia de tu mujer que, con sus influencias, te habría salvado del paseo, pero no de la depuración, que eso ya era más difícil. Pero, ¿para qué hablar de lo que pudo haber sido y no fue, como en una canción de Machín? La realidad es que te fuiste, y no me vengas con historias de que tuviste que irte, porque si no te hubieras dedicado a pasearte por el pueblo con pañuelito rojo al cuello seguirías luego, después de todo el desmadre, viviendo tan ricamente con tu rica mujer, enseñado tus clases, ayudando a tu hijo a hacerse un hombre con mens sana in corpore sano, y no con esos complejos que, no sé por qué, algunos dicen que tengo, lo cual no es cierto, salta a la vista, que soy de lo más normal que hay a pesar de haberme criado con el fantasma, no con la realidad, de un padre a quien yo buscaba en mi imaginación, lo mismo que ahora busco a esos hermanos que no sé dónde están.

Tus colegas del instituto, los que no eran nuevos, los que se acordaban de ti y que antes de la guerra habían tenido la buena idea de no meterse a discursear ni a escribir artículos sediciosos, ni a pasearse luego con mono y fusil, y que por eso no habían ido luego al paseo definitivo y seguían en sus puestos con la cabeza sin agujeros, a veces me hablaban de ti, siempre llevándome a un aparte, donde ninguno de los otros muchachos pudiera oírnos, y me decían que mi padre era un magnífico maestro, y luego me preguntaban por ti, y yo bajaba la cabeza con aire compungido y les decía que no sabía nada, y lo hacía de manera que ellos se quedaban convencidos de que sí sabía algo, pero que no lo quería decir, que a mí eso de fingir siempre se me ha dado muy bien, aunque no es cierto que yo sea un hipócrita, como dicen algunos. Yo no sé por qué les daba a entender que sí sabía donde estaba mi padre, cuando en realidad no tenía ni la más remota idea, pero quizá fuera porque, en tu ausencia, yo te inventaba todos los días, y hablaba contigo, y paseábamos juntos por las afueras, que yo convertía en campos idílicos cuando en realidad son rastrojos y secano, y yo absorbía todo lo que me decías, en una paradisíaca versión de relaciones pater-nofiliales. Ideal, sí, pero falsas, producto todo de mi imaginación adolescente. En aquellos años yo te quería mucho, o creía que te quería, tal vez por llevarle la contraria a mi abuelo materno, quien de vez en cuando se permitía algunos comentarios sarcásticos sobre su ausente yerno, comentarios que mi madre, su hija, oía en silencio, con un gesto de resignación, hasta que interrumpía a su padre diciéndole algo así como que los designios de Dios nos son inescrutables y que había que rezar por él, por su marido, me imagino. Y cuando regresaste sin traer contigo todas las cualidades que yo te había conferido en mi imaginación, cuando volviste para reanudar tu vida como si no hubiera pasado nada, como si Méjico estuviera por descubrir, en una etapa precortesiana sin ningún pie español que hollara sus costas, tropicales o desérticas, cuando retornaste con todos tus defectos, o por lo menos con los defectos que yo encontré en ti, cuando tú no eras mi tú, sino tu tú, cuando la realidad no coincidió con la imaginación, ahí entonces fue cuando empecé a mirarte con ojos críticos, a examinar y escrutar todas y cada una de tus palabras, todos y cada uno de tus gestos, todos y cada uno de tus días con tu mujer y con el hijo que había sido privado de tu presencia durante tantos años. Y después, aquella noche en que tuviste la estúpida idea de contarme tu sórdida historia mejicana, aquella noche en que te permitiste hablar con sensual nostalgia de las tetas y caderas de Esperanza, cuando me pareció que hasta se te aguaba la boca recordando los oscuros rincones de su cuerpo, aquella noche te vi con coraza y casco, conquistador de las Américas, violador de vírgenes morenas, padre de cien mil mestizos con ojos azules y negros, progenitor de confusiones, portador de las glorias y miserias castellanas, con tu pito en la mano, erecta daga toledana dispuestas a penetrar y a rasgar, a crear y a destruir, a matar y a hacer nacer. Y luego, como puntilla, como puñalada trapera, como estocada a traición, el salto de Alvarado dado a la inversa, el adiós, ahí queda eso, la vuelta a la madre patria —¿o es que no te fuiste tú por tu gusto, sino que Esperanza te echó y tú nunca has querido confesarlo?— dejando a tu progenie a la luna de Valencia, o de La Paz, que esas lunas son todas iguales, con su sangre tarasca y castellana, su no ser ni de aquí ni de allí, su amor hacia ti, si es que lo han sentido, y su odio hacia su padre gachupín, el seductor, el violador, el explotador que da vida y da muerte, que roba y regala, que llegó en barcos cargados de lo bueno y lo malo y que deja tras sí una siembra de contradicciones, antítesis y paradojas, contraposiciones y antiperístasis. Pasaste por América como nube que trae una lluvia de esperma, como un torrente de catedrales y palacios, como piqueta demoledora de pirámides y hoguera incineradora de manuscritos... pero de ti sólo se puede decir lo del esperma, porque en cuanto a lo demás no hiciste nada, excepto hijos. Lo otro queda para los que fueron antes que tú, los que te hicieron las cosas fáciles pues al llegar, no tuviste que ponerte a aprender nahuatl ni maya ni tarasco ni ninguna de esas lenguas, que tu tarasca bien que hablaba español. No sé por qué a veces, cuando hablo de ti, termino hablando de ellos, de los que fueron antes, creando así una confusión en la cual los límites se desdibujan y los siglos se encogen como fuelle de acordeón que ha soltado todo el aire. Y como en un sueño busco a César y a Esperanza, tus hijos, mis hermanos, y no llego a encontrarlos aunque sé que están allí. Crecerán en su tierra mejicana, separados de la tierra de su padre por un océano de agua salada y otro de amor-odio hacia el español-gachupín que a la vez los quiso y despreció, los engendró en vientre moreno y les enseñó su idioma hasta que un día los abandonó, o tuvo que abandonarlos, cuando ellos le dijeron: Vuélvete a tu tierra, gachupín de la mierda.

(De *La seducción de Hernán Cortés*)

13

ODÓN BETANZOS PALACIOS

Odón Betanzos Palacios *(Rociana, Huelva, 1926) es doctor en Filosofía y Letras por el Centro de Graduados de la Universidad de la Ciudad de Nueva York, en cuya Universidad (recinto de Staten Island) enseñó hasta su jubilación. Reside en Nueva York desde 1953. Es Miembro Numerario de la Academia Norteamericana de la Lengua Española, de la que es Director, y Miembro Correspondiente de la Real Academia Española, de la Guatemalteca, Filipina, Chilena, Colombiana, Argentina, Nicaragüense, Dominicana, así como de la Hispanic Society of America. Entre sus libros destacan* Santidad y guerrería *(1959),* Hombre del luz *(1972),* La mano universal *(1985),* Poemas del hombre y las desolaciones *(1986),* De ese Dios de las totalidades *(1988),* Antología Poética *(1995),* Las desolaciones *(1999) y* Sonetos de la muerte *(2000). En narrativa, es autor de la novela sobre la Guerra Civil española* Diosdado de lo Alto, *en dos volúmenes (1980 y 1990), y en investigación, de* Experiencias vitales en la obra poética de Miguel Hernández *(1971). En 2004 apareció el libro-homenaje* Odón Betanzos Palacios o la integridad del árbol herido, *editado por Gerardo Piña-Rosales (Círculo de Escritores y Poetas Iberoamericanos de Nueva York).*

Foto: Gerardo Piña-Rosales

ODÓN BETANZOS PALACIOS

SABIENDO COMO SÉ QUE EL CUERPO ES NADA...

Sabiendo como sé que el cuerpo es nada
miro hacia adentro, espíritu dormido:
miro por si la luz por mí soñada
ha subido conmigo hacia el latido.

No ha subido. Quieta y sol va fijada
en la vida deshecha y sin sentido.
Me quedo inmerso con el alma alada
roto en ansias; el cuerpo malherido.

En cortes de una muerte que me gana
voy llamándome por ojos y avenidas
por si la voz en alma se engalana.

De la ilusión en muertes trascendidas
va mi alma andante, en ceguera y así emana
en manos orantes, entretejidas.

SOY UN ÁTOMO PERDIDO EN LA LLANURA

Yo no sé lo que es esto pero así estoy
con la tristeza como vestidura;
nada me incita, alivia ni me cura
en este crucificar por donde voy.

Forcejeo, lucho, me esperanzo, soy
un átomo perdido en la llanura,
algo semejante a nada en la dura
lucha y tregua en los desfiladeros de hoy.

Y no me arrepiento de haber vivido,
sólo este dolor que me agobia y cansa
como si el mundo lo tuviera encima.

Vivo, rezo, atestiguo que he vivido
con una pena perseguida y mansa.
Llevo en el ojo un hacha que lastima.

LA MANO DE BENDECIR SANGRABA

Ya está todo aquí como antes estaba:
el alma herida, la música en nada,
el corazón con rigidez de espada
y la mano de bendecir, sangraba.

Me quedo solo en noche que cerraba
las auroras perdidas por la nada
como este morir mío, en la cerrada
infinitud de pena que no acaba.

Por los ojos se me va el sentinmiento,
por el alma callada me destruyo
y en la frente es visible las espinas.

Una pena alta en el costado siento
que me llaga y lima hasta el suspiro: huyo.
Las miradas de amplitudes son ruinas.

POR SÍ SOLA LA PENA SE ME MUERE

Ya tengo el corazón como partido,
y el mito del vivir casi olvidado;
esta desazón de hombre condenado
me desangra a vivir casi en gemido.

Me pregunto si esto es vivir y mido
las glorias de amar y de ser amado;
los días se me van como si arado
roturara mi sangre en un quejido.

Paso la eternidad de los momentos
haciendo del dolor una montaña.
Por sí sola la pena se me muere.

Este dolor multiplicado en cientos
va haciendo la agonía que me araña.
Es difunto ya este ser que anda y quiere.

CARGO EN MÍ COMO EL PESAR DEL MUNDO

Desde el cielo que lo veo tapado
e intento sumergirme hasta su fondo;
así también va mi anhelo; así de hondo
la inquietud que me araña con arado.

Me duele por la sangre, en el costado;
alma arriba me busco y me respondo
con un olor opacado y redondo
como si el cielo lo tuviera atado.

Me busco en la inquietud más de mi nombre,
me crucifico y me desgasto en nada
y cargo en mí como el pesar del mundo.

En un llanto de penares de este hombre
voy cargando el dolor como una espada.
Con el alma en el frente voy y me hundo.

HIJO DEL ALMA, TU ALMA ESTÁ EN TU PELO

Esa limpia claridad de hombre muerto
me viene y se deshace levemente,
como arroyo que nace del injerto
de monte alto como agua seriamente.

Me queda este serio dolor tan cierto
que cava, tala, corta y me dice vente.
Así voy, roto de andar en abierto
precipicio con el penar sintiente.

Me quedo sujeto como iba, atado
a las penas del mundo con mi pena.
La asfixia me retuerce por el duelo.

Veo entrar por mis ojos otro arado
que se pone a arar en mi propia vena.
Hijo del alma, tu alma está en tu pelo.

MI HIJO TIENE YA SU PERFIL AMANECIDO

Tiene ya un serio perfil de amanecido.
La flor del día resucitaba entera.
Dios se marchó en duelo de su cabecera
y el otro mundo le vino en un quejido.

Todo fue liso en dolor por lo sufrido;
el cuerpo temblaba al respirar en cera.
Más dolor, imposible, al verle como era
un pie aquí, el otro por la muerte asido.

Lo veía en la muerte y no me lo creía;
un gran viento interior me decía, ¡páralo!
y soplaba a Dios parado y Dios callaba.

Una fuerza oscura, atroz, me lo moría;
las fuerzas negras imponían el ¡áralo!
Mi corazón en Dios se abría y rajaba.

SE ME MUERE ENTRE HOSPITALES

Respiraba con un sentir tan hondo
que allá lejos, en los pasillos largos,
la muerte repetía sus encargos:
conmigo es el joven y ya lo escondo.

Todo era así, el aire, la luz. Respondo
en lágrimas. Son dolores amargos
que llevan penas sobre penas. Largos
los vientos de la muerte. En mí me escondo.

Se muere paso a paso y no lo creo;
se escapa de la vida y no lo paro;
se me muere entre hospitales y me ahogo.

Le empujaba la vida y yo lo veo
pero la muerte decidía en aro.
Con su estremecer de muerte ando y bogo.

LA PENA ME ARRASA CON SU PENA

Ya no puedo más; la pena me alcanza;
me come los costados y la boca,
me rompe el pensar, me duele, me toca:
es mi hijo muerto y quieto como lanza.

Lanza fría, cuerpo duro, hoja en lanza
hacia otro firmamento en roca. Poca
luz por dentro. Es el alma que se aboca
a otra dimensión por la que ya avanza.

Aquí tu padre, hijo del tiempo largo,
tu padre de la sed y los martirios.
Por tu hondo sufrir se alza con tu pena.

Más punzante el dolor y tan amargo;
me hallo con la muerte en color de cirios
y la pena me arrasa con su pena.

ADIÓS AL TIEMPO, ADIÓS LA AMANECIDA

No tengo otro pensar que recordarte,
hijo del alma que te fuiste entero,
ni otro camino que morir sin verte,
adiós al tiempo, adiós la amanecida.

Por aire mismo sin luz de otra parte
traspasaste el camino tan ligero.
Adiós con mi pena tan de quererte
hijo de mi ala sangre y de mi vida.

Por los densos caminos de misterio
tu voz sin voz se atormentó en la nada
de la misma forma que me ahogo solo.

Ya ves, hijo, tu solo cementerio
como sola se quiebra mi alma atada
a tu cuerpo de muerto, hijo Manolo.

DE PENARES EL ALMA SE ME AZULA

De penares el alma se me azula,
se me olvidan los nombres de las horas,
descubro que oscurecen las auroras
y hasta mi voz se rompe y se me anula.

Camino sin sentir, mi ansia articula
un rezo oculto; me quedo en los ahoras
de esas filtradas lanzas rompedoras
que así me llaga, quema y crepuscula.

Por los cercos del orbe me desdigo;
perdiendo siento el hilo de mi vida
y ya me canso de mí mismo y me ahogo.

Todo es así y mi propio sino sigo
por si fuera verdad la misma vida.
Sueño que soy yo. Hasta por la voz me oigo.

LA FAZ DEL HIJO MUERTO ESTÁ A SU LADO

Mi niño es ahora el hombre que se ha muerto,
repiten los cristales de mi daño
y madre es la que transfigura en año
las edades del hombre que está yerto.

La veo en tiempo con su niño cierto
jugar a los barquitos en el baño,
acurrucarlo en fe con aquel paño
y amor de tanto amar en el acierto.

Amor en tierna luz, palabra en vida
va día a día en niño chiquitito
solo mundo, solo centro, hijo amado.

En su querer de madre ya se anida
hecho historia del niño quietecito.
La faz del hijo muerto está a su lado.

(De *Sonetos de la muerte*)

GONZALO NAVAJAS

Nacido en Barcelona en 1946, Gonzalo Navajas es Catedrá- tico de literatura moderna y cine en la Universidad de California, Irvine. Comparte las actividades de teórico de la cultura, novelista y crítico.

Autor de numerosos libros sobre literatura moderna y teoría literaria, cine, arquitectura y cultura popular. Entre ellos destacan: Teoría y práctica de la novela española posmoderna *(1987)*; Miguel de Unamuno: bipolaridad y síntesis ficcional. Una lectura posmoderna *(1988)*; Pío Baroja. El escritor y la crítica *(1990)*; Más allá de la posmodernidad. Estética de la nueva novela y cine españoles *(1996)*; La narrativa española en la era global. Imagen/Comunicación/Ficción *(2002)*.

Como novelista, ha publicado tres novelas: De la destrucción de la urbe *(1987)*; Una pregunta más para el amor *(1991)*; La última estación *(2001)*.

23

GONZALO NAVAJAS

LA ÚLTIMA ESTACIÓN

Durmieron en camas separadas. Ella se desvistió primero en el cuarto de baño, mientras él estaba sentado fuera de la habitación en una silla desde donde podía ver con claridad todo el firmamento repleto de estrellas como no era posible verlo en Las Vegas. A diferencia de la ciudad, la noche era allí diáfana, sin los resplandores que empobrecían la visibilidad. No hacía calor y un aire refrescante y límpido suavizaba la noche.

El silencio era completo y pensó en la muerte del viejo Séneca. En lugar de la opción de Albert, la muerte del sabio, en acorde con su medio. Cambiar de Camus a la aceptación conocedora de Séneca, con el trabajo laborioso pero más lúcido de la fortaleza personal.

Entró en la habitación. Monique estaba ya en la cama. Al entrar él, le sonrió con cierta complicidad en el juego. La noche está perfecta ahí afuera —le dijo él. Mañana será un día espléndido. Debemos levantarnos temprano para ver la salida del sol.

Se desvistió y arregló en el cuarto de baño, luego se acercó a ella, le puso los labios en la frente, la abrazó cariñosamente, le dio las buenas noches y se fue a su cama.

—Te quiero pero no te entiendo —le dijo ella en un tono bondadoso y no recriminatorio. O tal vez te quiero porque no te entiendo. Hace unos años no hubiera aguantado esto. Ahora lo encuentro incluso apasionante. Aquí estamos los dos deseándonos, con ganas de tocarnos, de estar juntos y nos quedamos los dos en nuestras propias camas como extraños. No me quejo. He venido a este viaje sabiendo las reglas y las acepto como las he aceptado desde que nos conocimos. Eres un deseo físico que lucha por no convertirse sólo en ficción. Conste que te entiendo, no me estoy quejando.

Diego le envió un beso desde la cama.

—Sabes que te amo de la mejor manera que podemos amarnos —le contestó. Dejémoslo así porque hacer algo diferente sería estropearlo.

Monique apagó la luz. El ruido monótono de las cicadas y los grillos penetraba en la habitación produciendo una ambiente adormecedor y tranquilizante. Estaban muy lejos del Strip. Ella sentía que con Diego había obtenido la satisfacción espiritual que no había obtenido con nadie más en el pasado. Con él había aprendido que se podía estar más allá del deseo, que el deseo no lo definía todo, como siempre había creído y buscado en pasadas relaciones en las que acostarse con alguien era el criterio definidor. Estaban los dos en aquella habitación de un motel vacío, en un paraje deshabitado del mundo, a muy poca distancia el uno del otro y, sin embargo, sus cuerpos estaban abismalmente separados. Pero, al mismo tiempo, se sentía unida a él por una ternura insospechada. Estaba tentada ahora que él dormía ya a levantarse sigilosamente de la cama y besarlo en la boca, como no había podido hacerlo antes. Pero no quería romper el encantamiento, aquel pacto que se había establecido entre los dos y que era inviolable para ella. La limpieza de los sentimientos y las acciones, el desinterés eran decisivos. Aquella forma de santidad laica, de purificación absoluta cuando lo sagrado había perdido su valor alrededor suyo era lo que más le atraía en él y que aquella nueva posición suya hubiera ocurrido en el ambiente de Las Vegas, entre el exceso y el dispendio, tenía todavía más valor para ella porque le demostraba que podía aspirar a sobreponerse a sí misma, acompañarlo hasta que el momento en que fuera patente que debían seguir caminos separados, cada uno por su cuenta, entonces ella partiría, regresaría de nuevo a Dijon, a la rutina de la vida de siempre, lejos de todo el tumulto y de las luces de la ciudad a la que había huido para olvidarse de su pasado sin haberlo conseguido hasta encontrarse con Diego.

Monique durmió poco. Daba vueltas en la cama y miraba hacia el lado de Diego, que dormía profundamente. No se atrevía a levantarse para no despertarlo. Fuera, se había levantado un viento fuerte que golpeaba los ventanales de aquel motel perdido en una llanura abandonada en la que no había ningún rastro humano más que aquel parco e inhóspito lugar de alojamiento. Pero lo tenía a él, no tenía nada que temer. Aquellos lugares americanos, perdidos en medio de una naturaleza vasta e ignota, la sobrecogían y atemorizaban al mismo tiempo frente al orden y accesibilidad de los campos franceses.

Cuando se durmió finalmente, bien entrada la noche, soñó entrecortadamente que Diego y ella caminaban con los pies descalzos por aquella tierra rojiza, impermeables a la sensación, sin que les causaran dolor ni las piedras ni los cactus, sin que los alacranes y las hormigas rojas gigantes les atacaran, omnipotentes, divinizados, por encima de la vulnerabilidad y la impotencia que les había azotado hasta ese momento, avanzaban los dos cogidos de la mano, sin mirarse, ni hablarse, seguros de sí mismos, poseídos por una fuerza poderosa, avanzaban por aquel territorio de la desolación y la muerte donde habían perecido antes centenares de hombres y mujeres que se habían atrevido a cruzarlo en el calor mortal del verano en carretas y convoyes, allí donde ni los animales ni las plantas podían vivir, el reino de la sal y la sequedad, ellos dos lo sobrevolaban ahora con la seguridad del que domina el sol y la luna y los astros, como los dioses y los manes primordiales indios, el cuervo, el halcón y el águila sagrados y, llegando a las dunas amarillas de Zabriski Point, él la había tomado de la mano, una mano que ella notó cálida y acogedora, y habían andado sobre aquella arena milenaria que había sigo testigo de la vida de animales gigantescos desaparecidos tiempo ha de la faz de la tierra mientras aquellas arenas habían prevalecido. El la sentaba en el suelo y, con la mano, le dejaba caer la arena atemporal sobre su cabello. Luego la mecía con ternura en sus brazos y la echaba sobre aquel suelo sagrado, penetrado del óxido y el hierro de volcanes y seísmos venidos más allá del tiempo, sus cuerpos se hundían en la arena, abrazados estrechamente los dos, el sol les calentaba los cuerpos sudorosos y relucientes, cuerpos vírgenes y perfectos de dos amantes originales de un Edén ultratemporal, entregados al amor para siempre, unidos en la perfección, hasta que notó su mano que le tocaba suavemente en el hombro mientras él le decía que, por favor, debía levantarse pues era ya hora de marchar.

Fuera era todavía noche cerrada. Deberían ser los únicos que se hospedaban en aquel motel pues no había un solo coche más que el suyo en el aparcamiento. Hacía frío y viento. Densos nubarrones se cernían en la altura. La media luna emergía, borrosa, entre ellos. El pronóstico de la televisión había anunciado tormenta para el área del Valle de la Muerte, cosa infrecuente en aquella zona. El viento soplaba con fuerza desde las montañas lejanas mientras los faros del coche abrían su luz contra la niebla que se hacía más espesa a medida que avanzaban en la carretera.

—En que amanezca, se levantará esta niebla y veremos mejor —dijo Diego sin preocupación.

—Anoche soñé contigo —agregó Monique tras una larga pausa. Fue un sueño dulce y bello, como cuando tenía quince años. Ves, estar contigo me hace volver a lo mejor de mi vida, cuando todavía creía en las cosas, el amor, los demás, el mundo. Todas esas cosas que luego desgraciadamente olvidamos cuando crecemos, nos hacemos adultos y ocupamos un lugar digno y respetable en la sociedad.

Diego conducía con prudencia abriéndose paso entre la niebla y una llovizna fina casi imperceptible. La carretera era amplia y rectilínea pero temía lo imprevisto. Compartían café de un termo que habían llenado de una máquina automática del motel. No sabe a nada pero calienta y reanima —dijo Diego, bebiendo de la taza que le había ofrecido Monique.

Avanzaban sin sobrepasar las treinta millas por hora ascendiendo gradualmente un largo promontorio por la carretera solitaria. A ambos lados se adivinaba una vegetación pobre y baja de una tierra ocre y árida.

—Es curioso que aquí que llueve tan poco venga a llover precisamente hoy que venimos nosotros —suspiró Monique. Debe ser un signo de algo. Algo interesante nos va a ocurrir.

Empezaba a clarear. Por la ventanilla ligeramente abierta penetraba un aire frío y húmedo. Diego había estado antes allí y lo recordaba bajo un sol abrasador.

—Entiendo que los antiguos viajeros que pasaron por aquí asociaran esta tierra con la muerte y le dieran su nombre —dijo Diego pasándole la taza del termo a Monique. Ahora, con este tiempo, es un paraje completamente diferente, como si estuviéramos en otro planeta.

Gradualmente se hizo de día por completo. La niebla se iba levantando a retazos y dejaba entrever por segmentos un cielo gris y misterioso. La carretera estaba húmeda y Diego seguía conduciendo con cuidado. Monique le había puesto la mano encima de la suya que quedaba libre.

—Parecemos una pareja que hacen su primer viaje solos de nuevo después que los hijos han marchado ya de casa y los han dejado otra vez con la oportunidad de reencontrarse en sus vidas —le dijo ella, sonriéndole.

A medida que subían la colina, la claridad era mayor. El resplandor de un sol oculto se adivinaba en el horizonte. Cuando llegaron a la cumbre, la niebla había desaparecido por completo. En lontananza se abría una vasta extensión de terreno circundada a ambos lados por cadenas montañosas. La yuca, los cactos abarrilados y el matorral eran los únicos signos de vida.

—Se hizo la luz —exclamó Diego. El mundo es nuestro. Aquí no vamos a encontrar hoy a nadie.

El sol lucía a intervalos por entre nubes pesadas y algodonosas. La carretera se perfilaba a millas de distancia sin un solo automóvil en ella.

—Nosotros hemos abierto el valle hoy y nosotros lo cerraremos —continuó.

Diego había acelerado la marcha en su descenso desde la colina. La vegetación iba haciéndose más escasa, el terreno estaba blanqueado por los sedimentos prehistóricos de sal.

—Estamos en uno de los puntos más bajos de la tierra. Esto había sido antes un suelo feraz, poblado por numerosos animales, antes de que las condiciones climatológicas lo transformaran en este lugar sin esperanza. A mí siempre me ha parecido un espacio privilegiado, un lugar irrepetible en el que se puede contemplar el mundo sin distracciones de árboles, plantas y animales. En Yosemite, Yellowstone, incluso en Joshua Tree, los árboles, las cascadas, te impiden que te escuches a ti mismo. Pero aquí nada te distrae. Aquí te quedas sin excusas para pensar.

El limpiaparabrisas oscilaba monótonamente de un lado para otro despidiendo hacia los lados las gotas que caían erráticamente sobre los cristales.

Diego conducía en silencio y a su lado Monique contemplaba

extasiada el paisaje. Siguieron así por largo rato hasta que finalmente llegaron a un punto donde la carretera tenía un desvío. Diego detuvo el coche.

–Hemos llegado. Este es el destino final que buscaba en el viaje. Te agradezco que me hayas acompañado sin pedir nada a cambio, como una verdadera amiga generosa y fiel.

Había dejado de llover. Era ya de día por completo y el sol había empezado a brillar dándole al ambiente una pátina de vitalidad y color. Descendieron del coche y empezaron a ascender una colina volcánica y grisácea, de suelo firme, en el que las botas que los dos llevaban permitían el avance con relativa facilidad. Diego miró hacia arriba e intuyó por encima de las montañas el signo del *omphalos* ansiado. Aquel era un recinto extraordinario en el que tenía que encontrar lo que había estado buscando durante tanto tiempo, en realidad, toda su vida, el cénit, el punto final que le facilitara la interpretación de todo, desde su fracaso, su no llegar nunca a ser Mozart por más que de modo desventurado lo había intentado hasta saber que iba a morir solo olvidado de los suyos. Se encontraría con Claire porque debía cumplir la promesa realizada pero para decirle tan sólo que no era posible que siguieran unidos, que debían seguir caminos separados y luego se retiraría del mundo en un monasterio de los Alpes, como el humilde servidor de alguna comunidad monástica que quisiera acogerlo. Después de la visión del *omphalos* ya nada tendría importancia, ése era el punto final para los hombres que, como él, ya no tenían nada que agregar al mundo. En ese punto, Hemingway había optado por el disparo decisivo, otros por la amargura y desesperación que consumía los últimos años de una vida sin horizontes. Puesto que no tenía raíces, él podía elegir el largo viaje hacia dentro de sí mismo, una bella y armónica manera de concluir la trayectoria iniciada hace mucho tiempo.

–Envidio el que tengas hijos con los que te ves regularmente –le dijo abruptamente mientras seguían la ascensión. Aunque ahora no vivan contigo, sabes que están ahí, sabes que dejas algo en el mundo que es como tú. Te apoyarán y estarán contigo en el lecho de muerte. Yo nunca podré tener eso, no he hecho nada por mi hija, no me merezco que se acuerde de mí.

Habían subido la mitad de la colina. A lo lejos, por el lado opuesto, se percibían nubes que anunciaban tormenta. Diego la cogía ahora fuertemente de la mano y aquella mano, apretándole la suya, impulsándola hacia arriba en aquella ascensión imprevista le daba una fuerza benefactora. Por eso, estaba allí con él en una empresa aparentemente absurda que no podría contar a sus amigos porque la considerarían demasiado inaudita, irse con un hombre solo a aquel lugar desolado, a merced de los elementos..., no se lo diría a nadie, pero sabía que debía estar allí con él, porque al menos en lo concerniente a aquello él sabía más que ella y luego aquella experiencia permanecería con ella por el resto de su vida. Al menos aquel hombre creía en algo, tenía una convicción personal y ella estaba dispuesta a acompañarlo porque quería recibir siquiera una parte de lo que él poseía y que los otros hombres con los que había estado no sospechaban siquiera pudiera existir.

Al final de la ascensión, llegaron a una pequeña meseta, una especie de mirador natural imprevisto. Sentados en el borde de aquella plataforma natural, contemplaron, absortos, el panorama que tenían ante sí. El viento se había hecho límpido a aquella altitud. A un lado, quedaban unas dunas perfectamente piramidales, de un color amarillo singular, como si hubieran estado expuestas a una lluvia de azufre milenaria. Al otro lado, una progresión gradual de formaciones rocosas, un valle cruzado por un río seco, más dunas, una cadena de montañas, el sol, más montañas, nubes.

—La naturaleza o Dios han querido regalarnos este día —dijo Diego. Cuando uno se hace viejo, se pierde la pasión de la juventud. Nos hacemos escépticos, indiferentes a las ideas, las grandes motivaciones. Pero está el *omphalos*. Y nosotros estamos aquí para entenderlo y percibirlo. No tiene explicación. No es algo religioso, es profundamente personal. Aquí, en esta alturas prehistóricas es posible encerrar el cosmos en una sola clave final. No todos los hombres pueden beneficiarse de esta visión. Hay que buscarla, perseguirla en los lugares más impensados como éste.

Monique apoyó la cabeza contra su hombro apretando sus manos entre las suyas. Pasó un largo tiempo. Hace cientos de miles de años aquella había sido tierra de animales y aves gigantescos, lagos y ríos caudalosos, pobladores humanos de oscura mirada penetrante, piel cetrina y nariz aguileña. De toda aquella opulencia de vida sólo quedaba ahora su contexto, su continente externo.

Monique observaba el panorama con la misma avidez y perceptividad con que miraba cuando era niña y su mirada se abría a la realidad de todo. También para ella aquel momento singular era la infancia de un mundo que descubrir de nuevo. En la distancia se perfilaba un ave enorme no claramente identificable, tal vez un halcón o un águila que planeaba oteando aquella profundidad desde su posición inviolable. Estrechó más fuertemente todavía la mano de Diego, la acercó hacia sí, la abrió y la besó lentamente dejando sus labios posados en la palma.

—Eres la mejor aventura que me ha ocurrido nunca —le dijo, mientras sus ojos empezaban a derramar lágrimas más allá de su voluntad.

—Ves, no quería llorar —continuó—, me había prometido a mí misma no llorar más por ti. Pero me ocurre que lloro cuando pienso en ti, no puedo evitarlo. Ya te he dicho que me haces sentir como una muchacha que no para de pensar en su amante día y noche.

La visión del *omphalos* se iba agrandando por encima de las montañas. Diego tenía puesta su mirada fija en él, invisible y omnipresentemente radiante a la vez.

—Ha llegado el momento —exclamó él con un tono grave. Hay que pasar de la destrucción a la epifanía. No sé si oyes su voz pero para mí es claramente perceptible. Todos estos años he estado esperando este momento hasta que finalmente me es concedido. Hemos de despojarnos de los signos de nuestra identidad previa para entregarnos al nuevo estado.

Se descalzaron y Diego empezó a sacarse la ropa parsimoniosamente: la camisa, los pantalones, hasta quedarse desnudo. Miró a Monique con dulzura y ella, tras una indecisión inicial, empezó a desnudarse también. En el pasado, había soñado en estar desnuda con él, en sus brazos, junto a él, bajo su cuerpo, pero nunca había pensado que sería de ese modo. Quedaron los dos desnudos de pie en el borde de la meseta. La lluvia había empezado a caer de nuevo, a pesar de que en lontananza había parcelas de cielo azul contra un sol que afirmaba su presencia.

Diego la tomó de la mano.

—Descendamos —le dijo con gran dulzura, casi susurrando.

El agua cálida resbalaba por sus cabezas, los hombros, el pecho, las piernas. Los pies se hundían en una tierra blanda y rojiza que transmitía una sensación reconfortante al ser pisada. Descendían con seguridad y calma como el viajero que ha emprendido una larga y procelosa travesía y percibe finalmente en el horizonte el punto de destino. Caminaron y caminaron bajo la lluvia, orientados por el *omphalos*, ajenos al frío y al calor, hasta que llegaron al espacio de las dunas amarillas. Era ahora ella la que precedía en la marcha. Su cabello largo se pegaba a su espalda contorneada y núbil como una Venus mítica. Él la seguía a pocos pasos. La arena primordial se hundía bajo sus pies y la marcha se hacía más dificultosa.

—Sentémonos —dijo ella. Ya hemos llegado.

Se sentaron. El agua descendía por las vertientes de las dunas a lo largo de pequeños surcos.

—Ya hemos visto el *omphalos*. Ya podemos vivir y morir en paz.

Un ave de alas gigantescas antidiluvianas y pico largo y pronunciado planeaba por encima del sol. Esta vez no había duda de que no era un espejismo o una alucinación. De aquel lugar rebrotaba la vida, más allá de la sal, el apocalipsis y la muerte. Iban a vivir. Se habían echado de espaldas contra la arena. La lluvia, templada y benéfica, caía sobre sus cuerpos: la cara, los pechos, los brazos, las piernas. Sus cuerpos se iban hundiendo en la arena reclamados por unas raíces absorbentes y todopoderosas.

Monique se abrazó a él y le besó en los labios. Te querré siempre —exclamó. Precisamente porque tú nunca me querrás como yo te quiero a ti.

Llovía, llovía, llovía sobre el Valle de la Muerte, una lluvia insólita y primigenia, más allá de la historia, el tiempo y el espacio de los hombres que habían osado hollar aquel reino primordial y habían sido incapaces de dejar en él ningún vestigio de su paso. Los cuerpos de Diego y Monique estrechados uno junto a otro, hundidos en la tierra originaria, remitidos al principio del tiempo, en el ámbito de lo desconocido y lo bello, permanecieron en las dunas del Valle de la Vida, después de la lluvia y el viento y de que el tórrido sol del mediodía anunciara la nueva arribada del calor, la sequedad, la esterilidad y la muerte.

De regreso, cruzaron en automóvil el Valle, Monique al volante, sin pronunciar ninguna palabra, él fija la mirada en el color rojizo y granulado del paisaje, ella en un cielo crecientemente azul y limpio. Cuando dejaron atrás el acceso de salida, estaba ya anocheciendo.

Condujeron durante largo tiempo por una carretera despoblada del interior, oscura y sin circulación, en silencio, sabiendo y temiendo que tal vez era aquel el último viaje que emprendían juntos. Al descubrir desde lo alto de un promontorio el oasis de luces y color de Las Vegas, Monique supo que debía regresar a Dijon, su plazo allí había concluido. Miró a Diego con un afecto profundo como no había sentido nunca por ningún otro hombre, sabiendo que aquel era el último capítulo de un proceso que había llegado a su final, porque continuarlo sería desvirtuarlo.

Cuando llegaron al hotel de Fremont Street, él la acompañó a la habitación con su equipaje, ¿quieres quedarte?, no, es mejor que no me quede, las cosas están bien así, besarlo ella en la mejilla y él suavemente en los labios, esbozando una sonrisa, sujetando con la mano la puerta entreabierta mientras él espera el ascensor, diciéndole adiós con los dedos, los ojos secretamente empañados de lágrimas, Diego, *mon amour, reviens, reviens, je t'en prie, je ne peux pas être sans toi*, quedándose con los brazos caídos en la puerta abierta como una estúpida durante un minuto, la luz roja del señalizador del ascensor indicando que había llegado ya a la planta baja, abrirse las puertas, pasar como un sonámbulo o como un mesías por el hall, la calle, el coche, el Strip y mañana de nuevo de supervisor responsable y competente en el casino de Mike . . .

[...]

Avanzó hacia la mitad de la plaza. Lloviznaba. Notaba la humedad fría de la lluvia contra su gabardina. Jimmy Dean. Las nubes grises y gruesas gravitaban sobre el lugar con un peso inconmensurable de siglos. Las agujas del Duomo se habían diluido en la bruma y aquel edificio majestuoso parecía una visión fantasmagórica implantada allí por sorpresa, transportada desde otro mundo para él desconocido. Abrió las manos con las palmas extendidas y abiertas. Las gotas le resbalaban lentamente por la cara. Por un momento, era legítimo pensar que había entrado para siempre en el *omphalos*, el núcleo último de todo. Intuía que aquella situación era un producto de una imaginación febril, el resultado de una emoción pasajera, una quimera ilusoria, pero quería apoderarse de ella como el que lleva un amuleto entre las manos y confía en él para sacarle de todo peligro.

Entonces la vio aparecer bajo el porche junto al kiosko de periódicos. Venía cubierta con un impermeable y capucha de color verde. Caminaba con paso acelerado entre el enorme espacio deshabitado de la plaza. El se dirigió hacia ella, al principio titubeante y tentativo, luego corriendo apresuradamente. La veía sonreír alzando los brazos hacia él. El también levantó los brazos en un gesto espontáneo que repetía miles y miles de otros encuentros del pasado. *Eterno ricorso.* Al mismo tiempo, empero, un encuentro nuevo y diferente, un empezar distinto de la historia. Frente a frente ya, se miraron en silencio a los ojos, él tomándola por los hombros con sus manos, ella mirándolo intensamente, el agua deslizándose, gota a gota, por la capucha de su impermeable, solos en la plaza, fijos los ojos el uno en el otro, no atreviéndose a proferir ninguna palabra para no romper el significado misterioso de aquel momento al que no era posible definir con palabras distintivas y únicas.

—Por fin estamos aquí —dijo él. Había estado esperando este momento desde siempre.

—Yo también, yo también, a pesar de mi silencio. No quería contestar a tus cartas porque tenía miedo de que malinterpretaras mis recelos. He sufrido mucho por cosas del amor. No sabía qué hacer y por ello decidí no hacer nada.

—Fue mejor así. No digas nada más, lo entiendo.

Se estrecharon de nuevo profunda y largamente en el centro de la plaza.

—Estás igual —dijo Claire. Te sentó bien Las Vegas. Te ha ido bien el desierto. A mí me ha ido bien el frío.

Abrazándola Diego a ella por el hombro, se dirigieron hacia el porche.

–Ven –le dijo él. Quiero hacer algo que, como un rito, me había repetido a mí mismo durante todo este tiempo. Nos dará suerte.

Diego se dirigió al kiosko y compró *Il Corriere*.

–Vamos a leer nuestro horóscopo, como hicimos la última vez. Esta vez seguro que acierta. Hemos de repetir los hechos de la historia pasada para crear un hogar en el tiempo en la que albergarnos. Vivir nuestro tiempo personal dentro del tiempo común de los demás. Me he dado cuenta que mi pasada obsesión con llegar a ser alguien extraordinario, ser como Mozart, no era necesaria para mi vida y en realidad me ha estado haciendo daño. Ha llegado el momento de ser yo mismo. Los años de vida que me quedan voy a dedicarlos a ser como quiero ser y el espejismo que he ido buscando todos estos años ya ha dejado de motivarme. El viaje es ahora hacia dentro en lugar de hacia afuera.

–Tú has vivido aferrado a un Mozart quimérico que no tiene sentido que nunca seas y yo he vivido condicionada por una ficción que no podía realizarse más que en mi mente porque mi compañero de esa ficción no quería o sabía colaborar en ella. Así que los dos nos hemos perdido en algo que no éramos nosotros, que nos ilusionaba, pero no nos dejaba ser nosotros mismos.

Se adentraron en el pabellón de cristal de la plaza. Había gente andando de arriba y abajo, unos estaban sentados en las terrazas de los cafés, otros se movían, afanosos, dentro de las tiendas, absolutamente ajenos a aquel encuentro esencial para aquellos dos seres que habían obedecido los términos de un pacto sellado con la palabra y mantenido a través del tiempo. Vistos desde atrás, por la espalda, abrazados por el hombro, con las capuchas de sus impermeables descubiertas, besándose, dos puntos anónimos, perdidos en una multitud amorfa, y al mismo tiempo, en virtud de unas afinidades afectivas hechas finalmente coincidentes, ambos parte del *omphalos*, introduciéndose y penetrando en él hasta llegar al núcleo, adentrándose, alcanzando el centro mismo, llegando a la inmersión completa en él, más allá de Acero, Mozart y Albert, más allá de la penuria personal y colectiva, logrando en unos minutos o unas horas la reconciliación de todos los contrarios, todas las faltas y culpas, perdiéndose ahora más lejos sus cabezas entre la muchedumbre abigarrada e informe de una tarde lluviosa en una urbe cualquiera del mundo, llamadlos, llamadlos, decidles que no salgan del palacio de cristal, que no se expongan a la intemperie, que no violen ese segmento privilegiado de tiempo, que suspendan el mundo y que reciban así la bien merecida recompensa a su esperanza y persistencia, pero se les ve salir ya, la cámara desde lo alto los busca afanosamente para que no se pierdan de vista, se alejan, sus cabezas se confunden con las otras de la multitud, no, no salgáis, el mundo os pertenece aquí, quedaos, ya no se les ve, a pesar del zoom frenético de la cámara, sus figuras no se distinguen ya del resto, perdidas por completo, expuestas ya a la ventisca y la humedad frías de la calle, desconocedores de las marcas indelebles del tiempo y la historia, ajenos a ellas a pesar de su peso inequívoco, has salido tú también al exterior, suenan las campanas del reloj de la catedral dando la hora, el tiempo no se ha detenido, Diego y Claire ya no están, la búsqueda es fútil, infructuosa, déjalos, déjalos ya, no, no los persigas, se han escapado del ojo todopoderoso de la cámara, en el anonimato propicio y feliz de la inmensa mayoría, estarán abrazados en cualquier callejuela gris de los alrededores de la plaza, bajo un portal o en una esquina recóndita, besándose, abrazándose y mirándose, absortos el uno en la mirada del otro, como dos adolescentes amantes de Prévert, imberbe él y núbil ella, con el pitillo primerizo en la mano, susurran, se acarician y ríen con risas entrecortadas desde el núcleo mismo del mundo, indiferentes a todos porque poseen ya, por fin, la clave imposible de la vida y de la muerte.

(De *La última estación*)

MANUEL MANTERO

Manuel Mantero nació en Sevilla en 1930. Desde 1969 vive en los Estados Unidos. Desde 1973, enseña en la Universidad de Georgia, donde tiene una cátedra especial de Literatura Española.
De sus libros publicados de poesía caben mencionar: Mínimas del ciprés y los labios *(1958);* Tiempo del hombre *(1960);* La lámpara común *(1962);* Misa solemne *(1966);* Poesía 1958–1971; Poesía completa *(1972);* Ya quiere amanecer *(1975);* Memorias de Deucalión *(1982);* Antología *(1990). Y entre sus libros de ensayo y crítica:* Poesía española contemporánea *(1966);* La poesía del yo al nosotros *(1971);* Los derechos del hombre en la poesía hispánica contemporánea *(1973);* Poetas españoles de posguerra *(1986). Ha publicado además dos novelas,* Estiércol de león *(1980) y* Antes muerto que mudado *(1990), y un libro misceláneo,* Crates de Tebas *(1980).*

MANUEL MANTERO

EVANGELIO DEL DÍA

En aquel tiempo
un joven se acercó a Jesús
entre la turba.
Por sus ropas y el uso de su hablar
supieron todos que era de otra tierra.

    —Señor, ¿qué haré
para salvarme?

    —Sé puro.
(¡Oh lecho sosteniendo barro y llama,
airadas ingles,
lucha sin fin; azada y cúpula!)

    El joven contestó:
—Señor, soy puro; ¿basta
con eso?

    Y Jesús: —Deja
tus riquezas y sígueme.

    (¡Palacios, terciopelos y jardines,
vino en cristal tallado,
joyas para el honor o la delicia,
seguridades de color de púrpura!)

    Y el joven contestó:
—Soy, rico, pero todo
lo dejaría, bien lo sé, por Ti.

    Jesús
lo miró dulcemente.
Le preguntó:

—¿En qué país
naciste?

—Señor —respondió el joven—,
nací en España.

Y Jesús: —Deja a España
y sígueme.

(¡La estrella, el patio, el patio, el silencio,
la roca entre el olor de la maleza,
la piel herida de la madre,
la entraña y la ceniza y el clavel,
llega de amor con desamor besada,
patria de fe, glorioso matadero!)

El joven
volvió sus pasos,
bajó la frente y empezó a llorar.

ENCUENTRO DE LUIS CERNUDA
CON VERLAINE —Y EL DEMONIO

Por una senda llena de amatistas y gotas
de sangre de mancebo,
Luis Cernuda ha llegado
al infierno. Contempla el ámbito terrible,
oye las voces largas como huellas de cobra,
junta sus manos en un gesto de conformidad.
Luego, bañado de una roja luz,
sigue andando. De pronto,
un hombre —barba noble, ojos sin mancha—
se le ha acercado.
Sobre el hombro le ha puesto
su mano, le detiene. Dice:
—Sé bien venido, Luis Cernuda,
a nuestro reino. Quítate, si quieres, la corbata
pues hace calor en

este eterno verano a donde irrumpes,
y cuéntame. No ignoro
que me ensalzaste en versos doloridos,
quejoso tú del mundo sin verdad que has dejado.
Te diré, oh Luis Cernuda, que conmigo
no esté Rimbaud;
fue oficio del destino separarnos.
Habla sin miedo, siéntate
en esta peña. Háblame del mundo.

    Luis Cernuda ha mirado
a Verlaine. Pero calla.

Verlaine ya no pregunta, a su vez mira
los dedos finos, principales,
la andaluza presencia,
se sumen los dos en un silencio denso.
    Un leve viento orea
la techumbre de seda del infierno,
cuando el demonio surge,
reclama
su humana presa última.
Los labios del demonio, hermosos, turbadores,
se abren para emitir el juicio:

    —Luis Cernuda, has amado
todo cuanto la tierra te ofreciera,
desde la golondrina de tu natal Sevilla
hasta el dolor del hierro de tu exilio.
Por ti vivieron, refirieron
un olor de azahar,
un muchacho vendiendo jazmines por la calle,
la muerte del invierno,
una tormenta de palomas.
Odio no hubo en tu vida, hijo,
sino dolor y confesada herida.
Yo te acepto. Pasea
por mis dominios,
recoge el fuego inédito,
acaricia las aves que tus cabellos rozan,

entra en tu ciudad, esta
nueva Sevilla para ti guardada,
hecha a tu cálida medida,
olorosa, y no a gentes que te anulen.
Porque purgaste en lágrimas lo que no mereciste.

    Luis Cernuda, asombrado,
se ha puesto en pie, todo de luz.
Verlaine sonríe. Cantan arcángeles y santos,
que rodean al trío. Luis Cernuda
ha comprendido. Por fin habla,
sólo puede decir, en un suspiro inmenso:

—Dios mío.

AL-MUTAMID

Tu alto nacimiento
Melibea

   Señor,
tu gloria es tan intensa que se hace visible, resplandece
                    [en la noche. Te revelas,
y al mundo
lo conviertes en ramo de luz. Deja, señor, que envidie
                    [tu destino,
el libre
entre las fuentes y los cuerpos nuevos,
tu claro
destino de andaluz bajo palmeras
 y tréboles
de arcos que conducen a una cita preciosa.
  Al lodo
en azulejo transformabas.
Contigo
fue el alhelí dichoso y el olivo no tuvo vergüenza de sus
                    [senos parvos.
    El rojo
sándalo de las puertas,

¿en dónde
lució con tanta fe de bienvenida
y tanto
el alabastro proclamó su talle?
Higiene
de transparencias, geometría de marfiles,
dorada
página en que se ilustra la pasión más ardiente,
en tazas, oloroso aceite, cojín de seda como un cutis.
Entre ágiles acechos de columnas,
amabas
y, escribías. Eterno, cada goce.
Señor,
deja que envidie tu destino.
Valía
una mujer más que una guerra para ti,
un potro
más que una ley
y más
una metáfora que una mezquita: el poeta era el dios.
Durar
no pudiste. El cristiano traidor y el traidor africano
te asieron,
aniquilaron. No importa. Tu gloria permanece
y todo
lo transmutas. Con tu presencia recupera en este
                                    [instante
el mundo
vegetal gracia y luna sin otoño.
El tiempo
no medra cuando el hombre testimonia lo hermoso.
Supiste
que se vive a la sombra de un ala incógnita y herida,
y tú
esa sombra llenaste de azucenas.
Señor,
ese poema te consagro
y no
deseo que lo remuneres como tú, oh pródigo, solías.
Monedas

rehuso o joyas. Versos pido a cambio de versos,
poemas
tuyos que evoquen unos ojos jóvenes,
un cuello
tendiéndose hacia un pétalo que tiembla,
el roce
de un velo descendiendo como agua
y siempre
el combate de amor, donde se triunfa siempre.

VÍCTOR FUENTES

Doctorado en Lenguas y Literaturas romances por la Universidad de Nueva York (1961 y 1964), es actualmente Profesor Emérito de la Universidad de California, en Santa Bárbara. Se especializa en Literatura española, siglos XIX y XX, con énfasis en los distintos períodos y movimientos (Realismo-naturalismo, vanguardia, literatura social, posmodernismo), y una perspectiva teórica histórica, social y cultural; cine y literatura; literatura hispana en los Estados Unidos.

Entre sus más de doscientas publicaciones se destacan los siguientes libros: La marcha al pueblo en las letras españolas (1917-1936); El cántico material y espiritual de César Vallejo; Benjamín Jarnés. Biografía y metaficción; Buñuel, cine y literatura *(Premio «Letras de Oro», 1988)*; Buñuel en México; Antología de la poesía bohemia española; *ediciones críticas de* La Regenta *y de* Misericordia *(Akal)*; Antología del cuento bohemio español; *y* La mirada de Luis Buñuel, cine, literatura y vida.

Coeditor, con Luis Leal, de Ventana abierta. Revista latina de literatura, arte y cultura *(18 números hasta el presente). Su novela,* Morir en Isla Vista, *ha sido calurosamente acogida por la crítica.*

De próxima aparición: La marcha al pueblo en las letras españolas 1917-1936. 2ed. Corregida y actualizada. Madrid: Ediciones de la Torre .

VÍCTOR FUENTES REVIVIENDO El TERREMOTO DE SAN FRANCISCO (1906-1975)

(Cortacircuitos del arco iris)

Una niña trajo la blanca sábana

En el subido sillón motorizado del dentista (el consultorio incrustado en el enorme shopping-center «La Cumbre»), con las prisas de la consulta taylorizada me ha metido una sobredosis para adormecer más rápido el nervio, que, esta vez, está dejando embotado hasta el cerebro. Todavía no había leído lo de «la inyección de Irma» del caso freudiano, pero aun así... La escena se me cambia, vertiginosamente, en un cuadro expresionista de Grosz, algo como el «Crimen sádico en la Ackerstrasse»: el dentista enorme, en ángulo oblicuo, con el techo cayendo en forma de zepelín sobre nosotros, barrenaba la muela y el cerebro con la sonrisa de los ojos saliéndose por los grandes cristales de las gafas ahumadas, mientras habla con su asistenta en un lenguaje extraño, en un rincón de la pared UNA ESCUPIDERA. Y además se está riendo de mí... «Pare, pare, que me mareo», casi sin entender mis propias palabras. «Quédese ahí sentado un rato antes de irse», remató el dentista japonés-americano al terminar, sin darle más importancia o como dándome la puntilla.

En el tráfago del tráfico, la mejilla, el labio, la barbilla y hasta la oreja endurecidas, como otras veces, pero en ésta la estocada de la inyección había dejado una sensación como de vértigo y de fragilidad que no se iba con la disipación del efecto de la novocaína o lo que fuera. En la cena con unos ¿amigos? repetía a uno y otro, «He estado en el dentista y me ha metido una sobredosis», «Ah», contestaba uno, «Eh», respondía el otro. Por la noche, en el departamento de Evelyn, la alemana con quien mantenía una provisional relación de mutuo objeto erótico, seguía sintiendo la sensación de la idea-astilla clavada en el cerebro, empezando a escindir su embotada conciencia. Cerca de la una, hizo que Evelyn llamara a su exnovio, asistente dental, para consultarle el caso. «Que se acueste y descanse», y algo más, contestó, provocando un risa picante en ella, que le volvió a mosquear. En la cama, acudiste, mecánicamente, al llamado erótico de ella, «Toro, toro», que debió haber aprendido con algún flamenco en sus viajes de turista a Torremolinos, en los años 60, ofreciéndote sus blancas tetas como astas. Con gran esfuerzo, más cabestro que toro, la clavaste contra las tablas de la cama, que rechinaron con un eco mortecino de la primera embestida erótica de haría dos meses. Borrado, quedaba el recuerdo de la primera noche, en la cama «Queen size» de sábanas de holanda, amarillas, haciendo juego con los rizos rubios de ella y sus braguitas-bikini, AMARILLAS, en la penumbra de las velas AMARILLAS de olor a jazmines, y la jarra de cerveza alemana importada y el moratón en el cuello, del cual ella se jactaba, pues había suscitado un torbellino de comentarios maliciosos entre sus compañeros de oficina, con aquella ostentosa seña de que había salido de la soledad erótica.

Sueño de sobresaltos; y a las siete el salto de la cama, saliendo sin reparar en el cuerpo desinflado de ella, contra el, ahora, apagado amarillo de las sábanas revueltas. «Me voy por dos meses. Ya te llamaré o escribiré», le había dicho la noche antes, pero por meses se le borró literalmente de la memoria. Luego, al año, una vez que se cruzaron en el Supermercado, junto a las sandías, se entrevieron sin llegar a distinguir si se habían conocido o se irían a conocer, en un fugaz cruce de miradas, inmediatamente y mutuamente censurado.

Era el quinto cumpleaños de Emma, ya casi el quinto año de la crisis matrimonial, y en cinco horas, sin parar, en Berkeley. Sin registrar ni las millas ni las horas; por el cerebro embotado sólo pasaban, con una intensidad inusitada, las ráfagas taladrantes de los camiones, confundido el atronador el ruido con el del recuerdo del instrumento perforante del dentista y el pinchazo..., no de la rueda, sino de la inyección. Todo el paisaje en una siniestra calma. Por fin, al llegar, besos y las risitas alegres de los niños, crujiendo en el paladar como churros calientes: Emma extendiendo en el suelo un paño blanco.

Un alma rajada

Con toda la alienación a cuestas, y pinchante, búsqueda frené-
tica de una habitación por un par de noches, antes de la mudanza
al apartamento alquilado para el verano. Huida de la habitación
del hotelucho de la calle-casbah Telegraph, donde sin traspasar el
umbral, le golpeó la visión del COLCHON, lleno de manchas de
sangre menstrual, orina o semen, la bombilla colgando de un hilo
y EL MIEDO de que por la noche, en otra de sus nupcias con la
soledad, «emperatriz y reina de la nada», como solía decir repitiendo el verso de Rubén, asomara el CARNIVORO cuchillo del
crimen en aquel cuarto cochambroso y esta vez sí se lo clavaran
de verdad. Pero hasta la soledad misma se le apartaba en aquel
momento, a las CINCO Y CINCO de la tarde en todos los relojes de
la costa del Pacífico, y tampoco notó que allí, en aquel mismo umbral e instante, a plena luz del día, la cuchillada ya le había cortado
el ser en dos pedazos.

Respiro; al encontrar habitación en el hotel Durant, en la calle
de tal nombre; hotel de medio pelo y con decaídos signos de su
mejor época, en los años 30 y 40; zona para taxis, vacía, una flo-
ristería también vacía; en la calva VACIA del conserje brillaban
destellos AMARILLOS. Camino de la habitación, por los desiertos
pasillos, cubiertos con una alfombra limpia, a base de muchos pa-
ses de la aspiradora, pero bastante raída. Me da RISA el intento de
aquel hotel por mantener una respetabilidad ajada. Huecas carcajadas, buscando algún eco en los pasillos, ¿el de Dina, su Nadja
chicana, con la que durmió allí el año que viene?, jugueteó con la
máquina de Coca-Cola, metiendo una moneda de peseta en lugar
del quarter; MUECAS divertidas a las puertas de las habitaciones,
315, 317, 319, creyéndose Groucho Marx en la película «Gran
Hotel», sin saber que la película que empezaba a protagonizar era
«Shining».

Dentro de la habitación, bocanadas de euforia. La risa había
logrado ahuyentar la sensación de pánico provocada por la omi-
nosa habitación del otro hotel de mala muerte. En la ducha, canturreando, «ENTRE VUELTAS y revueltas, por un mal viento lle-
vá, te pusiste en mi camino ...». Pero al cerrar la cristalera de la
ducha, entre agua y loza, resbalo, y no del jabón, y un amago de
claustrofobia y VÉRTIGO. Salida precipitada de la ducha, y a tum-
barse en la cama, descansar un rato, para a las diez ir a la cita en
un Bar de San Francisco con Jonie, la pelirroja actriz del «Mime

Troupe». La gris habitación de arte decó se fue quedando, lentamente, A OSCURAS en el crepúsculo de aquella tarde del 16 de mayo de 1975.

El cuarto se irisaba de agonía

Y de un golpazo inesperado, una OSCURIDAD nunca antes jamás vista, sentida o presentida. Y cayendo sobre la cama, a bocanadas negras, la jauría de angustia. La mente se escapaba del cuerpo embotado, como en un remolino. Sintió el pánico de que la vida se le iba a BORBOTONES, en caótico calidoscopio visual y auditivo: se acercaba la sirena de la AMBULANCIA, veía LUCES ROJAS, AMARILLAS, intermitentes, oía LOS PASOS de los camilleros en el pasillo; intento de llamar al conserje, al hospital, al número de Urgencia, paralizado por el pánico al no oír la propia voz metálica, como de jaula o morgue. Hundido en la cama, por fin, pudo extender el alicaído brazo y llamar a L, con la voz comida: «No sé qué me pasa... algo muy raro... un pánico, repentino... de locura y de muerte, ¿puedo ir ahí un rato?».

Y sin mirar atrás, desandar de la habitación al garaje, al coche: y a la casa de Alcatraz, con el penal al fondo. Las caricias de los niños, el cuerpo y la voz de L, en la que quiso sentir algo de las fibras cálidas de antaño, fueron como la cuerda que le arrojan al náufrago. Medio saboreando el té, aflojadas las piernas, siento, de nuevo, que las palabras afloraban a sus cuerdas vocales: «Debe ser todavía la novocaína del dentista ... ya se me ha pasado ... me tengo que ir». «Maneja con cuidado», la voz de ella arropándome, empujándome hacia la puerta, cerrándola con una semi-congelada sonrisa.

Y el río de piedra y cieno corrió de calle en calle y de barrio en barrio...

En segundos, abocado al freeway; en la curva de entrada, vuelve a subir el maremoto interno. Se agrandaba la curva-ola en un círculo infernal o MONTAÑA RUSA, el estómago subiéndose a la boca o la boca bajando al estómago. El primer temblor sacudió la autopista y el alma ya cortada, pegada al parabrisas. Rotas las coordenadas espacio-temporales, desarbolado el Yo, la camioneta Volkswagen va como a la deriva, encajonada entre un maremágnum de pesadas cajas de acero, gigantes neumáticos, y ráfagas de luces restallando en la oscuridad, ¿iluminando el APLASTA-MIENTO?, se clavan los faros AMARILLOS en la nuca, el bocinazo en los tímpanos; las luces de un frenazo enfrente le CIEGAN la vista. Convertido en un San Sebastián acribillado por las flechas de noche eléctrica descompuesta. Estruendo, retumbe, el techo, la quilla, la viga, el ARMAZON, todo derrumbándonse dentro de mí. En contraste, y después de la gran sacudida, a la derecha, oscura y sin movimiento, la BAHIA invitando con su SUDARIO NEGRO. Al cruzar el Bay Bridge, las estructuras de hierro del gigantesco mecano del puente DERRITIENDOSE ante la vista, barro moldeable, retorcidas figuras grotescas haciendo MUECAS o caras de espanto, las barandillas. Sin haber tomado LSD, siento el mismo pánico de aquella vez, cuando el yo se desintegraba a 500 millas por segundo, y ahora peor, sin nada: «Será la novocaína»; con el clavo en el cerebro, y aferradas las manos al volante, resistiendo el no ser barrido. Finalmente, el coche y las sacudidas amainan en una desolada calle de San Francisco cerca de los muelles. Con las luces de las lámparas AMARILLAS de la calle como fogonazos de flash sacando las instantáneas de una petrificación, entrada en el Bar de la cita. Allí, el ruido ensordecedor, sin el filtro del tímpano del oído, atronando en el cerebro y todas las miradas clavadas en su miedo. «No, no está Jonie. No va a llegar». PRECIPITADA salida, aunque todavía era un cuarto de hora antes, y no después, de la cita, escapando de las que creía risas y de las bolas de billar, ROJAS, BLANCAS, AMARILLAS, que sentíachocando dentro del cerebro.

En el viaje de vuelta, segunda sacudida sísmica del terremoto en el vaso de una mente desmantelada, encogida. El enorme mecano del Bay Bridge, otra vez, derritiéndose en barro y lodo y la jauría de angustia, excitada por el rastro de sangre, suelta en la maleza interna, pisando los talones; de nuevo en Berkeley, entrada en el café cercano al hotel, en un desesperado intento de que la mirada pudiera encontrar un cuerpo de mujer donde guarnecerse, pero rebota en la madera lisa del largo mostrador, en mesas vacías y el espejo-sudario, al fondo. Era ya la hora, casi la hora de cerrar, y la escena: el cuadro del bar vacío, como en los cuadros de Hopper, pero con el personaje de el del «El grito» de Munch –el de mi borrado yo– dentro/fuera. En el interior del hotel, la mirada desmayada, en andas, vuelta a recorrer los grandes vacíos del vestíbulo y de los pasillos, asaeteada por los raídos flecos de la alfombra, por el cegador destello ROJO de la máquina de PEPSI COLA.

El viento se llevó los algodones

Con el pánico de la vuelta al cuarto-tumba, ahora iluminado, había dejado todas las luces encendidas; desesperado intento de masturbación, visualizando DESESPERADAMENTE un cuerpo desnudo de mujer, pero no prendió la imagen en la mente en BLANCO, el pene... de madera. Al apagar la luz, otra vez estalló el CAÓTICO calidoscopio audiovisual y sonoro de angustia: los ruidos de las SIRENAS de la policía y de la AMBULANCIA, las batas blancas, los PASOS y VOCES AMARILLAS en el pasillo, ACERCÁNDOSE, el caer en el ABISMO, con el plexo solar, los ganglios lumbares y gástricos convertidos en alambres retorcidos... el imparable disparatado borbotón de voces, imágenes, ruidos en centelleante sucesión sin ningún control..., caída, en picado, en la NO IDENTIDAD CAOTICA, ya casi sin equivalente verbal ni vital: Pasajes del Infierno de Dante, los dibujos de Blake, en arte, pero en la vida ni una palabra o imagen: y al fondo, la indescriptible MUERTE. En el vértigo del despeñamiento, pud///aga--rrarise a... girones ...visuales del rato pasado con los niños por la tarde. Y allí colgado al borde del precipicio, tiritando de horror, pasó la noche y hasta durmió algún rato.

Se levantó, con un suspiro de alivio, creyendo que se había salvado del terremoto psíquico, pero, al mirarse al espejo, se dio el gran susto: unos ojos sin destellos, un pelo de estopa y las manos y la cara de CARTON PIEDRA. Empezaba a vivir al otro lado del espejo.

Orfeo blanco

En la sala de Urgencia del hospital, el doctor le calmó: «No, no es el efecto de la inyección. Uno se cansa mucho en los viajes en coche. El de Santa Bárbara a Berkeley es bastante largo. Descanse, diviértase en la fiesta del cumpleaños de su niña», y le dio una palmadita en la mejilla. El breve diálogo y encuentro con el semejante, el otro, y su caricia le embargaron de momentánea ternura, aunque al salir y ver las ambulancias a la entrada del hospital, le trajo el recuerdo de que haría cinco años él había acompañado a Rafael Pérez de la Dehesa, quien luego se ahorcaría en Madrid, a este mismo hospital. El miedo a la muerte desplazó a la sensación placentera, y se apresuró a alejarse del hospital, no le estuviera esperando la muerte a él, agazapada en aquellas ambulancias blancas, como en las motocicletas negras de la película *Orfeo* de Cocteau. Y se alejó voceando, para darse aliento, consignas, sacadas del saco roto de su ideología e intimidad: «Los niños», «Mujer-Sexo», «Revolución o muerte», «Muera Franco», «Yo, I, Myself», «Confesión, marxista o sadista», «No a la ataraxia».

En el Tilden Park, Emma extendió, sobre la hierba, el mantel blanco del picnic para la fiesta de cumpleaños.

Haz la guerra, no el amor

Días después, en aquel apartamentito de un barrio ex obrero negro, reducido ahora a barrio de la creciente «underclass», de Berkeley, buscó refugio, huyendo de la realidad, copada toda, como él decía, por la hegemonía de la ideología dominante, en bloque. El se venía a refugiar en un resquicio, entre los subalternos, pero hasta aquel rincón vendría a asediarle un nuevo enemigo, ajeno a la lucha de clases, su omnipotente falso Self. Podría decirse que todo había empezado el 1 de mayo (de 1975) cuando con gran emoción compró en el «Seven Eleven» de Isla Vista el periódico donde vio la noticia por tantos años anhelada: el fin de la guerra de Vietnam, con la victoria comunista. Aquella victoria del pueblo vietnamita parecía confundirse, en él, con la que debería haber logrado la causa popular republicana en la guerra española. Sentimiento que podría explicar la intensidad con que vivió la solidaridad del internacionalismo proletario, con la causa de un pueblo y una cultura, a tantas millas de distancia, y que él tan sólo conocía por las crónicas periodísticas, la televisión y los folletos y libros propagandistas. Por casi diez años las noticias diarias de aquel conflicto fueron su gran aliciente vital, llenándole de tantos sentimientos de dolor y sufrimiento, pero también con momentos de alegría y esperanza. En los tiempos en que a aquella guerra se sumó la suya interna, familiar, y en que en Estados Unidos, el régimen de tolerancia represiva impuesto por Nixon y sus sucesores, apagaba por completo el rescoldo revolucionario del 68, y tal lejos de España, la guerra de Vietnam se había convertido en la única maroma ideológica que le ligaba a la realidad. Al faltarle tal maroma, podría deducirse que, y contrario al salto cualitativo que pensaba dar dentro de las leyes del materialismo dialéctico la dialéctica materialista, se encontró abocado al salto en el vacío.

El primero de mayo los helicópteros evacuaban a los últimos americanos de Vietnam, en una especie de repetición de la película del fin del colonialismo hispánico, *Los últimos de Filipinas*, y en la noche del 5 de mayo, Emma, en la cama en que dormía con él y su hermana, se despertó muy asustada con una terrible alucinación: «Ahí está, mátala, mátala que nos viene a morder», gritaba asustada señalando a una invisible culebra y con los ojos muy abiertos. Él, por dentro se asustó más que la niña, «No, no es nada, despiértate, digo, duérmete, ya no está»; quizá la culebra era invisible porque él ya se la había tragado y, a los pocos días, le volvió a morder, transformada en la inyección del dentista. ¿O era la serpiente la cuerda de la dialéctica determinista, bajo la cual operaba, y que ahora se le ofrecía para, como en el caso de su amigo Pérez de la Dehesa, colgar en ella sus contra(di)cciones?

La primera noche pasada en el apartamentito de Berkeley, alquilado a la pintora lesbiana chicana que pasaba sus vacaciones sexuales en México, entre paredes azules, antes de encerrarse, echó una ojeada de estratega al terreno de las batallas que se avecinaban. El barandal que daba al patio, le trajo el recuerdo del de los versos lorquianos de «verde carne, pelo verde, con ojos de fría plata»; en él, su mirada, de un verde desorbitado, oteando el paisaje lunar, negro, de después del terremoto: cráteres de lava, desolación, alguna ruina, y ceniza, extendiéndose sobre Berkeley, bajando hasta la Bahía, entrando por las calles de San Francisco. Y afuera: unos focos AMARILLOS encendidos toda la noche y una alambrada. Se metió enseguida, temiendo, como cuando andaba por las calles, el golpe de algún atacante. Ya dentro, sobrecogido, a cada rato se llevaba la mano al pecho, y en lugar del corazón, buscaba, «¡Mi cartera! ¡La he perdido!», y con miedo palpaba en dos o tres bolsillos en vano, hasta que, al fin, daba con ella caída en el suelo, a sus pies, y se la volvía a meter en uno de los bolsillos, ¿en cuál?, se preguntaba enseguida, de nuevo atemorizado, y encontrándola, otra vez, la acariciaba, ya que en ella guardaba el carnet de conducir y dos o tres más tarjetas de identidad y sesenta dólares. Luego, frente al espejo, se acribillaba como un nuevo San Sebastián con las flechas del caos de la identidad: Víctor Floreal, profesor en cese, sin estar cesado (de hecho estaba en sus vacaciones de verano no sexuales), padre part-time, ex esposo, ¿exespañol? y seguía con una lista de exs, hasta vaciarse en EX CREMENTO.

Uno de sus vecinos subalternos, estudiante afroamericano del doctorado en Berkeley, especializado en los estudios étnicos y postcoloniales, al atisbar su encierro y gesticulación, decidió aprovecharse del espectáculo para concientizar a los vecinos, y de paso añadir algo de diversión a su agobiador trabajo doctoral. Por las noches ponía un cartel en la alambrada y alquilaba unos binoculares por un dólar a quien quisiera ver lo que él en grandes letras trazadas en forma de cartelón de feria, titulaba: El sujeto europeo enjaulado. Se proponía, con ello, dar el vuelco a aquellos espectáculos de fin de siglo pasado, donde se exhibían en los museos y circos norteamericanos y europeos a indios o africanos. En Madrid, en la Casa de Fieras del Retiro, se llegó a exhibir en espectáculo un grupo de indios bolivianos. Pero el invento, en donde no logró encajar la praxis con la teoría, no dio resultado y, por algunos dólares, le convencí de que me cediera el lugar, para instalar, yo-el narrador, otro «show», dirigido principalmente al creciente número de vecinos hispanos. Despolitizando el discurso poscolonial (al fin y al cabo también soy europeo), y valiéndome del cebo de la lucha libre, a cuyo espectáculo, visto en la televisión, eran tan adictos los vecinos del barrio, incluyendo los negros, me puse a dar voces y a explicar, con un puntero, y a modo del cartelón de feria: EL DRAMON –disfrazado de lucha libre– psicológico-social del personaje doblemente herido, como animal ideológico, con su ideología desensartada, y como animal falto desprovisto de otra bestia con la que retozar o lamerse.

Programa nocturno de lucha libre

57

¡Vengan, entren y vean, la última novedad de la lucha libre: la del yo medio descorporizado contra el poderoso enmascarado, el falso Self! (Al fondo, ladridos de perros, sirenas de policía y de ambulancias y algún disparo y el grito del crimen o de la violación).

Primero le acorrala con las fintas y llaves de los objetos perdidos, siendo él mismo uno de ellos. Ensaya, ahora en el ring, la finta de la cartera, que desaparece del bolsillo en que la había metido. La busca en el suelo, en la silla, «Frío, frío», le grita, apretándole la llave encontrada, «Aquí estoy... ven», y le suelta cuando ha caído de bruces, buscándola, debajo de la cama. Pero más desconcertante es la llave de las llaves. Se esconden debajo de un plato o le sacan la lengua desde la misma cerradura donde las ha olvidado o ya, en el colmo del apretamiento, a punto de rendirse, las encuentra dentro de la nevera, zafándose, por fin, de la llave de las mismas. Pasa al contraataque, y para arrancar la máscara al falso enmascarado, busca con desesperación las gafas y cuando se va a dar por vencido al no encontrarlas, «¿Qué importa para lo que yo tengo que ver, que siga él con la máscara?», se da cuenta de que él mismo las tiene puestas: es el otro. Ahora, para escapar del contrincante, se precipita a la puerta a ver si la podía abrir y librarse de él, pero, en el mismo instante, se apresuraba a cerrarla, no vaya entrar el atacante, a quien, con estas tácticas y momentáneamente ha logrado sacar fuera del ring. Y se pavonea, creyéndose a salvo en su aislamiento.

¡Y el toro solo corazón abajo!

Solo en el ring, flexiona sus músculos del no ser, y con miedo inspecciona lo que le rodea amenazante: Aquí la taza fría de té amargo, olvidada, sin sorber, allí un calcetín tirado, ¿y el otro?, por la ventana entran la cuchilla de un rayo de sol, y el piar de un pájaro de los de la película de Hitchcock. Pone el agua para el baño. La varilla de la ventana parece que se infla y se desinfla, sentado en la cama, se siente bambolear: «¿Vuelve otra vez el terremoto?». Se mete en la laguna del baño y con sensación de agrado huele el jabón de coco, el shampoo de manzanilla (parte del atrezzo sensual dejado por la pintora lesbiana); siente su cuerpo desnudo, ¿el de él?, y sus muslos firmes. En la calma, aunque no está consciente de ello, se masca la tensa del peligro de la emboscaba (el falso Self ha vuelto a encaramarse al ring por una de las esquinas, y le ha destapado el tapón del baño, sin darse el cuenta de ello). Las manchas blancas de la espuma, entre el agua sucia, se deslizan lentamente hacia el desagüe. Y de pronto, el contrincante rompe la calma, emitiendo el graznido agorero del pájaro y haciendo que el agua al acercarse al agujero tome un repentino movimiento de remolino amenazador. Le atenaza por el cuello y siente la impresión de que empieza a marearse, a disolverse: le da el miedo de poder morir ahogado, experimenta el repentino pánico de que a su cuerpo se lo va a tragar el agujero del desagüe.

Se suelta saltando fuera de la bañera. Tiene un momento para inspeccionar su cuerpo ante el espejo (No se ha dado cuenta de que el atacante ha salido de la bañera/ring, por detrás de él). Está bien; el pene da señales de aleteo, hasta el sol declinante ilumina un claro de luz en la pared y en su pecho, aunque siente el latido trepidante del corazón, ¿Me va a dar un ataque? El contrincante lanza cubos de sombra contra el azul de las paredes. En la mesita de noche, las manecillas negras del despertador destacan contra la esfera blanca y el tic-tac retumba. Alarmado, se da cuenta que de que la hora no avanza con el el tic-tac de su reloj. (En este preciso momento el otro se pega a él, sin que lo note). No hay la distinción entre yo y ello, él y el reloj en la mesilla. El tic-tac sale de ambos y, con esta bomba de tiempo, a punto de estallar, se mete en la cama, tapándose el rostro con la blanca sábana. Apaga la única lucecita de la mesilla, pero se da cuenta de que no ha comprobado si ha asegurado el cerrojo de la casa. «¿Y si vuelve a entrar el atacante?». En el camino tropieza con los volúmenes de sombra que le salen al paso (golpes fallidos del adversario), oscilando entre muebles y sombras, avanza casi inmovilizado, sobresaltado por los ruidos que le empiezan a acosar: el ladrido lejano del perro casi le muerde el hígado, alguien parece estar forcejeando por abrir la ventana, se mueven las sillas de la cocina, rechina la puerta de la otra habitación, abriéndose y cerrándose. Momentáneo alivio al lograr identificar uno de aquellos ruidos amenazadores, es el ruido de la nevera, pero, inmediatamente, otro vuelco: algo se mueve debajo de la cama. ¡Ah, por fin tiene al contrincante debajo! En un arranque de valentía enciende la luz, y se lanza debajo de la cama, siente que lo ha atrapado por el pelo, pero se le ha escapado con el tropel de sombras. Apaga y encogido, agujereado por ruidos y miedos, sin un destello de sueños, navegaba seminaufragando por la noche oscura del (sin) alma. Hasta que la luz le anuncia la tregua diurna. ¡Ha ganado, por puntos, el yo desintegrado esta primera pelea!

Intermedio político: Libertad para la gallina

¡Esta noche, instado por el ideólogo del postcolonialismo, que en vista de mi éxito con el público reclama que le ceda algún tiempo, presento un espectáculo político en el barracón, con él ideólogo de la subalternidad como único espectador: ¡El yo-nosotros reducido a una existencia fantasmalizada! ¡Pasen y vean, por un quarter, las filosofías de la liquidación del sujeto de los filósofos franceses de moda, vividas no en teoría, sino en sangría!

Como con un cuchillo, se había cercenado del yo-nosotros, el cual había vivido vicariamente durante tantos años, fundido en lo que él creía la gran gesta del sujeto colectivo protagonizada por el comunismo internacional. Hasta en uno de sus viajes a Nueva York se compró una guerrera azul a lo Mao. «Mi mono azul», decía juntando a Mao y a los milicianos españoles sobre su cuerpo. Pero, ahora, en la función de esta noche, tras los ojos hablantes del Mao del póster de la pintora chicana, él cree ver asomar los del padre Ripalda con su catecismo.

Como no entra nadie a ver el espectáculo, hagamos una pequeña digresión explicatoria. Se le había venido abajo también su ilusión en el teatro de creación colectiva, otra expresión del yonosotros, a la que se agarró con tanta esperanza, viendo en ella el arte del futuro. Contra lo que él esperaba, en los viajes por Colombia, Chile, México y El Salvador, en el verano y en el otoño de 1973, se le había revelado como patético ver cómo aquellos grupos teatristas, con los fusiles de madera o de cartón, derrotaban en el escenario a la hidra imperialista y a sus lacayos, y luego en los foros públicos se desgañitaban los grupos, como grillos, para probar quién tenía una estrategia revolucionaria más correcta, saboteándose –y hasta matándose si los rifles hubieran sido de verdad– las distintas facciones entre sí, mientras de la calle se iba apoderando la contrarrevolución.

Ya harto, en el Festival de Bogotá, del verano del 73, fastidiado de que el grupo guatemalteco que interpretaba *La gallina degollada*, todas las mañanas, mataban en el escenario, a una gallina para dramatizar su alegoría de las torturas políticas, lanzó su grito subversivo: «Libertad para la gallina», que descolocó al actor-verdugo de la revolución por unos momentos, aunque, inmediatamente, continuó con la degollación. Alguién debió ver en aquel grito de subversión gallinácea la evidencia para tomarle por agente de la CIA.

De España, tras el fracaso de su intento de re-inserción en las fechas del 68, donde encontró un estado de excepción también se había cortado. De aquí el aleteo que supuso para él ver un día en un periódico de San Salvador que Franco estaba grave. Era en el verano del 74, pero al día siguiente la noticia no volvió a aparecer; no reaparecería hasta el otoño del 75. Por años, décadas, desde 1939, toda su vida estaba hipotecada a otra que debería empezar a vivir cuando muriera Franco. De aquí lo mucho que tenía toda su vida de inédita, a pesar de los embates del tiempo. Pero él se agarraba a la resistencia, a un yo-nosotros hispánico, vivido de lejos, que, más que de la realidad, le venía de la poesía social de los Blas de Otero, Hierro, Celaya, Angel González y Angela Figuera (sus dos ángeles).

Por fin, llegó la tan largamente esperada noticia de la muerte del dictador. ¡Y a celebrarlo como si se tratara de cuarenta fiestas de año nuevo a la vez! Con la música a tope, entre la montaña y el mar, se anduvo unas millas en el coche, cantando «Asturias, patria querida» y otras canciones folkóricas de su recuerdo, como «Desde Santurce a Bilbao» y la de «Allá en el rancho grande». Luego, vuelta, al apartamentito a beberse la botella de champagne californiano que tenía guardada en la nevera por dos meses. Quiso bailar, cantar, gritar, follar, pero la acompañante de aquel día, una universitaria latina, muy apolítica y conservadora, no entendía de lo que se trataba. Bailó desganada, y rehusó a participar en la celebración erótica. «Los manes de Franco –se consoló él–, muerto el perro seguía imponiendo la censura sexual en lo que antaño fueran los confines del Imperio español».

El subalterno postcolonial, quien pronto se había empezado a desentenderse del discurso, al llegar a lo del «Imperio», mascullando maldiciones al eurocentrismo, se alejó de mí. Así que, abruptamente, se acabó el show y para atraer, de nuevo, al público del barrio, que también se había alejado de este intermedio político, vuelvo a la lucha libre, donde la dejamos.

La llave de la ataraxia

¡Vengan, ahora, a ver, la gran pelea del DESQUITE. A la derecha, el falso Self, enmascarado, 250 libras, calzón con los colores de la bandera norteamericana, y a la izquierda el yo desintegrado, 145 libras y calzón rojo! Había retirado al baño el póster de la enorme cabeza del tigre –desafiante emblema que la pintora chicana tenía colgado sobre la cabecera de su cama–, pues le había asustado su animismo. Ahora, el falso yo se había sobrepuesto la máscara del póster y le amenazaba con sus dientes afilados y sus ojos encendidos; oía el rugido devorador, presintiendo ya el titular del periódico de la mañana: «Tigre de Kenia devora a profesor español en un cuarto de baño del extrarradio de Berkeley». En otra metamorfosis del enemigo, los libros se amontonan en las sillas de la cocina y aparecen desparramados por la mesa y el suelo, como minas listas a explotar. Una vez casi le muerde *La náusea* de Sartre. Los otros le reciben a dentelladas, cada palabra un mordisco incomprensible. Le entra el angustioso miedo de que no va a poder seguir enseñando, un miedo que años después, encarnaría en la voz de su gran amigo de los años de Nueva York, Demetrio Basdekis, el Zorba kennedyano, unamuniano, lorquiano del West-End, quien, atenazado por un «break down» que lo acabó, le decía por el hilo del teléfono, casi sin poder hablar (él que había hecho retumbar todo un vecindario neoyorquino recitando a las cinco de la madrugada con los versos del *Poeta en Nueva York*): «No puedo, Víctor, no puedo dar las clases y no voy a llegar a los tres años que me faltan para la jubilación». Su amigo, el profesor persa, le contaría después que casi le tenían que llevar cargándole hasta la puerta de su aula, para que pudiera pararse delante de los alumnos y poder alcanzar la fecha de la jubilación. Más tarde le dijeron que había acabado en un «Home», ya en estado de vegetal. ¡El pobre Demetrio también había sido amigo y colega, en Berkeley, de Rafael Pérez de la Dehesa. ¿Iba yo ahora a completar el triunvirato letal?!

Cuando se obstina en abrir algún libro, el falso Self le echa arena en los ojos y la vista se le enreda en los trazos de tinta negra. Se fatiga queriendo abarcar la enorme distancia que separa a una palabra de otra, logrando apenas subir por el rabito de la *b* o bajar por el de la *p*, girando, mareándose, en el círculo de la *o* y sufriendo al no poder comprender porqué la *u* tiene tanto espacio en blanco entre los dos palitos. No sabe si se empieza a leer de izquierda a derecha o de derecha a izquierda o de abajo a arriba y, lo que es peor, el flujo de imágenes desatadas que salen de su propia mente sepultan a la letra impresa.

Mira el montón de libros como ladrillos de su edificio de «scholar» en escombros, como «un montón de perros apagados». Sacar de allí una frase sería casi tan difícil como rescatar a un ser con vida de entre las ruinas del terromoto. Y lo que más susto le da es ver que Ho Chi Min y Fidel Castro, en la foto, donde se ha metido el contrincante, se ríen de él, saliéndose del papel como el tigre del póster. Teme que el diablo ha encarnado en sus héroes de la revolución. «Ja, ja, ja». En el descuido, el falso Self le echa la llave maestra de la ataraxia. Cae postrado: «Ay, lo pierdo todo continuamente, las gafas, los calcetines, las orejas, el corazón, caigo hecho pedazos hasta el fondo», gime, dándose casi por vencido. Cuando el árbitro va a dar el manotazo sobre la lona, declarándole vencido, le salva el timbre del teléfono, llamándole para que mañana vaya a sacar a los niños. Además el árbitro descalifica al Falso Self por mala fe.

Mañana de vacación

Curiosamente, uno de sus libros, y encima apolítico (que él hacía años que había abandonado por considerarlo «reaccionario», *El profesor inútil* de Jarnés, cuyo título él vivía al borde del abismo existencial), le prestaba ahora uno de sus capítulos, «Mañana de vacación» para que lo usara como terapia. Y así, empujado por esa mañana, sacaba a sus hijos a pasear y jugar. Los llevaba al Tilden Park, haciendo de «hijo-padre», como se le escapó a Lalo llamarle. Montaba con ellos en el carrusel, «los caballitos, los caballitos», palmoteaba Emma con gran alegría, o iban a bañarse al lago. Se metía con ellos al agua, aunque con más miedo e inseguridades que ellos, buscando el flotador de los ojos o del culo de alguna hembra, en bañador (él, que tanto miedo tuvo siempre a morirse ahogado, quizá por el terrible recuerdo de aquel niño vasco de la colonia de niños refugiados cerca de Bayona cuando la guerra, uno de los mayores, que se ahogó bañándose en el río, sumiendo a la comunidad de niños, muchos de ellos ya huérfanos de la guerra, en un nuevo horror: el de la muerte sin la guerra. «Te acuerdas –le recordaba años más tarde Gabriela–, cuando alquilamos una barca en el estanque de la Casa de Campo en Madrid y no te querías apartar de las orillas»).

También jugaba con ellos en el patio de la escuela detrás de su casa en la calle Alcatraz, él eludiendo mirar al fondo de la calle, donde se divisaba el presidio, para no caer en lo del agujero negro o en lo de los espejos. Jugaba a hacer canastas de baloncesto. Aunque sólo metía una de diez, las niñas le daban gritos de ánimo, «Good», «Good» y palmoteaban, logrando que la inerte psique sintiera un ligero aleteo del principio del placer. Luego, Lalo cantando en la ducha porque iban a ir a un juego de baseball a ver a los A´s de Oakland, juego del baseball, que él nunca llegó a comprender, a pesar de todos sus años en los Estados Unidos. En el camino le contaba a su hijo cómo a él, a sus siete u ocho años, su padre le llevaba al campo de fútbol de Vallecas, y aquella imagen que se le había quedado grabada de un partido entre el Atlético de Aviación y el Zaragoza: un chutazo de Pruden a media altura que bloqueó Valero, el portero del Zaragoza, pero rompiéndose el brazo y le sacaron en camilla (todavía ve el revuelo de los camilleros corriendo y sacándole del campo, como si fuera en la guerra). También le contaba que su padre había conocido al Plakton, el portero húngaro, medio loco (y decía lo de medio loco, procurando no mirarse a él), del Barcelona, a quien Alberti escribió un poema. Lalo le escucha como si le estuviera contando cuentos de hadas.

Las nubes que pasan. El eterno retorno o la compulsión de la repetición

Aunque en Tilde Park, sin los niños, también vivió una mañana y no de vacaciones, sino de terror, donde de nuevo el falso Self
le vino a ahogarle y no ya metafóricamente, por lo que le había
hecho el árbitro. Había elegido el campo abierto del parque para,
en aquella mañana, dar su golpe decisivo a la sensación de petrificación que no lograba sacudirse. Se puso a andar briosamente y,
sintiendo en sus cuerdas vocales cierta exhuberancia vegetal, empezó a dar grandes voces, alaridos, lamentos, cantos, «Ay, ay, AY,
AY, AY, canta y no llores, porque CANTANDO...». Se sentía con
energía, embargado por una sensación de bienestar. Luego intentó
atravesar una especie de camino-puente tendido sobre un trecho
de laberíntico espesor forestal, la «Isla del Tesoro», como lo llamaba jugando con los niños. Cantaba y sonaban sus pasos sobre la
madera, pero, de repente, estos empezaron a retumbar cada vez
más fuertes, la voz se le iba quebrando y apagando y la sombra se
comió a la luz en aquel paisaje umbroso, movedizo. ¡Empezaba
otra sacudida sísmica! Comenzó a sentirse paralizado por el miedo
del no ser, y corriendo, volvió sobre sus pasos, hacia la salida, antes de que se troncharan los árboles. Al salir al exterior, siguió corriendo y cantando con la voz comida, tratando de contener el
desbordante aluvión de imágenes caóticas, desintegradoras, que
volvían, de nuevo, a envolverle, con pensamientos sobre Cuba,
Vietnam, Chile, el futuro, pasado, socialista, por fin, algo calma-
do, se tumbó en un banco, mirando al cielo: «Ah, Azorín, las nubes que pasan, el eterno retorno». Pero de pronto, las nubes toma-
ron un animismo terrorífico en un cielo volcado en infierno: una
parecía una calavera, otras pajarracos enormes, la vaca negra con
un solo cuerno o deformes rostros, cayendo sobre él. A punto de
paralizarle, pero hizo un esfuerzo y se volvió corriendo, mirando
de reojo a las nubes que se alejaban sin la presa en la boca, hasta
donde había dejado aparcado el coche.

Mecánica popular o terapia radical: ¡Al fin, entre semejantes!

Tu tabla de salvación la encontraste en un grupo de terapia
radical en la calle 24 en San Francisco. Barrio del Tercer Mundo,
que quedó a salvo del terremoto. El lugar, una de esas tiendas
abandonadas que se usan para servicios de comunidad durante el
día, guardería, biblioteca, unos sofás descoloridos y una alfombra

65

pelada. Sentado en aquella alfombra, y ahorrándote los miles de dólares que te hubieran costado el tratamiento en el diván de algún psicólogo freudiano, por cinco dólares por sesión, pudiste, en compañía de los otros/as, medio arrumbar al dragón del falso Self y medio afirmarte en tu verdadero Self. Ahora tú eras quien creías oír encantadores cuentos de hadas, oyendo las otras narrativas de aquella terapia grupal: unas triviales historias de relaciones fallidas que, por el contrapunto de la angustia con que eran contadas, se revestían de toda la hondura existencial del «Ser o no ser», vivido, en carne ajena y propia, y por personas y no actores (como lo eres tú en este drama). Historias que con su aliento interactivo y dialogizante te revigorizaban a ti; la angustia de la interlocutora se convertía en ternura en el receptor. Eran triviales historias de alienación socio-mental, como la tuya, pero que en boca de otra tenían un gran efecto balsámico; como aquella de la oficinista de unos treinta años:

Le dan ataques de miedo, la mente se le queda en blanco y empieza a tiritar; desde que entró aquí le empezó a dar y ahora está aterrorizada, y siente que ese terror se manifiesta en la voz. A ti, comparados tus síntomas con el terror de ella te parecen casi nada, comprendes cómo se siente ella y ves lo infundado de su miedo: tan infundado como el tuyo de las nubes no-azorianas. Se la oye perfectamente bien, y expresa con claridad y coherencia lo que siente, a pesar de que ella cree que no se la oye y que dice incoherencias. Varias personas, incluyendo la «facilitadora» le aseguran de esto, y sus gestos de terror van cambiando en otros de incredulidad, de sorpresa y hasta de dicha. Más segura, cuenta que le dio por primera vez cuando tenía 15 años y luego, cuatro o cinco veces más a través de los años. Ahora ha salido de un matrimonio fracasado y se ha vuelto a mudar a San Francisco, y le dan muy seguidos los ataques de terror. Le entran gran temor de que se le note y tiene que irse al baño hasta que se le pase. El otro día archivó algo mal y el jefe la reprendió, muy amablemente, y le vino uno de los ataques. La facilitadora trata de relacionarlo con alguna prohibición traumática de su niñez y con los roles que se esperan de nosotros y cuenta cómo ella, de casada en Nueva York, tuvo una experiencia de miedo semejante, comiendo en un restaurante con su madre y su marido, al encontrarse con el jefe de éste. Luego se lo contó a su madre y ésta le reprochó que algo andaba muy mal con ella...

Y así, saliendo fuera de ti, oyendo cuentos de hadas alienadas, y esperando que te cayera alguna oportunidad, en que tú fueras el salvador de una de aquellas frustradas Alicias y Blanca Nieves y que, en reciprocidad, te ayudara a ti a salir del abismo o, por lo menos, de la soledad erótica...

Te ibas bastante contento de aquellas sesiones de terapia, sin grandes pretensiones psicoanalíticas, pero muy prácticas. Algo así como un breve manual de «mecánica popular» para la psique, y por cinco dólares por sesión. Salías con tu saquito medio lleno de «strokes» (elogios, caricias dialógicas, que eran el instrumento central de aquella terapia), con la tarea de escribir un guión de las pequeñas acciones diarias que fueran rompiendo el cerco del falso Self, y con la idea matriz de que hay que saber escuchar al ancestral «niño/niña» que uno lleva dentro y olvidarse de esos monstruos del psicoanális freudiano: los patriarcales y represores «Ego» y «SuperEgo» con sus metas y prohibiciones. Y en cuanto a lo de las represiones inconscientes, de eso había mucho que discutir, decía la facilitadora más aventajada.

Con tal ligero bagaje, pudiste afrentar el resto del verano los asedios del falso Self que pedía más combates, y hasta a ti te daba mala conciencia no aceptárselos, pues creías que los vecinos en paro echarían de menos aquella su casi única diversión de la lucha libre.

Te abrazabas ahora a las mañanas de vacación y con tu mochila de «strokes», medio llena y no medio vacía, te ibas al Tilde Park, tratando de no mirar a las nubes y leyendo el «The Divided Self» de Laing, como ayuda para hacer del «break down» un «break through», como habías aprendido en las sesiones de terapia. De vez en cuando, y como te habían recomendado en ellas, para restablecer contacto con su cuerpo, te ibas a tomar una «Sauna» y un masaje en San Francisco. Sólo te faltó, para un restablecimiento más rápido o para haber muerto de SIDA, haberte metido en aquellas orgías de los Baños públicos «gays» en San Francisco, de las que Foucault era asiduo participante, cuando venía a Berkeley. El caso es que él, con quien alguna vez debiste de cruzarte por aquellos parajes, está muerto, y tú en la soledad de tu bañera (ya no la de la pintora chicana) gozas con su lectura. Entonces, te contentabas con la sauna puritana y los masajes del masajista sueco, haciéndote el ídem cuando éste ponía más presión al pasarte las manos por los muslos y más arriba. Salías hasta silbando de aquellas saunas, con tu saquito y los guiones –y no de cine– que te recomendaron escribir y que tú politizaste en un nuevo programa de acción, donde tu malparada ideología volviera a conectar con la práctica: mantener una relación cordial con L, que ella rehuía firmemente, con el común objetivo de colaborar a la formación del hombre nuevo, decías sin reparar que tus niñas serían mujeres; fortalecimiento del cuerpo (empezaste a hacer *jogging*, tomar clases de aikido, y seguir con las saunas, con o sin masaje del sueco); búsqueda de una relación no alienante con una mujer; empezar a trabajar en tu planeado, y continuamente pospuesto, libro sobre la novela social española, y todo como preparación al propósito central que daría todo su sentido a tu relación con los otros: la inserción en una praxis de finalidad revolucionaria.

¡Franco no, Democracia sí. Bases americanas fuera de Espa ña!

Algo de esto se le presentó en el mes de agosto coincidiendo con el último coletazo represivo del régimen de Franco y la inminente, aunque no anunciada, muerte de éste. Con tal motivo, la pequeña colonia española del área de la Bahía de San Francisco organizamos unas reuniones de la Plata/Junta, de las que salió una «Asociación por una España democrática» que luego se amplió con otros grupos de Los Angeles y San Diego. Allí en las reuniones, con las aceitunas, la tortilla española, la sangría, y el pan con tomate que hacía el catalán Andreu, eminente profesor de economía de la Universidad de Berkeley, y las conversaciones sin parar, se me levantó el ánimo y el ánima. Hasta logré una efímera pero muy intensa relación amorosa con una gallega, emigrada a México y ejecutiva de un Banco en San Francisco. Entré con cierto remilgo en aquella relación por lo de ser ella banquera, aunque cedí a ello por el espíritu del consenso que debía imperar entre todas las fuerzas de la democracia española, me decía para aplacar mi mala conciencia ideológica, mientras saciaba mi hambre erótica, entre copa y copa de vino de Ribeiro, alguna lata de sardinas españolas y haciendo el amor en su apartamentito de lujo en una camita que, por su estrechez, nos evocaba, entre risas, a las sardinas en su lata. «Estoy resucitando», le dijiste a la banquera gallega, quien no te comprendió, pero siguió folgando.

Nuestra asociación llevó a cabo dos acciones políticas: una manifestación en el campus de Stanford aprovechando la visita del entonces presidente Ford y una ocupación del consulado franquista en San Francisco. En la manifestación de Stanford nos encontramos con que teníamos más pancartas, con «Democracia para España», «Abajo Franco», «Retiro de la ayuda norteamericana», que participantes. Tocábamos a tres o cuatro por barba. Menos mal que tuvimos la suerte de confluir en una explanada con otra manifestación de iraníes, mucho más numerosa que la nuestra, pero sin pancartas Y empuñaron muy ufanos las que nos sobraban. Luego por la noche se vio fugazmente, en la televisión, la cara de confusión del presidente Ford, quien tenía fama de que no podía hablar y mascar chicle a la vez, al ver a una persa chiíta, envuelta en sus velos, levantar a la altura de su nariz una pancarta con la consigna: «Fuera bases americanas de España».

Y esa misma la noche, después de la manifestación y tras una reunión de estrategia para ocupar el consulado en San Francisco, me volví para Santa Bárbara, ésta vez con la misión de comunicar a los miembros de la Asociación del Sur del California las actividades efectuadas por los del Norte. Ahora también me hice, viajando casi toda la noche, el camino de vuelta a Santa Bárbara, como el de ida, en una exhalación por la 101, pero ahora bastante corporizando (pensando en la gallega y en las saunas), coreando las canciones rancheras mexicanas de la radio, acompañado de las imágenes de los juegos con los niños, o de monodiálogos sobre las perspectivas de la nueva revolución española que se avecinaba. En la calmada noche estrellada, mi coche se cruzaba y adelantaba a los grandes camiones con intrepidez y seguridad, sin molestarme sus ruidos ni sus luces. Me creía que había vuelto a la época de la guerra civil y llevaba un parte urgente por la carretera de Madrid a Valencia. Y así se fue dejando atrás San José, Salinas, King City, Atascadero, San Luis Obispo, Santa María, Buelton, esperando también dejar por el camino el síndrome del «break down».

Hasta te sentías contento por haber vivido el terremoto, y repetías algún pensamiento filosófico que habías logrado sacar a flote de aquella dura experiencia: ¡Tantos lazos inútiles cortados por la convulsión! A pesar del gran susto, habías vivido el gran tremor de la nada, en unión con la tierra Madre, convulsa, impura, antes y después del doloroso parto. Y apretabas el acelarador como si quisieras pisar el suelo, declarándote amigo de la tierra y no de la idea, dando vueltas a aquel pensamiento de Michel Serres, creo: *es la vida la que cristaliza los primeros objetos a los que se dirige el deseo, aún antes de que el pensamiento pueda fijarse en ellos.*

(De *Morir en Isla Vista*)

ANA MARÍA FAGUNDO

Ana María Fagundo nació en Santa Cruz de Tenerife, Canarias, el 13 de marzo de 1938. Obtuvo el Doctorado en Literatura Comparada por la Universidad de Washington 1967 con especialidades en Literatura Inglesa, Norteamericana y Española. De 1967 a 2001 enseñó Literatura Española del Siglo XX en la Universidad de California (campus de Riverside).

Ha publicado once poemarios: Brotes *(1965)*; Isla adentro *(1969)*; Diario de una muerte *(1970)*; Configurado tiempo *(1974)*; Invención de la luz *(1978)*; Desde Chanatel, el canto *(1981)*; Como quien no dice voz alguna al viento *(1984)*; Retornos sobre la siempre ausencia *(1989)*. Estos poemarios han sido recogidos en* Obra poética *(1990)*. Isla en sí *(antología de su poesía, 1993)*. El sol, la sombra, en el instante *(1994)*. La miríada de los sonámbulos, 1994 *(narraciones)*. Antología poética *(1994)*. Trasterrado marzo *(1999)*. Obra poética: 1965-2000 *(dos tomos), 2002. En isla: antología poética: 1965-2003 *(2003)*. Palabras sobre los días *(2004)*.

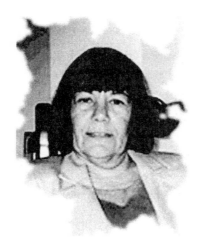

ANA MARÍA FAGUNDO

ES DE ALLÁ

« Somos romeros que camino andamos»
Milagros de Nuestra Señora
GONZALO DE BERCEO (¿1198-1247?)

Es de allá
de donde el aire tiene un sulfuro distinto
y los gestos han perdido
su canción de alegría.
Es de donde el silencio se calla
su soledad más suya
y una mano, un tacto, un perfil de voces
no traspasa la gasa invisible de las
hendiduras.

Es de allá
de aquel ámbito infinito de astros,
de aquel norte sin son conocido,
de aquel río sin agua y sin cauce.
De allí viene con su extraña caricia
de noche,
que atraganta las horas más claras
y las hunde en abismos sin nombre.

Es de allá
y es aquí
donde hinca su daga más honda
en los ramos floridos del día.
Es aquí donde
rompe los raudos caminos del tiempo
y clava su aguijón de frío en los pulsos.

Es de allá,
de allá,
de otro norte, de otra brújula no nuestra
que marca sendas desconocidas.

De allí viene,
             de allí viene
a buscar este polvo de sol aterido
             que rueda en vena, hueso y sangre
por nuestra huérfana geografía.
De allí viene, de allí viene
             y hacia allá se lleva
                          esta ciega luz que nos habita.

EL TIEMPO INDEMNE

«Todo lo muda el tiempo y lo renueva»
Al invierno
MARIANA DE CARVAJAL Y SAAVEDRA (SIGLO XVII)

Hacia atrás miras las huellas
             de los que son,
             de los que ha sido,
los verdes montes con sus trazas de calles,
             casas,
                          puertos y plazas,
con su bullicio insólito de vida
                          y en los recodos y las esquinas
sobre la luz sesgada de la tarde
o a la plena luz plomada de mediodía
             pasos, llantos, ansias y risas:
el tiempo firme a plenitud entre las cosas.

Todo te dice de lo que ha sido
             y en ello hallas tu huella indemne,
tu ahora pisada en las pisadas
                          de los que fueron tu origen
                                       cercano,
tu remoto origen perdido entre las sendas.
Vienes de otros,
sientas tu planta en otra planta
que aquí estuvo ayer, en otro siglo,
             en un inmemorial momento indefinido.

Y tú sabes que detrás de ti
        los otros fueron,
        los otros han sido
para que tú también te seas
        y marques tu impronta en el camino.

Segura estás entre estas trazas de ayer,
        de hoy,
que simularon o fueron vida
y puede tu ser, tu voz, tu palabra,
        invocar la ofrenda.

Mas delante de ti, mañana,
        o en otro siglo,
o en un inmemorial momento del futuro
        tú no eres,
tú no tienes proyectos de ayer,
        claves que te marquen veredas
                o atajos,
amplias carreteras hacia adelante.

Detrás, sabes que fueron y que has sido.
La certeza te sostiene sobre el polvo.
Pero hacia delante no hay senda
        marcada
        ni conocido camino,
        no hay verdes montes con sus plazas,
             calles, gentes,
vida bulliciosa que fue tuya.

Hacia adelante en el ahora,
siglos o millares de siglos en el futuro,
        tú no puedes ver,
        tú no sabes ver
porque tú no tienes huellas ni raíces
y si adivinas o intentas figurarte
        lo que será
no hay blancas piedras que te lleven
        a seguro puerto
        o que te marquen la senda.

Hacia adelante
                 para ti
        —para los que ahora somos— no existe el tiempo,
        todo es abismo,
        todo es vacío,
pero quizás el triunfo
sea que somos raíz
                 de los que siguen,
que somos su tiempo indemne,
su dudosa
        pero segura
                 memoria aterida.

MAR ÚLTIMA

> « *Emulación ayer de las edades*
> *Hoy cenizas, hoy vastas soledades*»
> A las ruinas de Itálica
>   RODRIGO CARO (1647-1743)
>
> *A Lolita Curbelo Barberán.*

Sobre mi piel el canto de las horas,
las arrugas del sol que se enlutece,
veredas y barrancos con cipreses,
la noche que ha perdido sus auroras.

Avanza entre mis sueños alta y sola
y la sola soledad que me sustenta,
que me acompaña con su voz atenta
a una mar sin playas, ni algas, ni olas.

En la cumbre ahora lejana el ruido
de retamas, hibiscos y mimosas
punteando de luz el suave sonido

de una inmensa mar entre las rocas,
de una mar ya sin espumas ni arenas
de una mar ya infinita entre mis cosas.

INTERNETEANDO

«En el tiempo que prestado
aqueste poder tuvieres
afana cuanto pudieres
en aquello que debieres,
por ser de todos amado»
Coplas
GÓMEZ MANRIQUE (¿1412-1490?)

A Candelas Gala.

El internet del sé, el qué,
        de allá y aquí.

                        la red de quien lo sabe todo
con sus chips,
                con sus beeps,
con un software de vestidos suaves
        para ese masculino orden
                                ordenador
o esa femenina computadora
                que todo lo calcula
a golpe de te, me, se, de
        millones de vibraciones
de informáticas webpages y eudoras
de electrónicos mensajes
        que saltan prendida la pantalla,
que hablan con su metálica lengua
                        ordenada,
que brincan y contestan con tu voz:
soy ¿yo? ¿yo? ¿yo?
                deje un mensaje,
deje, diga, hable,
        deme caliente, humana la mano,
sáquela de la pantalla
        y toque la mía
venga, venga que la quiero ver
                        bailar
                        saltar
                        y brincar

quiero hurgar en sus ojos,
        reírme en su cara,
oler cómo huele,
            llorar con sus lágrimas.
sentir que me siente
        que estamos
        interneteándonos todos con todos,
        tecleativamente computarizándonos
            en el cosmos,
        ordenándonos en la nada.

LA PATRIA COMÚN

«Cono ajutorio de nuestro dueno dueno Christo dueno Salvatore
qual dueno get ena honore e qual dueno tienet ela mandatione cono
Patre cono Spiritu Sancto enos sieculos de los sieculos. Facanos Deus
Omnipotes tal serbitio fere ke denante ela sua face gaudioso sega-
mus. Amen»
Glosas de San Millán. Códice Aemilianensis 60, p. 72 (siglo XI)

Titubeó allá en la ancha Castilla
                    sus primeros nombres,
sus nuevos sonidos, raíces de los que ahora
                    somos y hablamos,
y como bebé incipiente
                    fue dando débiles pasos
en los seres que estrenaban sin saberlo
                    la nueva lengua,
la nueva forma de decir su son y su huella.
Se acurrucó en los hogares,
                    subió a los púlpitos,
estuvo porfiando vida en los mercados,
jugueteó traviesa en los labios de los niños.
Creció. Se hizo adulta y entró en los sesudos
                    sesos de los monjes,
          en la cuidadosa piel del pergamino
y allí, siglo tras siglo,
                    fue afirmando su cuerpo
y paso.
          Llegó a ser cumbre nombradora
                    de todo lo humano
                    y de todo lo divino.
Humana fue en el Cid y en el Arcipreste,
en Manrique y en Garcilaso.
Divina en Berceo,
              en San Juan,
en Santa Teresa.
                    Supo ser unión y lazo,
              gozo y dolor,

historia de unas mujeres y hombres
que compartieron
tiempo,
país,
vida.

A los que osaron
internarse en el misterio del mar
y arribaron sorprendidos
a otras tierras
con otros nombres, gestos, historias y olvidos,
los acompañó a nombrar el nuevo mundo
con los nombres que eran suyos desde siglos.
Y la lengua se irguió con sesgos hasta entonces desconocidos.
Lejos quedaban San Millán,
los monjes,
los concilios,
las guerras entre moros y cristianos.
Era otra vida.

Pero la lengua materna,
ese mar de luz y sombra que nos guía,
siguió inexorable su curso
por la geografía recién descubierta
y unió −pese a los pesares−
a razas, pueblos y gentes
que hoy dicen:
«soy, afirmo mi ser»
en colombiano,
chileno,
mexicano,
salvadoreño,
en cubano,
costarricense,
uruguayo,
portorriqueño,
en boliviano,
peruano,
panameño,
ecuatoriano,

en guatemalteco,
          paraguayo,
                    nicaragüense,
                              venezolano,
en argentino,
          hondureño,
                    dominicano;
          lo decimos todos, unos y otros:
          Bécquer y Borges
          Darío y Lorca,
          Sor Juana y Rosalía
          Machado y Vallejo
                    lo dicen,
lo decimos todos en un mismo idioma
          –nuestra patria común–
                    el castellano

(Del poemario *Trasterrado marzo*)

RENOVADO FULGOR

A Pilar Martínez Acevedo

Salió el sol.
Un sol ralo como deshilvanado
      que con desgana
   va deshilachando sus débiles hilos de oro
sobre la húmeda hierba
   y las desnudas ramas de los árboles.
Es un sol que aún no trae calor
         ni ardores de alegría
pero que va,
         poco a poco,
entibiando los fríos recodos de enero
    y quizás
     –en marzo ya–
cuando los brotes estén a punto de flor
y el alborozo repetido de las hojas
      palpite
en las ya turgentes ramas,
él se yerga pletórico como un dios
inundando de orlas de fuego
campo, cielo, monte y mar
     y luego
   –inadvertidamente–
    –en silencio–
se filtre suave y firme
    por las estancias del hogar.
Fuego será en la cocina.
    Tierno tibior en el dormitorio.
Remansado cuenco de luz en la sala.
    Y en el estudio
      insuflará ansia de vida
a los desmayados versos de febrero
     imantando
  al íntimo ámbito de las horas
    de un renovado fulgor de poema.

SEGUNDA VISITA

Trae en su melancólica mirada
el perfume de la albahaca
      que tenía su madre en las macetas.

Su dulce sonrisa recuerda
las frutas redondas y bermejas
     que temblaban en el agua de la alberca.

Polvorientos encinares son sus cejas
y olmos erguidos sus pisadas.

Por la curva de ballesta en torno a Soria
que el Duero traza con magistral destreza
   su silueta vaga,
              ya sin fechas,
perdida entre carrizales y roquedas.

Nimbado por su mundo de poeta,
con su humilde y sabia figura,
hoy
Antonio Machado
ha tocado a mi puerta.

PERROS CALLEJEROS

Gino camina
      ligero,
         erguido,
       seguro y ufano
a mi lado.
       Lleva el rabo tieso
y en su andar hay un aire
        como de complaciente desafío.
Gino sabe que después del paseo
     le espera su comida,
        su agua limpia
            como el cielo
y su cuna de blando cojín algodonado.

Gino sabe, además, cuánto le quiero.

Lo que mi perro quizás no sepa,
            ni le importe,
y le traiga sin cuidado
                son esos muchos perros
que tristes y famélicos
—los rabos encorvados entre sus patas—,
deambulan por las calles tranquilas
                        de este pueblo
sin que nadie se fije
                en la nostalgia de sus ojos,
en la humildad servil de sus cabezas,
            en el hambre de sus cuerpos.

Estos pobres perros abandonados
        no tienen casa, comida, coche,
            ni tienen acceso a los supermercados.
A ellos les falta todo lo que a la mitad
                    del planeta
                            le sobra.
Ellos no nadan en la abundancia,
                sino que pobres y desvalidos
como desnutridos niños de grandes ojos
                        de calavera
y abultados vientres de aire
irrumpen en nuestras televisivas pantallas
                con un silencio acusador
            y resignado.
                Estos niños
                de la miseria de nuestro planeta,
digo,
            estos pobres perros callejeros
nos miran a Gino y a mí
                por si algún mendrugo de esperanza
pudiera caerse de nuestras cabezas
                o
            de nuestros
                        corazones.

VERODES EN FLOR

Los conos amarillos de los verodes
　　　　por los caminos, los tejados,
　　　　　　los riscos y las cunetas
bordean de luz toda la isla.
Y las flores de pascua,
　　　　rojas de pasión o de sangre,
salpican veredas, atajos,
　　　　jardines y barrancos
　　　　y es que diciembre florece a vida
que niega que el invierno esté ahí
　　　　en el gruñido negro de las nubes
　　　　y en la punta blanca del Teide.
La sangre y la luz de la flor de pascua
　　　　y los verodes de este diciembre
　　　　　　ponen en el paisaje plácido
como una caricia serena,
como una música celestial,
como un tenue y tierno
　　　　　　　　　atisbo
　　　　　　de esperanza...

LOS HOMBRES

Salen, entran, gritan, escriben, hablan,
van de un lado a otro del planeta
　　　　vociferando
razones, proposiciones, ultimátums, consignas.
　　　　No dejan de ir
　　　　de aquí para allá
estos grandes hombres,
–hombres, siempre hombres–,
　　　　que rigen
　　　　　　el globo azul y blanco,
este aterido
　　　　balón de soledad

que cuelga del infinito espacio.
Esta milenaria tierra
                    que nos ha dado la vida.
Esta desolada tierra nuestra que nos dará
                         la muerte.
Esta tierra a la que quieren
                    incendiar
unos y otros
        para hacer valer
su particular verdad.
                    Mientras tanto,
los pájaros cantan,
            los niños juegan,
febrero anuncia la primavera,
    Gino se acurruca en mi regazo
    y yo,
        ¿yo?
            yo,
            escribo versos.

GUERRA

Un hombre
    con nombre de matorral
nos anuncia la llegada de la
                    primavera.
Sobre un punto
        especialmente escogido
        de este
            aterido
                y pobre
                    planeta
caen,
        selectivamente
            –dicen–
misiles, proyectiles
            certeros, inteligentes,
guiados

con delicada precisión
para que las rosas no sufran
daños aparentes,
esos daños
que dan en llamar
colaterales
y que arrancan de cuajo
los pétalos de las rosas
–los ojos oscuros de los niños –
y las raíces
–esa hondura de siglos de los ancianos–.

El bombardeo
no cesa.
Caen contra la luz tímida del amanecer
lenguas de fuego
que sajan
la tierra,
que destrozan
los brotes más fuertes
y más tiernos
de esta incipiente primavera
de un siglo
apenas estrenado y ya en guerra.

Caen,
caen,
caen.
Están cayendo
millones de bombas
sobre
amedrantados
hombres,
mujeres
y niños
destrozando sus sueños de amor,
eliminando sus tibios úteros de vida,
arrasando sus inocentes sonrisas.

Se clama
        a no sé qué dios.

Se dan
        no sé qué razones
                estratégicas.
Y en un punto
        señalado
                del planeta
se apilan
        informes,
                cosificados,
                        inanimados
        todos
los brotes más tiernos
        de esta
        infernal
        primavera.

(De *Palabras sobre los días*)

EUGENIO FERNÁNDEZ GRANELL

Eugenio Fernández Granell nació en A Coruña en 1912 y murió en Madrid en noviembre de 2001.

En 1939, tras la derrota del ejército Republicano se exilia a la República Dominicana, donde conoció a André Bretón iniciando así su relación con el surrealismo. Pronto salieron a la luz sus primeros dibujos junto con cuentos y poesías que publica en la Poesía Sorprendida, que reunía colaboraciones de exiliados como Juan Ramón Jiménez, Guillén, Salinas. Posteriormente vivió en Guatemala, Puerto Rico, Los Ángeles y Nueva York. Se doctoró en Sociología y Antropología en la New School for Social Research de Nueva York, y es nombrado profesor Emeritus por la City University of New York (CUNY). En esta ciudad residió desde 1957 hasta 1985, momento en que volvió a España, instalándose en Madrid.

Publicó libros de ensayos como Estudio Preliminar a la obra Así que pasen cinco años, *de Federico García Lorca,* La leyenda de Lorca y otros ensayos; *novelas:* La novela del Indio Tupinamba; Lo que sucedió *(Premio de Novela Don Quijote),* El clavo; *libros de cuentos:* Federica no era tonta; *y de poesía:* Estela de presagios.

EUGENIO FERNÁNDEZ GRANELL

VIAJE DE IDA Y VUELTA

Antes de salir del autobús sacudí el cojín de terciopelo del asiento y me puse los zapatos de descenso. El carrilloncito anunció la parada próxima al con el motivo beethoveniano, «Ta-ta-ta-taaa. Tu-tu-tu-tuuu!», que Herriot denominó la llamada del destino, «¡Bon-jour-monsieur. C'est-le-destiiin!» Se abrió la cortinilla con lechugas y gorriones bordados y la rampa de conexión pedestre se alargó hasta el suelo con su musiquita, do-si-la-sol-fa-mi-re-do.

Todavía calzado con los zapatos de descenso, estuve a punto de pisarle la cabeza a una señora. Gracias a que ella, con un gesto amable que denotaba ser mujer educada, me llamó la atención: «¡Caballero, por favor!».

Era una de esas mujeres desnudas que a veces están metidas en los agujeros redondos de las calles, apoyándose con los codos en el pavimento a fin de no hundirse váyase a saber en qué profundidades. Como salí distraído del autobús, en vez de tropezar con ella por poco la aplasto. Es que la mujer se había agachado en ese instante y tenía la cabeza al nivel de la calle. De haber mantenido su posición normal, que la hace sobresalir unas veintiséis pulgadas, no hubiese pasado nada. De manera que la culpa era más suya que mía. Uno no controla los movimientos de las cabezas ajenas. No siendo quisquilloso, me abstuve de ofenderla reprochándole esa menuda infracción del reglamento.

Le pregunté si hacía calor. Me dijo que no. Fue una pregunta tonta. De haber hecho calor, yo mismo lo hubiese sentido. Y aún con más motivo que ella, por estar vestido y por las vendas que llevo en las rodillas.

—¿Cuántas mujeres hay en el agujero?

—Ninguna. No es un agujero profesional.

—¿Es muy profundo?

— No, nada. Se hace pie.

— ¿Hace usted pie, ahí?

— Aquí es donde hago pie, pues aquí es donde estoy.

Me sentí abochornado. No sabía qué hacer. Siempre dije que las mujeres son más listas que los hombres. Se acercó un guardia urbano.

Ya está bien de palique. Hace cinco minutos que dura la cháchara.

Subí a la acera y me volví a mirar a la mujer desnuda metida en el agujero. El guardia se me acercó.

—No te había reconocido. ¿Sigues en la farmacia?

Era un antiguo condiscípulo. Los dos habíamos estudiado juntos el doctorado de ingeniería industrial. Hace un montón de años que reparto por las casas y hospitales los calendarios del laboratorio químico en el que disfruto ya el rango de empaquetador individual segundo de agua de limón en polvo para parientes endémicos, lo digo aquí porque así es, no por presumir. Nos despedimos. Crucé la calle. A mi lado iba una larga fila de escolares con su maestra. Daban saltitos y hacían cabriolas. Los más pequeños relinchaban aún. La maestra les explicaba:

—Y esas mujeres desnudas que veis metidas en los agujeros redondos de la calle... ¡Vamos a ver! ¿Quién sabe describir lo que es un agujero redondo ?

Los dejé atrás. Oí distante la voz de la maestra:

—No, no. Eso es un triángulo escaleno.

Entonces me di cuenta de que había muchísimos agujeros redondos en la calle, cada uno con su correspondiente mujer desnuda, la mitad dentro y la mitad fuera, todas apoyadas de codos en la orilla del buraco. Yo nunca había visto una calle con tal abundancia de agujeros llenos de mujeres desnudas. Desde el borde de la acera, le pregunté a la que estaba más cerca:

—¿Mucho trabajo, hoy?

— ¿Qué trabajo?

—El suyo, digo.

—Yo no trabajo. ¿No ve que estoy en mi agujero? ¿Por qué me mira como si fuera una rareza? ¿Es que nunca ha visto que hay montones de mujeres como yo metidas dentro de los agujeros, que para eso están? ¿No se ha fijado en lo relativamente cerca que están unos agujeros de los otros? Fíjese en la estupenda precisión con que los autobuses tienen que calcular su ruta para no dejarnos empotradas en estos reductos. Es un espectáculo que me entusiasma. Pero ¿de dónde sacó usted que fuesen necesarios tantos agujeros para las tuberías y los cables subterráneos? La nuestra es una gran ciudad, no un emporio. Las inspecciones, reparaciones, comprobaciones y ajustes de las redes subterráneas de transmisiones se hacen en la línea de agujeros que están tapados sin mujeres desnudas metidas en ellos. ¿Es que está usted ciego?

Tenía razón. Las calles no necesitan tantos agujeros. Con unos cuantos, ya está. Las calles no son espumaderas gigantescas, ni cribas y coladores descomunales. Además, los agujeros con mujeres desnudas no se hallaban rodeados por ningún balconcillo con cintas anaranjadas sujetas a postes con banderolas del mismo color. No me había apercibido de esta carencia. Empezó a preocuparme la disminución de mis reflejos perceptivos. ¡A ver si tenía que volver a visitar al especialista consejero de desvíos súbitos de la atención mental! La famosa teoría de Bergson. En algunos agujeros ocurría algo distinto.

Ante algunos agujeros había otra cosa. Era un bulto oscuro. Me fijé bien. Frente a ciertas mujeres hallábase un hombre impecablemente vestido de negro sentado en una silla. ¿Qué harían allí esos hombres? Ni siquiera sé por qué me formulé semejante cuestión. Los hombres hablaban con ellas. Por eso se inclinaban hada adelante, lo cual los absolvía de tener que conversar a gritos. En una mano tenían un espejo, en la otra un peine. Caí en la cuenta. ¡Eran los peluqueros municipales! Dada la posición adoptada por las mujeres mitad dentro, mitad fuera era evidente que les hubiese sido dificilísimo acicalarse por sí mismas.

El ser humano, del cual las mujeres forman parte por muy metidas que estén en agujeros, sólo cuenta con dos brazos. Si uno se apoya en ambos codos para sostenerse en vilo, hombre o mujer, no se puede peinar. Si uno se peina, no se puede apoyar. Los seres humanos no somos ni cuadrúpedos ni octópodos, no todos son séxpodos. Por consiguiente, es impensable un caballo metido en uno de esos agujeros hechos para la dimensión humana, parte de que caballos, como lo sabe todo el mundo menos ellos, casi nunca necesitan que los peinen y saben que sus cuatro patas sólo les sirven para moverse al paso, al trote y al galope. Bueno, y para brincar, caracolear, ponerse de manos y cocear. Asimismo, sería absurdo figurarse los agujeros de las calles ocupados por pulpos, cuyos ocho brazos no les valen más que para nadar y tener pegados en ellos los tentáculos características de su especie. Y aun admitiendo la hipótesis de un pulpo metido en un agujero así, solamente se le venían las puntas de los ocho brazos, allí, colgando hacia dentro. Si un pulpo estuviese fuera del agujero, parecería una araña inmensa sin pelos, y por lo tanto asustaría a los niños nerviosos y a los viejos tranquilos y sobre todo a las personas que sufren de las vías respiratorias, incapacitadas para desahogar el susto con vociferaciones de terror.

Si las mujeres desnudas metidas en los agujeros redondos de las calles no son pulpos ni caballos, sino mujeres naturales, como salta a la vista, a las cuales peinan los peluqueros municipales, ¿por qué están allí metidas solamente a medias? ¿Por qué tiene cada una de ellas su propio agujero? ¿Por qué se encuentran siempre mirando en la misma dirección? La más próxima a mí apenas si estaba a cuatro pies de distancia horizontal y muy poco más de distancia inclinada.

—¿Por qué todas ustedes se orientan hacia el este?

—Por dos razones. Primera, porque el oriente es el este. Segundo, porque por el este sale el sol.

— ¡Me quedé de una pieza! Estaba harto de ver a las mujeres desnudas metidas en los agujeros redondos de las calles, pero nunca se me había ocurrido calcular la enormidad de su talento. Con el bofetón lógico que acababa de recibir, se me fueron las ganas de hacerle más preguntas. Por eso no le pregunté por qué estaban metidas la mitad nada más, pues enseguida me di cuenta de que si estuviesen completamente metidas no sólo no se las vería, sino que siendo seres humanos, parecerían cosas guardadas en tubos, y, además, se sofocarían con la tapadera de tapar lo que está dentro. Y si estuviesen fuera completamente, en ese caso los agujeros se harían absolutamente innecesarios, dado que la ausencia de contenido excluye la necesidad de continente. Y de pronto, izas!, se me representó con toda claridad el teorema de Rosipilus: Mujer desnuda (MD + Agujero (A) = MA-A. Con todo, aún quedaba algo que no veía yo con diafanidad.

—¿Qué determina la sencilla estructuración del complejo constituido por una mujer desnuda sola dentro de un agujero destapado solo?

— En primer lugar, nosotras pagamos impuestos como todo el mundo. Si nos encontrásemos introducidas en conjunto   dentro de un agujero común, la indecente promiscuidad a que tal supuesto nos reduciría sería atentatoria a nuestras libertades y derechos individuales. Por otra parte, debe tenerse en cuenta el altruismo, dado que nuestra misión no se restringe a límites puramente egoístas, como pudiera pensarse. Mas juntas en un solo agujero, bastaría con un peluquero municipal trabajando por turno en cada individualidad, en vez de trabajar muchos simultáneamente como se hace ahora con aquellas que por sus especiales condiciones alcanzaron la dignidad que las hace acreedoras a ese servicio. ¿Qué pasaría con los cientos y cientos de peluqueros municipales vacantes? ¿Le gustaría a usted que volviésemos a los del paro forzoso, a las humillantes colas de gentes, atiborrando oficinas sin agujero ninguno, todos vestidos hasta el pescuezo a la espera de recibir las compensaciones crisopéyicas, nutricionadoras y recreacionales?

—No, no. Yo no quiero nada. Era por curiosidad...

—¿Curiosidad de qué?

—La curiosidad de saber por qué con tantos derechos y libertades hay mujeres con peinadores municipales individuales sentados en sillas y otras sin peinadores ni sillas ni nada.

La mujer se rascó la parte inferior de un pezón con la uña del dedo meñique y me miró estupefacta.

— ¿Está usted estupefacta?

— ¿Por qué voy a estar estupefacta? Cada uno está como le da la gana.

—Eso es relativo. Estupefaccionarse no es tan fácil. ¿Es que a usted no le da la gana de tener su peluquero vestido de negro sentado en una silla?

—Mire... Le voy a explicar... Los escalones del progreso no son todos ascendentes. Se cometen errores. Tal vez hayamos ido demasiado aprisa en la obtención de la igualdad absoluta de absolutamente todos los derechos. A veces pienso con nostalgia en los tiempos en que éramos peinadoras vestidas dentro de los cajones de peinar a los hombres. ¿Por qué tiene usted esos bultos en las rodillas ?

No se lo quise decir. Yo también tenía ciertas nostalgias. Ella me reveló algo que yo ignoraba:

—Para que lo sepa: Yo soy aprendiza. Todas las mujeres desnudas metidas en los agujeros redondos callejeros desprovistas de peluqueros sentados en sillas somos aprendizas.

Bajó la voz:

—Las mujeres desnudas metidas en los agujeros municipales que cuentan con su particular peluquero sentado son las que ya consiguieron la categoría de (bajó más la voz) s .... s.

Cuando me apeé del autobús de regreso, me solté las vendas y me saqué las patas de delante. Me escabullí de los hombres hacia quienes me estaba conduciendo mi proceso de identificación igualitarista. Me escapé, galopando a grandes brincos, con la idea obsesiva de unirse a la fila de los centauritos escolares. Lo que todavía no soy capaz de entender es por qué las mujeres desnudas de los agujeros que aspiran a la categoría de s... s sonoras, supongo, tienen que oler a pescado.

Será algo nuevo.

(Inédito)

MANUEL DURÁN

Manuel Durán Gili nació en Barcelona, en 1925. Llegó a México adolescente, al terminar la guerra civil española. Después de estudiar Filosofía y Letras en México, obtuvo el doctorado en Lenguas y Literaturas Romances por la Universidad de Princeton (donde fue discípulo de Américo Castro). Hizo estudios de postgrado en la Sorbona y en el Collège de France. Desde 1960 hasta 1998 fue catedrático en la Universidad de Yale. Recibió la Beca Guggenheim, así como la Cruz de la Orden de Isabel la Católica. Reside en Florida.

Es autor o coautor de 43 libros y 150 artículos sobre temas de crítica literaria, historia de la literatura, literatura comparada, poesía, etc. Ha publicado extensamente sobre Cervantes, Quevedo, Luis de León, Calderón, Lorca, Valle-Inclán, Machado, Fuentes, Paz, etc.

Libros de poesía: Puente *(1946);* Ciudad asediada *(1954);* La paloma azul *(1959);* La piedra en la mano *(1950);* El lugar del hombre *(1965);* El lago de los signos *(1952). Una selección de sus poemas apareció en la antología de Gustavo Correa,* Antología de la poesía española (1900-1980).

MANUEL DURAN

TRES POEMAS GNÓSTICOS

EN LA PLAYA

La luz: la piel del mundo
José Emilio Pacheco

Sí la luz es la piel del mundo
piel dorada
fruta madura
perfumes del ocaso
roja manzana de la tarde
envuelta en nubes de papel

Amarillas mieles verticales
del sol entre las nubes
entre las olas doradas por su luz
suave pelusa musgosa de los bosques
entrevistos de lejos en la bruma entre las nubes
polvo de luz
siglos de luz en polvo
bailando entre las columnas de ese templo
todos nos bañamos en esta luz de historia
y como hartos de tiempo   hartos de historia
sacudimos siglos de luz en nuestra espalda
nos secamos al sol de los ocasos

La luz es polvo de estrellas
las estrellas se abrazan con sus luces
en cada agujero negro
en cada hoyo del espacio
muere una estrella

No me preguntes cuál estrella muere
tú mueres con ella
tú vives tú renaces con las otras estrellas
que brillan y renacen a lo lejos
te apagas con las que mueren

Aquí estamos frente a otra estrella
frente a otro mar
todo es lo mismo   los espejos grandes
y los chicos
reflejan la misma luz
todo nos ayuda a comprender a ser a estar
tú ya me lo habías dicho a tu manera
Ahora en la playa   como una luz frente a otra
abrazo tu piel
abrazo tu presencia

Plumas de plata intacta
frente a la piel blanda   la piel distante
la piel inmensamente blanca
de la luna en el aire quieto
eso es el mar esta noche
eso somos   este mar   esta noche
aire luminoso y respirable
aire de plata es la piel del agua
es nuestra piel   somos eso   somos nosotros
somos estamos respiramos

Misteriosamente   en silencio
la piel de plata del mar
de ese mar que vemos y que somos
se levanta poco a poco
El aire del mar
el aire de plata del mar
es el pulmón de la luna
el aire respira luz de luna
la luna respira en la plata líquida y vasta del mar
la luz es aire   el aire se mueve   respiramos
Si es cierto que la creación del mundo
fue un vasto error

hay que evadirse
La luz se escapa hacia lo oscuro
yo avanzo hacia la luz de tu mirada

Si la piel del mundo es luz
si la piel del bosque es luz verde
si la piel del agua es la blanda luz
de la plata   de la luna
entonces creo
y tu silencio no me contradice
y tu luz no me contradice
que la piel del tiempo
que la piel de mi tiempo
es tu respiración   es tu suspiro

ARS MAGNA

En la mesa de roble   ante mí
sabiamente ordenados   sabiamente abiertos
Por las páginas precisas
Los libros sagrados   El Corpus Hermeticum
Ramon Llull   Boehme   Remedios Varo
Borges   la Historia de la Alquimia en China
los Evangelios Gnósticos

inquietas hormigas   las dudas
suben y bajan por mi cuerpo

Las hormigas ignoran lo que el Viejo
nos reveló hace muchos siglos
(y si ahora lo llamo el Viejo
es para no pronunciar el nombre
que lo trastornaría todo)

Sí   el Viejo nos lo dijo
la fraternidad luminosa del espacio
es la fuerza que no pide muerte
sí cambio   amor   inteligencia
el amor del azufre por el mercurio
es el símbolo de la inteligencia amorosa
que crea mundos y los borra
la gran explosión cósmica fue un error
hay que borrar   empezar de nuevo
lavar la negra pizarra de los cielos
volver a trazar con luz las líneas
que regresan al centro
error glorioso   brazo inmenso soberano
suspendido sobre nuestras cabezas
se llama belleza eterna
nos dice que un tesoro oculto
siempre aspira a revelarse
a desplegar su luz interna
y el deseo quiere ser deseado
el tesoro aspira a nuestra mirada
a nuestra caricia

y entonces el deseo adquiere otro nombre
se llama creación

allá hacia el fondo
rodeada de sombras y perfumes
lentamente te desnudas

las hormigas inquietas recorren mi cuerpo
recorren mi mente

no tiene ya mi lenguaje
más que dos o tres palabras   tú
yo   nosotros

la creación al revés
no es la destrucción es el silencio
el silencio es parte de la música
la sombra ayuda a la luz
a ser más luminosa
la nada ayuda a la creación a bajar
de su alto pedestal

milagrosamente nuestras miradas
nuestras dos largas columnas de cristal
se cruzan sin romperse

te lo pido   baja tu mirada
el abismo que antes se abría en el espacio
crece ahora dentro de tu cuerpo
la nada y el infinito
se hablan en voz tan baja
que las palabras se vuelven sombra
la vida acaba allí donde empieza
el horizonte inventa islas azules
colinas doradas
sobre tu piel
algo en mí quiere volar
me ahogará si no abro la ventana

lo sabes

tú y yo somos la misma persona
a derecha e izquierda
del espejo invisible
y la creación debe ser borrada
doblada a cada hora   a cada instante
hacia adentro

lo sabes   y tu silencio
me lo explica todo

ahora abro la ventana
frente a mí en la mesa
los círculos concéntricos lulianos
los cuadrados   los triángulos
armonía del hombre   del Viejo
y del mundo
en medio la idea imperial
la primera letra   el aleph sagrado
un instante antes de la explosión primitiva
del error divino   del bing bang
desde el que se despliegan banderas infinitas
de orden y de desorden

Las dignidades forman un abanico
un juego de naipes
al mirarte me contemplo a mí mismo
al mirar los naipes contemplo el mapa
del pasado el presente y el futuro
el tarot es la historia
y es un mañana vertiginoso
la fille de Minos et de Pasiphae
aparece un instante quizá subliminal
en el gran ojo verde de la computadora
y después se hunde en una larga noche
Nach und Nebel para siempre

Ahora estoy solo una vez más
en el fondo de tu mirada desnuda   tu cuerpo
desnudo
a la derecha la computadora gime espasmódica

y me ofrece un teclado de piano gris
frente a mí los círculos   los triángulos
la letra inicial en medio de todo
los libros sagrados abiertos
el abrazo innombrable de las letras
las frases los mensajes
en ellos encuentro la traducción el puente
entre el deseo y la creación
todo a escala humana
todo imperfecto y suficiente

No sé si vale la pena señalarlo
la computadora
es el último modelo   me ha ayudado mucho

Y ahora por la ventana
veo la otra casa   con una ventana más chica
es una casa de muñecas
una ventana de juguete
tú y yo frente a la puerta
por la ventana se ve la cama
de juguete

frente a mis ojos el prisma
deshace la luz de mi mirada
de mi deseo
un color purísimo
comienza a mover la hélice
las correas de telaraña me han costado
meses de trabajo
y la puerta de juguete se abre en silencio

nos lleva a una isla de sombra
a un lecho que es un velero de sombra
nos acercamos al lecho de juguete
todo pasa como en la casa grande
y arriba por el cielo todo nos imita
las creación repliega sus velas de sombra

el caballo desbocado de las galaxias

refrena su galope
las estrellas se mueven más firmes
más seguras y luminosas
el cielo de la noche
es una pizarra de juguete
adornada de constelaciones
si alargas la mano
alcanzas a tocar Aldebarán
queda mejor a la derecha
esa cortina de nubes
pone más íntima la noche
dame la mano   ayúdame a correrla

El nombre del Viejo ha sido pronunciado
una vez más y no en vano

dentro de nuestros cuerpos
luces y sombras dibujan el infinito

OTRA VEZ EL ALBA

Mais, ô mon coeur,
Entends le chant des matelots!
Mallarmé

Alguien cose
   alguien surce
el lienzo desgarrado del cielo
alguien tapa agujeros con nubes de lana
alguien tapa nubes
   con agujeros de silencio

Si miro hacia arriba veo los signos
escritos con sal
   dibujados con viento
pintados con brochas rosas y amarillas

Si miro hacia abajo veo que la tierra
es agua
es agua dura lisa inmóvil
serena

Si miro tu cuerpo veo
un escorzo de mujer dormida
un oleaje secreto y escondido
frente a la roca intacta
de la identidad
paso sin prisa de los muslos a la frente
recorro claroscuros
vestidos de paz y de misterio
nudos de fuerza violenta o suave

Si miro hacia adentro
veo que el alba es un largo barco inquieto
que nuestro tiempo
es ese mismo barco de velas desplegadas
de velas remendadas que tapan todo el cielo
que son todo el cielo
y lentamente
empezamos a movernos en otro viaje sin rumbo

JARDIN DORMIDO Y OTROS POEMAS BREVES

Jardín dormido.
Noche, calma, silencio
¿Sueñan las plantas?

*

La luna llena
me mira entre las ramas
de la arboleda

*

Noche serena,
estrellas ordenadas.
Todo en su sitio

*

Silencios de oro
y de cobre. Caen, lentas,
las hojas secas.

*

Casi invisibles,
bajo la alfombra de hojas,
los crisantemos.

*

Cruzan el aire,
despidiéndose a gritos,
cientos de gansos.

*

Cuatro manzanas
Sobre un plato de cobre.
Olor a otoño.

La brisa llega
y susurra tu nombre
en la arboleda.

*

Sobre la loma
torres de nubes blancas
se desmoronan.

*

La telaraña
cubierta de rocío:
joya silvestre.

*

De rama en rama
el circo inquieto y raudo
de las ardillas.

*

Brisa en el lago.
El reflejo del pino
tiembla y se esfuma.

*

En la colina,
solo y casi desnudo,
tirita un roble.

*

Sobre la loma
una amplia gorra blanca
pone la niebla.

Viene volando,
siempre sin rumbo fijo,
la mariposa.

*

Sobre la arena,
con dedo tembloroso,
trazo tu nombre.

*

Sale la luna.
los grillos, asombrados,
cesan su canto.

*

Truenos lejanos,
tambores en la noche.
Vibra el espacio.

*

En la penumbra
lanza rápido el rayo
su grito blanco.

GERARDO PIÑA-ROSALES

Gerardo Piña-Rosales nació en La Línea de la Concepción (Cádiz) en 1948. Hizo estudios superiores en el Instituto Español de Tánger (Marruecos), en la Universidad de Granada y en la Universidad de Salamanca. Ya en Nueva York (donde reside desde 1973), se doctoró por el Centro de Estudios Graduados de esa misma universidad con una tesis sobre la literatura del exilio español de 1939. Desde 1981 ejerce como profesor de Literatura y Lengua españolas en el Lehman College de la City University of New York. Es Miembro de Número de la Academia Norteamericana de la Lengua Española, Correspondiente de la Real Academia Española y Presidente del Círculo de Escritores y Poetas Iberoamericanos de Nueva York.

Gerardo Piña-Rosales es autor de Narrativa breve de Manuel Andújar *(1988) y* La obra narrativa de S. Serrano Poncela *(1999). Como editor, ha publicado,* Acentos femeninos y marco estético del nuevo milenio *(2000);* 1898: entre el desencanto y la esperanza *(1999);* Presencia hispánica en los Estados Unidos *(2003);* España en las Américas *(2004);* Odón Betanzos Palacios o la integridad del árbol herido *(2005).*

111

GERARDO PIÑA-ROSALES

FOTOGRERÍAS

Para Marlene Gottlieb

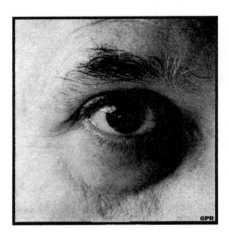

S iempre pensé que para hablar de Gómez de la Serna, forofo del circo, lo más apropiado sería que, engolfado en la fumadera de una de esas ebúrneas cachimbas a las que tan aficionado era Ramón, me disfrazase de prestidigitador o de marciano —ya que todavía no he aprendido a montar en elefante—, que me tiñera la barba de verde, o que les dirigiera la palabra desde las profundidades submarinas o por lo menos desde un modesto acuario, mientras me ayuntaba con una tiburona de rompe y rasga (o de muerde y devora). Mas como suelo ser consciente de la respetabilidad de mis lectores, al final (y no con cierto resentimiento) he optado por sacar del sombrero de copa que uso para tales ocasiones estas fotogrerías.

RAMÓN Gómez de la Serna

Acompañemos a Ramón, porque, al filo del alba, en esta ciudad de los muertos de la Sacramental de San Justo, en Madrid, en cuyo Panteón de Hombres Ilustres del siglo XIX se supone reposan sus restos, se dispone a escribir de Lautréamont. Ya ha garabateado, con tinta verde, el título de su retrato: «Ducassismo...». Su vista vaga por las paredes de la cripta, tapizadas de fotografías:

Gerardo Piña-Rosales

Jean Cocteau y Antonin Artaud, cadáveres exquisitos, juegan al ajedrez con objetos encontrados —objets trouvés— por el flemático Duchamp; Man Ray, el fotógrafo yanki subyugado por París, convierte a Kiki, su amante y modelo, en un violonchelo.

Marinetti persigue en su flamante Ferrari a una despavorida Victoria de Samotracia, no ya con intención de seducirla sino de arrollarla con su bólido endiablado; Vicente Huidobro se lanza en paracaídas desde la Torre Eiffel y aterriza en brazos de Benjamin Péret, mientras André Breton, malhumorado, menea su cabeza leonina en señal de disgusto y desaprobación.

Callemos nosotros y oigámosle, porque a Ramón le encanta que el público, embobado, seducido por su hipnótica palabra, se convierta en coro, pero en coro silencioso o silenciado.

»A mí ese surrealismo europeo, que aspiraba a crear una belleza tan convulsiva como chanelperfumada, no me satisfizo nunca. ¡Para surrealismo, José Gutiérrez Solana! Recuerdo que un día, mientras husmeaba por mi querido Rastro, conocí, en la taberna El Gallo y el Farol, al pintor Solana, quien en esos momentos acababa de zamparse un cabrito en pepitoria de muy señor mío, y que, limpiándose la pringue de la barba con un pañuelo colorado, me espetó: "¡Ah, usted es el que entrevista a las maniquíes!" Y no dijo más, porque cuando yo cojo la palabra no hay quien me pare, y, además, Gutiérrez Solana era más bien lacónico. Pero cuando horas más tarde, en su taller, Solana me mostró sus pinturas, fui yo quien se quedó sin habla.

Allí, en aquellos lienzos, que parecían pintados con vómitos y sangre, se mostraban, al desnudo, sin tapujos impresionistas, las descarnadas luces y las tétricas sombras de una España Negra, akelárrica, sacristana y beoda. Y no sólo habría de entusiasmarme la pintura de Gutiérrez Solana, sino también su escritura, garrapateo goyesco y aguafuertista. Después de aquello, ¡que les dieran morcilla a los franceses!

Pero de todos ellos, será Lautréamont la figura que más habría de subyugar a Gómez de la Serna, su misterio fascinante, y extraño, que rodeaba —y rodea— la figura del eterno joven Isidore-Lucien Ducasse, nacido en Montevideo en 1846. Su propia biografía —aún escasa y desconocida, en gran parte inventada o sospechada— y sus escritos —oh Maldoror, terrible y luminoso, lava líquida, torrente de confesiones corrosivas alimentado por tres siglos de mala conciencia literaria, epopeya del mal— marcan un caso de verdadera personalidad individual, un hito a tener en cuenta dentro de la dimensión de las siempre apasionantes letras impresas, que no ha dejado, ni dejará de atraer a aquellos que buscan el riesgo, la aventura, en la evasión de una muchas veces cruel realidad, continuamente tediosa, junto a los instantes que los textos y la literatura nos ofrecen como últimos «paraísos artificiales».

De aspecto melancólico en su flaqueza, encorvado, pálido y silencioso, inclinado sobre Ramón, ya leyendo lo que de él escribe, ya escudriñando las imágenes que iluminan su cripta, Isidore Ducasse, alias Lautréamont, sonríe displicente, frunce el ceño, se encrespa, se ríe (si a su alarido de hiena se le puede llamar risa). No ha olvidado su español montevideano, lengua de su niñez y adolescencia. Aquí y allá se trabuca, le ganan los galicismos, pero él se empeña en hablar esta noche la lengua de Ramón.

–Lautréamont, eres un hombre sin biografía. La sombra de tu Maldoror ha caído sobre mí desde el primer día. ¡Ah, si pudiera fijar fechas y arrancarte de la intemporalidad, si pudiera teorizar, buscar un retén, un sostén simbólico!

–Ay, Ramón, Ramón, y para qué quieres saber más, si todo lo que tenía que decir lo dije en mi *Maldoror*. Además, ya lo auguré en uno de mis aforismos en mis *Poesías*: «je ne laisserais pas de memoires». Soy hijo del hombre y de la mujer, según lo que se me ha dicho. Eso me extraña. ¡Creía ser más! De mi infancia recuerdo a un Montevideo sitiado por el ejército argentino y una epidemia de cólera. Después, años de lecturas intensas —Sófocles, Milton, Dante, Rabelais, Shakespeare, Shelley, Byron, Gautier, Balzac—, y de una existencia loboesteparia en pueblos franceses de cuyos nombres no quiero acordarme. Y por fin, París, el París que por aquel entonces inmortalizaba aquel desconocido fotógrafo ambulante llamado Eugene Atget...

—Lautréamont, eres el único hombre que ha sobrepasado la locura. Todos nosotros no estamos locos pero podemos estarlo. Tú, con Maldoror, te sustrajiste a esa posibilidad, la rebasaste.

—Pero, Ramón, ¿qué interpretación salvaje y aplicada te lleva a postular la excepcionalidad de alguien al que no conoces? ¿Quieres, con una de tus greguerías, defender los fueros del arte, tantas veces pisoteados por una crítica mostrenca, energúmena? ¿Que fui un enfermo mental? Peut-être! Je ne sais pas. Mi comportamiento, era, eso sí, algo especial, al punto que mis compañeros me consideraban un poco 'chiflado' o 'tocado', en el sentido popular y amplio de la expresión. También llamaban loco a don Quijote. ¿Lo estaba? ¿O los verdaderos locos eran los demás?

—Digas lo que digas, Isidore, no me negarás que escribiste un libro diabólico y extraño, burlón y aullante, cruel y penoso; un libro en que se oyen a un tiempo mismo los gemidos del Dolor y los siniestros cascabeles de la Locura.

—Sólo aspiré a que los que abrevaran en esas negras aguas — como tú mismo, mi querido Ramón—, por más que en ellas se refleje la maravilla de las constelaciones, se pudrieran en vida, como me pudrí yo. Ten cuidado, Ramón, ten cuidado. Hay un juicioso consejo de la Kábala: «No hay que juzgar al espectro, porque se llega a serlo». Y sí, yo fui ese escritor, y yo no sé qué infernal cancerbero allá en la región del misterio, antes de que viniese a encarnarme en este mundo, mordió mi pobre alma.

–Isidore, me espanta escuchar lo que dices. Si mi musa, por seducción o descuido, se acercara a tu corazón aullante, le taparía los oídos.

–Ya amanece, Ramón. ¿No oyes el aullido de los perros?

–Amanece, Isidore, amanece, y al alba más luciferino me pareces. Es la hora en que lo que llamamos realidad se transforma, se transmuta. El mundo es un espejismo. Adiós, Isidoro, adiós. Ya seguiremos charlando esta noche. Ahora mi público me requiere, y al público no se le debe hacer esperar.

»Debería lanzarme a bastonazos contra todos vosotros: no hay derecho a que me hayáis sacado de la tumba, con lo a gusto que estaba en ella, platicando con mi buen amigo Isidoro Ducasse, y alejado de ese cambalachesco mundo que os ha tocado vivir. Bueno, pero ya que habéis invocado mi memoria, no tengo otro remedio que cumplir, y para ello no se me ocurre nada mejor que invitaros a dar un garbeo por esas calles y plazas de Madrid en este cálido día de otoño, cuando todavía los gélidos fríos y ululantes ventiscas no han descendido de cumbres y riscos de Guadarrama.

¿A quién serenatea ese viejo acordeonista? No lo había visto antes, y es extraño porque no hay en esta urbe, por muy raro que sea, bicho viviente que yo no conozca. Mayestática, homérica esfinge, auscultador de nubes o de pájaros, yo te saludo.

Diantre, ahora me explico el gesto de comoelquenoquierelacosa del tipo del bastón: alertado por su achulapado gallo, espía, empedernido voyeur, los visillos de esa casa, tras los que se entrevé el rostro soñador o soñoliento de una hermosa dama dieciochesca. (Cada casa es un mundo y en cada casa el tiempo avanza o retrocede según lo conjuren sus propios inquilinos).

G.P.R.

Pero más interesante que la emperifollada señora, es la casa donde vive. Todavía quedan, milagrosamente perdonadas por la demoledora piqueta de vuestro furioso, incontrolado prurito seudoprogresista, casas como estas, vigiladas por el ojo vaciado de un viejo farol. ¿Qué fantasmas, qué espíritus maléficos las enseñorean? ¿O son sólo las ratas, reinas de la oscuridad y del silencio? También el horror encierra su belleza.

Todo se transforma, si sabemos observar sin ser observados. La invisibilidad es el don de los que ya nos fuimos. El vidrio quebrado de la ventana no es vidrio sino alondra, flecha disparada por el arco del viento. ¿Habéis oído hablar de mis greguerías? ¿Que por qué vuela la alondra? Porque ese gato, blanco para mayor inri, la acecha desde el alféizar de su ventana. No se fía, aunque la alondra sabe que los gatos blancos no son más que elementos decorativos en el rincón doméstico del burgués. Un gato blanco se limita a posar, a meditar, a ser admirado. Ha nacido para el amor y no la guerra.

Puertas y ventanas, ventanas y puertas, misteriosas, interrogantes y seductoras, tras las que adivinamos la escena de amor o de crimen.

Puerta como ésta, batida por el tiempo, crucificada por las lluvias y los vientos, lanceada por las navajillas de los rufianes, pateada por arrieros y mozas, mohosas las tachuelas, herrumbrosos los cerrojos, vencida, suplicante.

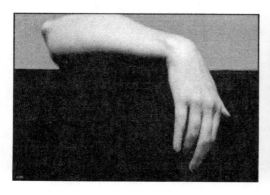

Y en esos tiradores, sobados, patinados, si os fijáis bien, se refleja el misterio de todas las manos que los tocaron: manos amorosas, manos asesinas.

Me asombra ver que Don Pedro el Dentista —otrora barbero— no haya colgado todavía sus bártulos. El sugestivo rótulo ha perdido su lustre, pero todavía es legible: REPARAMOS SU DENTADURA POSTIZA. SI ESTÁ FLOJA, LA AJUSTAMOS. SI LE FALTAN DIENTES O GANCHOS, SE LOS PONEMOS. Lo que el anuncio no dice es que Don Pedro reemplazaba los dientes perdidos de esas dentaduras postizas con dientes de muertos que le agenciaban los bedeles de la Facultad de Medicina, siempre al quite en estas ocasiones. ¡Implantes a la madrileña!

Me parece inverosímil que aún queden chimeneas como esas, de humilde y herrumbroso latón, ennegrecidas por el hollín. Claro que hay otras más señoriales, eclesiásticas, como esas que se yerguen orgullosas por encima del campanario.

El que se afana en su oficio es Don Joaquín, el hijo de Don Pascual, el chatarrero, y el otro, Don Agripino, un jubilado, veterano de la guerra civil, de quien se cuenta que, durante los primeros meses después de la guerra, como buen falangista que era, mandó fusilar, por rencillas personales, a Don Pascual. Pero el tiempo pasa, y parece que los españoles han aprendido a perdonar.

Aquí tenéis una tienda, junto a la chatarrería, una tienda de antigüedades (que los esnobs llaman ahora antiques) o más bien una almoneda, un Rastro en miniatura, un mercadillo de pulgas. Veamos.

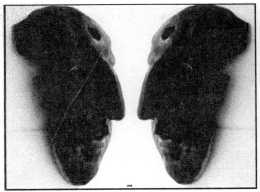 

¿De dónde habrán salido esas máscaras gemelas, basálticas, leporinas? ¿Qué rostros ocultan? ¿De qué hablan? ¿Se aman o se odian? ¿De qué templete hindú habrá descendido esa sinuosa bailarina de quebrado talle?

¿A qué Divinidad o qué Demonio rezan esas manos de escayola?, ¿qué bendiciones habrán impartido?, ¿qué asesinatos habrán perpetrado? ¿Por cuánto se vende ese querubín pescador? Hoy, hasta los ángeles tienen un precio.

¿Quién es el pintor de ese enigmático y turbador retrato de la joven tuerta, medio borgiana, medio ebólica, medio buñuelesca? Ah, por lo menos esos dos niños se solazan en sus juegos, ajenos a todo lo que les rodea. Lo triste es que tan pronto como comiencen a ir a la escuela, ya se encargarán los maestros de castrarles la imaginación, para que sean buenos ciudadanos, aunque mentecatos de por vida.

Hermoso reloj este, sobre todo porque no funciona. ¿Hay algo más enloquecedor que el pendular isócrono de estas máquinas del tiempo?

Otro reloj, y este, flanqueado por un par de álbumes: uno de ellos pertenecería a una familia burguesa, muy comme il faut; el otro, a algún viejo verde o quizá a algún aprendiz a destripador.

¿Qué viandas y golosinas habrán colmado este historiado plato? Ahora sólo tierra se puede servir en él, aunque os confieso que tampoco es mala cosa, sobre todo cuando a veces se cuelan en su húmedo seno algún que otro suculento gusano o apetitoso escarabajo. ¡Que me lo digan a mí y a cuantos como yo llevamos años criando malvas!

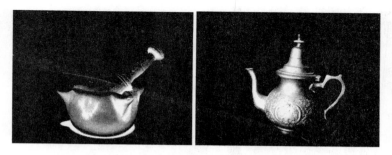

¿Y qué balsámicos mejunjes, qué hierbas aromáticas habrán sido macerados en este mortero? ¿Qué sanguinolentos sesos y asauritas? Y seguro que esa tetera plateada, barriguda y cuellicorta proviene de Fez. Todavía conservará el aroma del té y la yerbabuena.

La cabeza que veis, hidra poliédrica, debe de representar los múltiples rostros de la mujer, sus innumerables máscaras. ¿Que soy misógino? Una estudiosa neoyorkina, que acaba de escribir un libro sobre mi obra, lo afirma y lo confirma, pero lo que pasa es que ella es mujer y no me comprende.

Sí, admito que prefiero las maniquíes a las mujeres de carne y hueso: aquellas, no se me pueden rebelar, ni rechistan ante mis antojos. ¿No es eso una ventaja?

De los apareamientos con las maniquíes nacen a veces las muñecas. Siniestras muñecas, de cuerpos de niños y almas de viejos, las amo y las odio. No os fiéis nunca de las muñecas.

Parecen indefensas pero no lo son. Se esconden tras los visillos o bajo la mesa de camilla, pero nos espían siempre, malévolas, como duendes o güelfos, de porcelana o de madera, de cera o de marfil. Y cuando dormimos, se acercan a nuestro lecho y nos susurran palabras impronunciables, palabras que se cuelan en nuestros sueños y en nuestra vigilia.

Pero sigamos nuestro paseo, que me estoy poniendo nervioso.

Acerquémonos al Parque del Retiro. Las fuentes, surtidores de agua plateada, nos dan la bienvenida con su borbotear cantarín y juguetón. Y hasta los pimpantes angelotes, sumergidos en las tazas marmóreas, parecen alegrarse de nuestra visita: ¿no oís el trompeteo alegre de sus chiringas?

Las aguas del Estanque del Retiro se estremecen al oír los acordes dolientes de una guitarra. Es el Concierto de Aranjuez. Joaquín Rodrigo era ciego, y este guitarrista es manco.

Y, mientras tanto, alguien se suicida. Nada como suicidarse al compás del segundo movimiento del Concierto de Aranjuez.

Los paseantes siguen sumidos en sus rumias bursátiles; la música es para los cisnes, porque ellos no pueden distraerse con tales bagatelas: el negocio espera y ya se sabe: el ojo del amo engorda al caballo. A su paso, hasta el césped gime de dolor y de vergüenza.

Por hoy, demos por terminado el paseo. Estoy cansado. Ya no soy el que era. Mis afanes andariegos se reducen a estos paseos sin pena ni gloria.

Cae la tarde y la ciudad se llena de sombras chinescas.

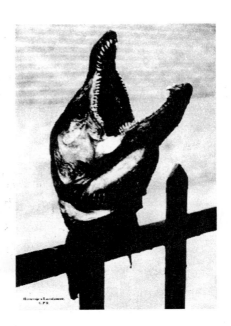

Es la hora en que lo que llamamos realidad se transforma, se transmuta. El mundo es un espejismo: ¿me sonríe Lautréamont tras las fauces de ese pez empalado?

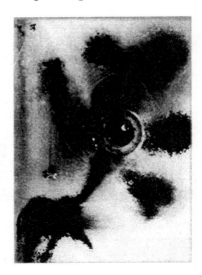

¿En qué sueña ese elefante? ¿En un viaje a Nueva York

No puedo más. Tomemos un taxi. «Taxi, señor?» «Sí, al cementerio de San Justo».

Regresamos a mi morada eterna. ¡Hasta la cruz que orienta mis pasos ha perdido un brazo! En mausoleos, templetes, criptas, nichos, sueñan, es decir, soñamos, los muertos. ¡Qué solos os quedáis los vivos!

En esa urna reposan las cenizas de Espronceda. Lo que nadie sabe es que mezcladas con ellas (y a pesar de los agravios que el autor de *El Diablo Mundo* le infligiera) se hallan también las cenizas de Teresa.

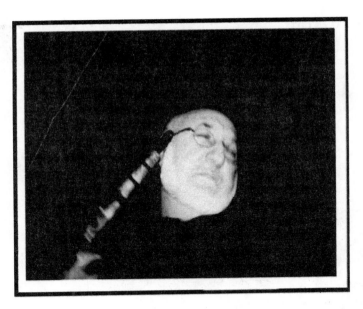

Y aquí tenéis a Don Mariano, el famoso periodista suicida. Dicen las historias literarias que, despechado por su amante, se mató de un pistoletazo en la sien. Lo que no dicen las historias literarias es que la bala le atravesó el cráneo y le salió por un ojo. Todos los años, en el día de su muerte, la sangre mana del ojo, y su amante, ahora anciana y ciega, intenta inútilmente cortar la hemorragia con un pañuelo que huele a violetas.

Aquí yace Virginia. Es una larga historia, que algún día os contaré. ¡Cuántas noches he besado sus párpados pétreos! Pero nada más, no vayáis a tildarme de pervertido, pues la verdad es que nunca me atreví a acariciar su hermoso cuerpo, porque temía, que casta y pura como es, se ofendiera y me acusara de necrofílico. Ella sigue ahí, y ahí permanecerá, mientras yo espanto a las hormigas desde mi tumba solitaria.

Baudelaire, mi amigo y compañero, me mira enfurruñado al verme con vosotros. No está acostumbrado a estas visitas. Dejadme.

Adiós, adiós...

(Inédito)

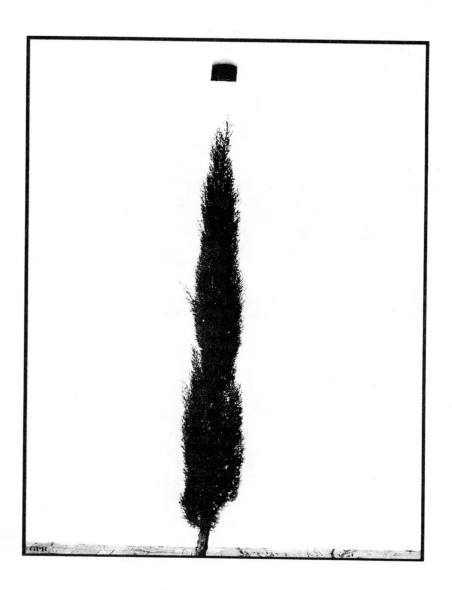

140

HILARIO BARRERO

Ignacio Barrero nació en Toledo en 1948 y reside en Nueva York desde 1978. Es doctor por la Universidad de la ciudad de Nueva York y enseña lengua y literatura españolas en el Borough of Manhattan Co. College.

Ha traducido a Robert Frost, Jane Kenyon, Donald Hall y otros poetas norteamericanos contemporáneos. Es autor de Siete sonetos, In tempore belli *(Premio de poesía Gastón Baquero) y* Siete postales del sur y una postdata, *de edición no venal. Ha sido incluido en* Líneas urbanas. Lectura de Nueva York *(Llibros del pexe, 2002), editado por José Luis García Martín y en la antología* Miradas de Nueva York. (Mapa poético), *de Juan Luis Tapia. Algunos de sus poemas han sido traducidos al inglés por Gary Racz y publicados en la revista* Downtown Brooklyn *de la Universidad de Long Island. Ha colaborado, entre otras, en las siguientes revistas:* Aldonza, Clarín, Calandrajas, El Súmmum, Grama, Hélice, Hermes, Hueso Húmero, Manxa, Poesía española, Reloj de arena, Revistatlántica y Turia.

HILARIO BARRERO

ELVIRA

«Ove andò Elvira? Ove andò? Ove andò?»
Bellini. I Puritani

Perdóname, Elvira, por esconderte
la caja de cerillas
y cambiarte las cosas de su sitio,
Elvira solitaria,
vieja Elvira enredados tus ojos
en una telaraña de luto y abandono,
te perdías, olvidándote
del nombre de tus muertos, del sonido
del tiempo, y yo, apenas siete años,
descubría tu rostro, comenzaba mi vida
(que ahora se acaba un tanto a la carrera)
sin entender qué era lo que me sucedía
cuando la luz me ahogaba mi tragaluz de niño.
Era la vida, Elvira, lo que llaman poesía,
lo que empieza a diario y nunca cesa,
que una vez es espada, otra vez es incendio,
siempre guerra, cilicio que desgarra la piel
de la razón, oscura cicatriz de sombra y sexo.
Años más tarde, cuando tú eras ceniza,
un navajazo, Elvira, me traspasó mi pecho,
y desde entonces vivo afilando
la cuchilla que desgarra a diario mis sentidos.
Para poder amarnos sin que la inquisición
de tu mirada nos mandara a la hoguera
tuvimos que huir por siempre desterrados
a países de pestes, confusión y abandono.
¿Qué habrá sido de aquella golondrina
que oscureció los ojos de mis huesos
cuando se reflejó la aguja de su vuelo
en mi última tarde de inocencia?
Yo sé de ti, Elvira, yo sé que estás
reseca, cosida de silencio, esperando

mis flores que nunca te he llevado.
Yo no sé donde vives ahora, Elvira Muerte,
a qué inquilino de gula le pagas alquiler,
quién te esconde la vasija del alba,
o quién te pone de barro tus pupilas.
 Yo sólo sé que ahora la noche está cavando
con su azada de acero raíces en lo oscuro
mientras la Bestia va ordenando
las cosas en su sitio y apagando la luz
y no puedo encontrar la llama de la vida,
que tú, Elvira Love, me ocultas en venganza.

OFRENDA

Antes del sacrificio
alguna vez tomé tu nombre viejo
por sus huesos
dejándolo grabado
entre las piedras, hundiéndose el sonido
de su cúpula entre el humedecido ancla
de su peso, su olfato desvaído,
herida su armadura en una antigua
guerra. Y lo llegué a olvidar
Fuimos a la montaña en la noche
nupcial y en la sangrienta ceremonia
de mi ofrenda te di un nombre nuevo
para reconocerte entre tantas
columnas y laberintos convocados:
una coraza que calcifica tu ademán
protegiéndonos de la invasión desvastadora
que nos cerca acorralando nuestros gestos.
Un código que te salva y me condena.
Revestido con la solemne túnica de espejos torturados,
me clavó el hechicero
la flecha envenenada en mi pecho desnudo
y el corazón brotó iluminado,
llenándose de sangre el ánfora sagrada.
Fui arrojado desde la cima de tu cuerpo
hasta los pies del templo, donde llegué

ya condenado.
Allí me recibió
la clave de tu nombre consagrado
que torturó mi voluntad, lavó mis manos,
embalsamó las venas de mi infancia
para ser ofrecido, con el alba,
al pueblo que hambriento y jubiloso
esperaba cantando en la gran plaza.

VISITANTE

Diciembre herido se congela entre
algodones sucios de una nieve extranjera,
mientras el viejo Bill se muere en Brooklyn.
Perros de soledad ladran a su mirada
de cartón mordiendo envenenados
los cristales vidriados de su vida.
Renegando ser viejo, Bill, tirita
y el zumo de manzana le condecora
su pecho lleno de óxido y metralla.
Un visitante misterioso entra,
se detiene en la ribera de su cama
y le enseña su perfil de moneda
fulminando la decadente escena
con su hermosa presencia.
Trae consigo la fuerza de la calle,
el ruido del vivir, la juventud,
la agresiva insolencia de su sexo,
el gozo más urgente del amor
y entre el azul lejía de su blusa
un río de batalla se desborda.
Bill le mira por un instante, tiembla,
(la toma de París, la muerte de su hija
calcinada, el divorcio de Peggy...)
maldice ser un muerto, estar amortajado
y lucha inútilmente por romper
las cadenas de oxígeno y de sangre
que encarcelan sus huesos de carbón.
Desaparece el cuerpo y huele a azufre,

infierno y carne achicharrada
en la habitación 308
del Kings Highway Hospital en Brooklyn,
donde Billy se abrasa lentamente
rodeado de tubos y de cables
en la fría mañana de diciembre.

LADRIDOS

I

Estar sin vida
es viajar con la maleta sin cerrar,
llena de huesos huecos,
ligera con el peso de la nada,
precintada con el hierro candente del vacío
y la oxidada cerradura de la sangre,
repleta de silencios, jabones agrietados,
juguetes de ceniza y sábanas de humo,
baúl donde la tinta de su pozo
tizna de palidez a las camisas
bordando con el agua enfebrecida
iniciales de aljibe clausurado.

II

Estar con muerte
es respirar sin aire y tener donde ir
sin poder preguntar la dirección que es sólo una,
perdido en el encaje acérico de la noche,
amortajado en armadura de algodones,
encadenado al perfume extinguido de la azada
que ahonda en la garganta de la rosa.

III

Morir mi vida
es borrar de los labios de un muerto
una jaculatoria de mármol condenado,
coronarle su frente con un polvo ilegal,
frontera de la cera del bisturí roñoso,

oler sus turbios ojos que arañan los cristales
y al desdoblar su cuerpo tatuado de signos
descubrir en la arruga del paño de su piel,
en línea de combate, belicosos y altivos,
gusanos artilleros con pesado equipaje,
gusanos pensadores traduciendo los mapas de su
cuerpo,
gusanos de a caballo galopando con polvora mojada
y en retaguardia, con la cruz gangrenada de
indulgencias,
gusanos revestidos de casulla bendiciendo las ruinas.

IV
Vivir mi muerte
es ver que se incorpora un lázaro de lluvia
arrastrando una piedra de carbón fugitivo
que le enciende el deseo y le nombra
de nuevo enamorado, llevando a la mañana
un broche para su pecho de metal.
Tan muerto está que la vida le ahoga,
el plomo de la noche le alivia su mortaja
y tiene miedo de llegar al final del principio
y pasar aduanas, pues sabe que los perros policías
con olfato de plata y colmillos sonoros,
olerán el sonido a carne descompuesta
y le devorarán con sus ladridos.

SUBJUNTIVO

Y tener que explicar de nuevo el subjuntivo,
acechante la tiza de la noche del encerado en luto,
ahora que ellos entregan sus cuerpos a la hoguera
cuando lo que desean es sentir el mordisco
que tatúa con rosas coaguladas sus cuellos ofrecidos
y olvidarse del viejo profesor que les roba
su tiempo inútilmente.
Mientras copian los signos del lenguaje,
emotion, doubt, volition, fear, joy...,
y usando el subjuntivo de mi lengua de humo
mi deseo es que tengan un amor como el nuestro,
pero sé que no escuchan la frase
que les pongo para ilustrar su duda
ansiosos como están de usar indicativo.
Este será su más feliz verano
el que recordarán mañana
cuando la soledad y la rutina
les hayan destrozado su belleza,
la rosa sin perfume, los cuerpos asaltados,
ajadas las espinas de sus labios.
Pero hoy tienen prisa, como la tuve yo,
por salir a la noche, por disfrutar la vida,
por conocer el rostro de la muerte.

VÍSPERAS

> *Men have died from time to time*
> *and worms have eaten them, but not for love.*
> W. Shakespeare

Hoy el primer gusano habrá lamido
con su lengua veneno la primera
carroña que el buril de la muerte
ha cincelado en tu pecho de cera.
Con la cal de su gula habrá marcado
tu sudario con semillas amargas,

enmascarado la niebla de tu aliento.
Bordando destrucción en el recinto
siento como se arrastra traicionero
por tus ojos de barro, convocando,
después de haber cercado el territorio,
al banquete final a sus soldados.
Un batallón de larvas te invadirá mañana
dejando tu esqueleto descarnado,
claustro para tu noche de ceniza,
desnuda seda en el tul de tus uñas.
Miro a mis herramientas de defensa
y me veo desnudo y oxidado,
sin coraje de bajar a tu lado
y rescatarte del campo de batalla
venciendo a las tinieblas que te secan
el pozo ciego de tu lengua de sal.
Y aunque soy de tu sangre y de tu carne
no sólo no recuerdo el color de tus ojos,
sino que me amedrenta no conocer tu rostro
y que los mil gusanos me tomen de rehén
y me sentencien a dormir para siempre
junto al escalofrío navaja de tu cuerpo.

ESTATUA

Frente al lago una estatua de viejo
recompone el pasado; mármol sus movimientos,
la cicatriz del tiempo dueña de su mirada.
Un desfile de gritos, de colores y fuerza
pasan por su tribuna rindiéndole recuerdo.
Él también fue una flecha en aquel parque
y recordó a Cavafis. No reproches,
nada que lamentar. Cuando en amor,
su vida fue un ejemplo, un gozo cotidiano
con pocos compartido, deseo a cada instante.
Para seguir viviendo, él bien lo sabe,
necesita mirarse vivamente
en el río de vida que fluye frente a él;
para reconocerse, el espejo del lago,

su juventud, la gracia de su cuerpo,
aquellos ojos, su flexible ternura...
Un aire extraño le estremece
y sabe que el invierno ha de llegar
borrando este paisaje que le mantiene alerta.
Esperar que la nieve le arrope suavemente,
de la misma manera que su amor le abrazaba,
y allí quedarse, viviendo para siempre
entre estos cuerpos que, ahora inalcanzables,
van buscando, ardientemente enamorados,
un lugar en la noche. Como él lo buscara.

SEIZE EL DÍA

Todos vienen del *ghetto*,
admiran a *Selena*,
quieren sacarse el *Lotto*,
son pesadas sus sombras,
grises sus biografías,
visten de *polyester* con ropa *made in* China,
pies ligeros de *Adidas*
y sonríen con dientes en andamios,
granos en sus mejillas,
grasa sobre su frente.

Hoy son cuerpos en marzo,
primavera en sus dedos,
fuego en su mirada,
la agresiva belleza de sólo veinte años,
dueños de sus caderas,
urgencias por sus lenguas,
la insolencia del sexo inundando su ingle,
el fulgor de la sangre retrasando relojes
y el descarado valle de sus pechos
umbrío de semillas.
Esto les califica de inmortales.

Mañana serán ruina,
del Olimpo expulsados para siempre,
cuerpos viejos y lentos,

oídos destemplados,
ojos llenos de tierra,
mutilados sus labios con cristales,
el olor de la rosa evaporado,
su tacto acuchillado,
ya la muerte inquilina del pecho pergamino
borrando la escritura de su sangre.

Ignorando lo hermoso y fugitivo de su tiempo
ellos no sean cuenta cómo el viejo celebra
la clave de su piel y el lugo de sus cuerpos,
tan cerca de sus manos y a la vez tan lejanos,
ansias que le convidan a la vida,
trampas que le conducen a la muerte.

IN TEMPORE BELLI

Marchita su belleza en esquinas oscuras,
su cuerpo corrompido de gusanos de noche,
asediado de heridas, temblores y tumores
ya no quiere vivir, desnudo y desterrado
se aleja de los suyos. Agobiado de grietas
es difícil mirarse en el espejo
y ver una carroña sin forma ni esplendor,
pergamino sonoro su piel en «de profundis»,
la cicatriz de la barbarie iluminada.
Imposible salvarse de esta guerra
nivelando sus dedos de ungüentos y pomadas,
poniendo contrafuertes a su cuello,
sus vidrieras borrosas de luz ronca,
un nido de serpientes reptando por su nuca.
¿Cómo vivir de ser el contemplado a contemplar,
de vender su hermosura a tener que comprarla,
de ser incendio a estar petrificado,
rebosante de vida y sentirse cadáver?
Se sienta en la muralla del recinto,
antes fortificado y defendido,
esconde los juguetes venenosos,
acaricia la miel de las ventanas

y mirando la torre enmudecida,
la gran plaza vacía, espera al enemigo,
ya perdida la llave del deseo,
que regrese de noche y fusile a traición
su sangre sulfurada de metralla roída.
El sabe que le esperan más allá del Recinto.

(De *In tempore belli*)

ROBERTO RUIZ

Roberto Ruiz nació en Madrid en 1925 y salió de España en 1939. Vivió en Francia, en Santo Domingo, en México, donde se tituló en Filosofía, y en los Estados Unidos, donde ejerció la docencia durante más de cuarenta años. Ha publicado dos libros de relatos, Esquemas *(1954)* e Ironías *(2006), y las novelas* Plazas sin muros *(1960),* El último oasis *(1964),* Los jueces implacables, *(1970),* Paraíso cerrado, cielo abierto *(1977),* Contra la luz que muere *(1982), y* Juicio y condena del hombre nuevo*, además de numerosos cuentos, artículos y reseñas en revistas y antologías. Actualmente reside en Massachusetts.*

ROBERTO RUIZ

LA PROFESION

El taxi tenía rota una portezuela, que a cada curva se abría y se cerraba con estrépito. Las calles se iban ensanchando; las casas encogían y escaseaban. De pronto el taxi frenó en mitad de un arenal. Un viento súbito alzaba trombas de polvo. El cielo estaba cárdeno, seco, anubarrado. A cien pasos había una choza de adobe. «Aquí vivirás hasta que pague tu familia. Para empezar pediremos diez mil pesetas». Le agarraban de los hombros, le empujaban, le llevaban casi en vilo hacia la choza.

—¡Juan, Juan! ¡Que son las seis, hijo!

¡Ya las seis! Juan se incorporó, frotándose los pómulos: —¡Estaba en lo mejor de mis sueños!

—*Sí*, hijo mío, pero la obligación es la obligación.

El cuarto, sin ventanas, parecía un pozo negro. Juan se vistió a tientas, se lavó sin enterarse muy bien de lo que hacía. Sólo en la cocina, frente al tazón de café con leche, despertó del todo.

—¿Qué día es hoy?

—Miércoles.

—Yo debería ir a la escuela, madre.

—Bastante sabes ya, hombre. Con leer, escribir y las cuatro reglas hay más que suficiente. ¿Y qué harías en la escuela? Trabajar, como en el hotel, pero sin ganar nada.

Corría el invierno, y todavía era de noche a las siete. Un aire de plomo afilado cortaba la piel. Los obreros de la fábrica de cemento pasaban silenciosos; lo que quizá se dijera cada cual a sí mismo quedaba ahogado en la gruesa bufanda. Llegaba por fin el autobús, pausado, vacilante, rezongón: él tampoco estaría despierto. Dentro, el calor había nublado los cristales, y se podía dibujar con el dedo cualquier cosa: estrellas, flechas, pájaros.

II

Juan hubiera querido ser mago y sacar conejitos de una chistera, o palomas blancas de las cortinas. Pero sus tareas eran muy diferentes. La primera, limpiar bien con sidol los botones del uniforme. La segunda, dar los buenos días al jefe de servicios, que aparecía a las ocho como un clavo. La tercera, lo que se ofreciese.

—Juan, vete por las entradas de don Ceferino. Que te las den de cuarta fila, de quinta como mucho. No las vayas a traer de octava o de novena.

—Descuide, señor Félix.

—Anda, volando.

Delante de la taquilla había una cola enorme, y Juan se estremeció, angustiado por el sentido de responsabilidad. No iba a encontrar entradas de cuarta fila; don Ceferino y su novia no iban a disfrutar del espectáculo, y la culpa se la echarían a él, a Juan, al tonto de Juan. Don Ceferino se enfurecería con el señor Félix: «¿A quién se le ocurre, mandar a un chiquillo?»

Trató de colarse, pero no le dejaron:

—¡Tú, chaval, que te vemos!

—¡Vete a la cola, o te tragas los botones!

Tres cuartos de hora se pasó esperando. El señor Félix le regañaría, creyendo que se había puesto a jugar por ahí. El señor Félix nunca aceptaba la existencia de las dificultades.

Para colmo, las entradas eran de octava fila.

—¡Te dije que las trajeras de cuarta!

—No había otras, señor Félix.

— ¡Cómo no va a haber otras! ¡Es que no escuchas! ¡Es que estás idiotizado!

Bajar la cabeza, y callar. Ni media palabra. Replicar es peor que equivocarse. Al que se equivoca le riñen. Al que replica le echan.

III

A media mañana se repartían los telegramas. Como los había para casi todos los pisos, lo más cómodo era subir al último en el ascensor y luego ir bajando y repartiendo. ¿Quién ha dicho que no cansa bajar escaleras? Acabas hecho polvo, con las rodillas aporreadas. Además los telegramas traen siempre malas noticias, de modo que las propinas son minúsculas.

—¿Has entregado los telegramas?

—Sí, señor Félix.

— No los habrás revuelto...

—No, señor Félix.

—A lo mejor a un tío le ha tocado la lotería y le dices que se le ha muerto la suegra.

—Descuide, señor Félix.

—Es que andas cada día más atolondrado, chico. Yo no sé en qué piensas. En todo menos en la obligación.

—Hago lo que puedo.

—Hay que hacer lo que no se puede. La vida no perdona. La vida exige más y más. ¿Y ahora qué esperas? Vete a Conserjería a ver si se ofrece algo.

—Sí, señor Félix.

Corriendo a Conserjería. La vida no perdona.

IV

Hoy también había que sacar de paseo al perrito de doña Hilaria. Era uno de esos perritos lanudos, franceses, más listos que el demonio, y no se le podía engañar. Juan trataba de convencerle de que ya había hecho pipí las siete veces que le correspondían, pero el maldito perro llevaba la cuenta, y en ocasiones pedía una parada de añadidura.

A Juan le fastidiaba pasar mucho tiempo en la calle con Loló (así se llamaba el animalito). Primero, porque se aburría, pendiente de los caprichos de un juguete. Luego, porque se exponía a que le vieran los chicos de la vecindad y se rieran de él. Aquí estaban ya: cuatro o cinco, desgreñados, desabrochados, caídos los calcetines, fija la mirada en la feroz rebusca de víctimas.

—¡Pero qué bonitos son!

—¿Te gusta pasear al perrito, niño mantecas?

—¿Eso es un perro o es un chimpancé?

—¡Y que no va elegante el niño!

—¡Los botones le echan lumbre!

—¿Se los arrancamos?

—¡Sí, y se los metemos al perro por el culo!

Afortunadamente los chicos nunca llevaban a cabo sus amenazas. Se conformaban con insultar y humillar. Juan los oía callado, los ojos pegados al suelo, la cara encendida de vergüenza, y respiraba cuando se alejaban lanzando la última injuria:

—¡Que cuides al perrito!

—¡Que no se te escape!

—¡Que no te pegue un bocado en el rabel!

Loló cumplía por fin con la naturaleza y se apresuraba a volver a su amita, que aguardaba sentada en el vestíbulo charlando con otras señoras de su edad, y que perdía el tino al ver entrar al animalejo:

—¡Amor de mi vida! ¿Dónde has estado? ¿Cómo me has dejado tanto tiempo sola? ¡Ven acá, ven, traidorzuelo, bribón!

Mientras el perro lamía las mandíbulas de doña Hilaria entre risas y palmoteos de las amigas, Juan se iba retirando discretamente, sin apartar la vista de la señora por si acaso reparaba en él y le daba una propinilla, o un regalito, o las gracias.

V

La servidumbre del hotel comía en tres turnos, y en todos presidía el señor Félix, que almorzaba después y aparte. A Juan le tocaba el tercer turno, el de las dos y media, cuando el hambre era ya irresistible. El señor Félix, que se pasaba las tres comidas haciendo recomendaciones, parecía concentrarse y encarnizarse en Juan, quizá por verle pequeño y tragón:

—No comáis tan de prisa, que os va a hacer daño... Tú, Romualda, no cojas la salchicha con los dedos; luego no tienes tiempo de lavarte y dejas la firma en los muebles ... Juan, poco a poco: ya te has zampado cuatro cachos de pan, y el pan cuesta... Y tú, Jerónimo, que llevas cinco vasos de vino y seis con éste: vas a llamarle a Dios de tú y a la Virgen señorita... Bueno, Juan, bueno: roes más que una lima nueva, qué bárbaro, qué tío, no sé qué va a ser de tu casa cuando crezcas y comas como un hombre... ¿Y vosotros qué cuchicheáis? No quiero secretitos; en la mesa quiero respeto y decoro... Pero Juan ¿otro buñuelo? ¿Tienes la solitaria o qué? A este paso, si no te rebajamos la paga arruinas a los amos. ¡Qué modo de engullir, señores! Tú a callar, Silvina; aquí no habla nadie más que yo. Y ya podéis ir espabilando, que son las tres y la obligación no espera.

Aunque a algunos les habría gustado quedarse de sobremesa, y a otros echarse una siestecilla, la costumbre del trabajo podía más, y desfilaban todos hacia la cocina, hacia el garaje, hacia el bar, hacia los corredores, rumbo a la monótona e inaplazable labor de cada jornada.

VI

Todas las tardes eran de locura, pero la del miércoles más que las otras, porque los miércoles se organizaba la timba del piso principal, y había que entrar mil veces a vaciar los ceniceros, encenderles los cigarrillos a los señores y recoger las botellas vacías; de subir las llenas y trasegarlas a los vasos ya se encargaban los camareros y sus ayudantes. Juan tenía además otra misión: arrojarse a la alfombra por las fichas que se caían cuando algún jugador daba un puñetazo en la mesa, y poner cada ficha en donde estaba antes sin confundirse y sin hacer trampa.

¡Y menos mal que ya no jugaba don Arsenio! A don Arsenio se le había metido en la cabeza que Juan le traía suerte: le llamaba «mascota» y «talismán», y no le dejaba salir de la habitación ni en broma. En cuanto le veía acercarse a la puerta alzaba el grito:

— Muchacho ¿dónde vas?

— A tirar las cenizas.

—Nada de cenizas. Que las tire otro. Tú te quedas aquí a mi lado.

—Es que después el señor Félix me riñe.

—No te riñe. Dile que hable conmigo.

En efecto, el señor Félix le echaba la bronca:

—¿Tú crees que te pagamos para ver jugar a la gente? ¿Por qué has estado media hora sin moverte de la timba?

— ¡No me deja salir don Arsenio!

— ¿Cómo no te va a dejar salir? ¡Eres un mentiroso!

—¡De verdad, señor Félix! ¡Ha dicho que hable usted con él!

—Yo no tengo autoridad para pedirles cuentas a los clientes.

—El cliente manda, y se acabó.

—Entonces ¿qué hago?

—Lo que él te mande, y lo tuyo.

—¡No puedo estar en dos sitios al mismo tiempo!

—¿Te me descaras, mocoso de mierda? ¡Fuera de aquí!

Sí, había sido una suerte que don Arsenio no viniera más. Decían por ahí que andaba arruinado. ¡Mejor! Así no volvería a jugar en su vida. El trabajo normal se aguantaba. Ceniceros, vasos, botellas, fichas, barajas, cigarros, subir y bajar, entrar y salir, agacharse, levantarse, correr como un cabrito... ¡bueno! Pero que le conviertan a uno en amuleto, en medalla, en santo de cornisa, eso ya no; eso ya es demasiada responsabilidad.

VII

Hacia las seis le buscó el señor Félix:

—Mira, Juan: hay una comida de homenaje y los camareros no dan abasto. Súbete un botellín de coñac y dos copas al treinta y cinco.

—Está bien, señor Félix.

—Pero con cuidado ¿eh? ¡Que no se te caiga nada!

—No, señor Félix.

Haciendo equilibrios, sin quitar los ojos de la bandeja, Juan llamó al treinta y cinco.

—¡Adelante!

En mitad de la habitación se abrazaban un señor y una señora. El señor estaba en camiseta; la señora en sostén. Nada más verle, la señora salió corriendo y se encerró en el baño. El señor le arrebató el botellín y las copas.

— ¿Qué pintas tú aquí? No deberían mandarte arriba.

— Es que están ocupados los camareros.

— ¡Vaya por Dios! ¿Cuántos años tienes?

— Doce.

— ¿Por qué no vas a la escuela?

— Porque hay que trabajar. Somos ocho en casa.

— Bueno; toma y lárgate.

¡Un duro de propina! Canturreando de gozo, Juan se lo guardó en el bolsillo secreto, el que sería relojera cuando tuviese reloj. Convenía, sí, convenía de vez en cuando sorprender a las personas mayores en el ejercicio de su culpa.

VIII

Las últimas horas no tenían importancia. Se apartaban ante el ciego empujón del cuerpo agotado como oleajes de pesada arena. Hasta el señor Félix decaía, ronca la voz de dar órdenes, grises los párpados de atisbar, observar y fisgar bajo las camas, entre las servilletas, tras los baúles. Juan ayudaba a colocar una butaca en el vestíbulo, y sentía en el fondo del vientre el terrible tirón del peso insoportable, del volumen inmenso. Juan subía los nueve escalones de la Conserjería, y llegaba jadeante y gimiendo, como a la cima de una montaña. ¿Cuánto queda, cuánto queda, cuánto queda? Cuarenta minutos, treinta y tres minutos, veintiocho minutos. Una camarera vieja, desmelenada de fatiga, gritaba: «¡Acordaos de Cristo! ¡Lo que pesaba la cruz! ¡El calvario es cansancio!» Cansancio y desidia. Las últimas tareas se hacían sin mirar, sin hablar, ahincando de espaldas y de costado para no tener que enfrentarse con ellas.

Y de pronto, cuando menos se esperaba, daban las nueve, terminaba la jornada, se podía uno ir. Ya entraban los primeros del otro turno, ya recogían sus bártulos barrenderos y limpiabotas. El señor Félix salía de su cuchitril, rejuvenecido por el cuello de almidón y el sombrero de terciopelo, y entregaba el manojo de llaves y la lista de encargos al señor Isidoro, jefe nocturno de servicios, antiguo sereno, admirado de toda la servidumbre por su asombrosa facilidad para dormir de pie. Juan se quitaba el uniforme, lo colgaba cuidadosamente en la percha, se ponía el pantalón y la cazadora y la bufanda y buscaba la puerta como un sonámbulo.

IX

¡Cristo, qué frío hacía! ¡Qué frío a estas horas! Juan se arrimaba a la pared para resguardarse del viento que bajaba encajonado por las calles, de la escarcha que te partía la cara como un cuchillo un melón. Cuando aparecía el autobús como un oasis sobre ruedas, Juan volvía la mirada antes de subir por si se había dejado una tira de piel pegada al muro.

Tonterías que se le ocurren a un hombre agotado. El interior del autobús estaba como un horno, lo cual se agradecía primero y después molestaba. Así son las cosas. Nunca vive uno contento.

En los asientos se repartían diez o doce individuos, trabajadores todos. Por las condiciones de la ropa y la expresión del semblante se sabía si iban o venían. Los que venían te miraban de través, como con odio. Los otros todavía no habían tenido tiempo de envenenarse.

Ahora se levantaban unos y otros y empezaban a bailar. Sus zapatones sucios de cal, de barro, de brea, repiqueteaban en el entarimado del autobús. Pero entraban unos pájaros (era de día, a la orilla de un riachuelo) y se disputaban la posesión de una cebolla. El señor Félix los ponía en fuga alegremente, a paraguazo limpio; luego abría el paraguas y gritaba: «¡No quiero complicaciones, no quiero complicaciones!»

Juan despertó sobresaltado. Faltaría poco para llegar. Sí: se veían ya las chimeneas de la fábrica de cemento. Juan se apeó, doblegándose contra el ventarrón, apretándose el nudo de la bufanda. Las estrellas caían de los últimos pisos como cristales rotos.

En casa estaba todo el mundo acostado. El padre volvía rendido del taller, y la madre se había pasado el día luchando con la prole. Pero estaba despierta, y le llamó desde la alcoba:

— ¿Eres tú, hijo?

— Sí, madre.

— ¿Qué, cuánto has sacado de propinas?

— Cinco duros.

— No es mucho. ¡Paciencia! En la tartera hay carne con patatas. Caliéntalas.

—Sí, madre.

—Y acuéstate pronto, que vendrás deshecho...

—Sí, madre.

X

Juan tenía que convertir los cuatro candelabros en cuatro columnas de humo que se perderían por los rincones. La sala estaba llena de gente ansiosa, gente de mirada afilada y dientes azules que no iba a perdonar un error ni un retraso. Ya se inquietaban, ya se removían, ya alzaban los puños regordetes, empedrados de anillos. Juan tendió la varita mágica, se acercó a los candelabros hasta ver las rebabas de cera en el verdoso bronce, pronunció las palabras y esperó.

No pasó nada. Los candelabros seguían en su sitio, indiferentes al misterio. Juan temblaba de miedo y de vergüenza bajo la gruesa capa de forro escarlata. El público se iba levantando poco a poco de los asientos, como si quisiera estar en pleno dominio de sus fuerzas, no malgastar ni una gota de ira. Juan agitó hacia ellos la varita de marfil, esperando congelarlos, aterrorizarlos, arrancarles escamas de lagarto que los obligaran a arrastrarse, y tampoco pasó nada. La gente avanzaba como un lento turbión, y Juan notó de pronto que llevaban navajas, y garfios, y largos alfileres al rojo vivo. No había más remedio que echar a correr, soltando la capa, el sombrero, la varita, los candelabros, todo. Correr a cuerpo limpio, cuesta arriba, por entre arbustos y peñascos, hacia la ermita de la cumbre, donde alguien quizá se apiadaría de él, donde alguien le llamaba desde muy lejos:

— ¡Juan, hijo mío! ¡Juan!

— ¿Qué pasa, quién llama?

— ¡Las seis! ¡Arriba!

— ¿Ya las seis? ¿Ya las seis?

— ¡Pasadas! Vamos, levántate.

— ¡Si me acabo de dormir! ¿Qué día es?

—Jueves.

— ¡Estoy tan cansado!

— Como yo, como cualquiera. Anda, no pierdas tiempo, hijo.

— Sí, madre.

— Lávate pronto... No gastes mucha agua... Seca bien el jabón...

— Sí, madre.

— Y ponte los zapatos viejos, que está nevando.

— Sí, madre... Sí, madre... Sí, madre...

En la cuna lloriqueaba el Quin, el hermanito de tres años y pico:

—¡Tengo sed! ¡Quiero leche!

—Juan, dale un vaso de leche a tu hermano. ¡De los pequeños!

Juan vació la leche en el vaso con un quiebro seguro de muñeca. Si no se hace así, quedan gotas en el borde. Luego cogió la abollada bandeja de hojalata, empuñó el vaso cuidadosamente (para no dejar los dedos marcados) lo puso en el centro de la bandeja y se lo llevó al niño.

Es como hay que servir. Lo dice el señor Félix y lo dice todo el mundo. Con esmero, con limpieza, con rapidez. Como lo exige la profesión.

DIONISIO CAÑAS

Dionisio Cañas (Tomelloso, 1949) es profesor en Baruch College y en el Graduate Center, CUNY. Reside en Nueva York desde los años setenta.

Ha publicado dos importantes estudios sobre figuras destacadas del llamado Grupo Poético de los años 50: Poesía y percepción *(1984) y* Claudio Rodríguez *(1988). En 1994 apareció* El poeta y la ciudad (Nueva York y los escritores hispanos). *Su obra lírica comprende los siguientes títulos:* El ave sorda y otros poemas *(1980);* Lugar, río Hudson *(1981);* La caverna de Lot *(1981);* Los secuestrados días del amor *(1983);* El fin de las razas felices *(1987) y* En lugar del amor *(1990). Es asimismo autor de un libro de historia,* Tomelloso en la frontera del miedo (Historia de un pueblo rural: 1931-1951) *y, con el grupo de artistas Estrujenbank, de un volumen de ensayos,* Los tigres se perfuman con dinamita *(1992).*

DIONISIO CAÑAS

POEMA DE AMOR

El poeta es la viuda del hombre. La viuda de todos los días llora frente al rostro pálido de su marido muerto. El muerto está desnudo. El desnudo muerto mira desde dentro. Desde dentro, sin que una sola palabra se le escape, habla al Universo que es donde se encuentran las palabras de la viuda. La viuda se acaricia los pechos. De los pechos de la viuda sale una leche caliente. La leche se derrama sobre la carne fría del cadáver. El cadáver está vivo por dentro. Por dentro circulan los planetas y los huevos fritos del desayuno de la viuda. Ha cocinado su propia vida, ha puesto en el frigorífico la comida del día siguiente. El día siguiente no llega nunca. Nunca tiene veinticuatro dientes. Cuando suenan las doce, se derrama de nuevo la leche del marido muerto. La viuda la recoge con una bandeja de plata. Entonces, cuando la leche que dio vida a tantos hijos de puta se convierte en espuma, la viuda sale de la casa. De la casa salen también todas las lagartijas. Las lagartijas toman el sol en el jardín que hizo el muerto. El muerto plantó palabras en forma de corazón. El corazón contenía la verdad de la vida. La verdad de la vida eran la viuda y el muerto haciendo el amor para que nacieran los insectos del jardín. El jardín se hizo rosa contra la voluntad de la viuda. La viuda, celosa de las estrellas, se pinchó los ojos con los clavos de Cristo. Cristo amó a la viuda y la hizo su esclava. La esclava fue crucificada en la autopista de la Historia. La Historia siempre fue la putilla que se llevó una vez el muerto sin que Cristo se lo hubiera permitido. Sin ser historia de nadie, yo fui la putilla del cadáver. Lo amé tanto que todos los días le lavaba los huevos y le acariciaba el pene para que se pusiera contenta la viuda, la esclava del Señor. Así convivimos dos mil años. Alguien me ha dicho que todos juntos hicimos un poema, un poema interminable, un poema de amor. El amor fue el único tema de todos los poetas. La viuda leyó a todos los poetas y descubrió que todos hablaban de su amor... Estoy sola. El mundo es hermoso como la espalda de mi marido muerto...

APOCALIPSIS

Tumbas toda la tarde
cayeron tumbas nevaron tumbas
sobre Manhattan tumbas
sobre tu cuerpo tumbas
Sombra sembrada por las calles
Olor a lodo olor a orina
olor a sangre y sombra
Entre árbol y árbol sangre
sombra entre cuerpo y cuerpo
Bebiendo sombra y sangre
por las calles de Manhattan
Tartamudeando entre las tumbas
tartamudeando entre las sombras
tartamudeando entre los árboles
Una a una cayendo por entre los edificios
las calaveras y sus sombras
Una a una las cruces y las estrellas
Una a una la hueca mirada de las calaveras
Tibio tibio tibio el sol se esconde
Tibio tibio tibio el sol se hunde
Tibio tibio tibio el tam-tam
de los pájaros tambores
Te quemará el tam-tam
de los loros negros
el tam-tam el tam-tam el tam-tam
Una rueda solitaria gira
en el aire podrido de Manhattan
Un niño negro pasa vendiendo flores
«Flores para los muertos
Flores para los muertos»
Uno a uno cayeron ataúdes
uno a uno cayeron mensajeros
con trompetas de plata negra
con tambores de piel de toro
Una a una cayeron calaveras
Con canciones «oh las dulces
canciones de las calaveras»
 Un vagabundo infernal

bebía aún la última cerveza
cuando asustada pasó por encima de la espuma
una gaviota ensangrentada
«Ha nacido ha nacido
el primogénito de los muertos»
Bebe bebe irlandés de los ojos azules
hoy es el día de tu embarque
al lugar donde no sucede nada
La puta que te besa y te despide
es tu hija y es la hija de la Muerte

CARLOS MELLIZO

Carlos Mellizo nació en Madrid, en 1942. Cursó estudios de Filosofía y Letras en la Universidad Complutense, donde se doctoró en 1970. En la actualidad es profesor de Lenguas Modernas en la Universidad de Wyoming.

Mellizo ha traducido al español obras de Hobbes, Locke, Hume, Mill y otros autores clásicos del pensamiento británico, y ha publicado numerosos trabajos de crítica filosófica y literaria.

Como narrador, ha recibido en dos ocasiones el Premio Hucha de Plata de Cuentos, y el Primer Premio del Certamen Literario «Odón Betanzos Palacios», del Círculo de Escritores Iberoamericanos de Nueva York.

Los relatos de Carlos Mellizo han aparecido en principales revistas literarias del mundo hispánico como Revista de Occidente, Revista Interamericana, Insula, Papeles de son Armadans, Cuadernos Hispanoamericanos, *etc. Hasta la fecha se han publicado tres colecciones de cuentos suyos:* Los cocodrilos *(1970),* Historia de Sonia y otras historias *(1987) y* Una cuestión de tiempo.

CARLOS MELLIZO

HERENCIA EQUINA

I

Hacía mucho tiempo que a Jacinto Rizal, hijo de emigrantes filipinos establecidos en Colorado, se le habían ido las ganas de escribir. Había bregado en el oficio durante años con la esperanza de destacar algún día y de que el mundo viniera a postrarse a sus plantas. Pero como eso no había sucedido decidió no seguir insistiendo. Colgó la pluma y se dedicó a cosas como dar largos paseos alrededor de un parque que había cerca de su casa, hacer retratos a lápiz sirviéndose de fotografías publicadas en los periódicos, y acostarse de cuando en cuando con una mujer que se llamaba Liberty-Ann y que no esperaba nada permanente de la vida. En muchos aspectos, Liberty-Ann tenía alma de anarquista. Daba gusto meterse en la cama con ella, no tanto porque fuese dueña de un cuerpo duro y turgente, que lo era, como porque en la cópula no veía mayor trascendencia. Jamás se le ocurría indagar en el más allá del acto sexual mismo. Cuando Rizal la conoció se ganaba la vida trabajando de enfermera en un hospital de ancianos.

Rizal había sido siempre soltero. Desde hacía muchos años recibía una pensión vitalicia que le permitía vivir sin trabajar. La pensión le correspondía con pleno derecho y por mandato judicial. Tiempo atrás, cuando era niño, él y sus padres se subieron a un avión de línea que se estrelló aparatosamente a poco de despegar. Hubo muertos y heridos. Jacinto y sus padres ocupaban asientos de cola y eso les salvó la vida. Salieron ilesos del golpetazo, pero el susto que se llevaron dejó en los tres huellas psicológicas indelebles: ataques de ansiedad, dificultades en el trato social, insomnio, alucinaciones, mareos, fobias, crisis depresivas, en fin, para qué seguir. La compañía aérea indemnizó a las familias afectadas. A los Rizal les tocó una pensión vitalicia de cincuenta mil dólares anuales, o su equivalente una vez aplicados los pertinentes índices de inflación. Y de eso vivía Jacinto. Fallecidos sus padres de muerte natural, y como no tenía la necesidad urgente de trabajar, había decidido hacerse escritor, oficio que desempeñó con poco éxito por mucho tiempo, hasta que, como ya se ha dicho, tomó un día la determinación de no escribir una palabra más. Paseaba, dibujaba, se acostaba con Liberty-Ann.

Se conocieron en un tren. Después de lo del accidente, para Jacinto se habían terminado los aviones. Pensaba que las probabilidades de salir con vida un segunda vez, caso de que el avión se estrellara, eran nulas. Algunos matemáticos le habían asegurado que, según el cálculo de probabilidades, era prácticamente imposible que se viera envuelto en otra catástrofe aérea. Pero a Jacinto le revolvía el estómago el pensamiento de volar de nuevo. Si viajaba a alguna parte, lo hacía en autobús o por ferrocarril. Que volasen los pájaros, solía decir, y no había modo de sacarlo de ahí. Fue, pues, en un tren donde Jacinto y Liberty-Ann se conocieron. El vagón restaurante al que habían ido a cenar estaba vacío, y al verse solos en aquel comedor sobre ruedas decidieron compartir una mesa y cenar juntos. Pronto descubrieron cuál era el vínculo que de algún modo los unía —siempre, conviene añadir, respetando la independencia mutua y rechazando hasta la más remota noción de compromiso permanente. Muy a grandes rasgos, Jacinto le contó a su reciente amiga lo del accidente aéreo, lo de su neurosis, lo de su frustrada carrera de escritor, y cuál había sido en general el curso de su vida. Liberty-Ann hizo lo mismo. Según dijo, era hija de millonarios pero su madre quería desheredarla. ¿Por qué? La acusaban de no andar bien de la cabeza, de estar loca. Pero loca no estaba. Sí, le daban vahídos de cuando en cuando, dormía mal, sufría depresiones, cosas así. Pero eso era todo. Lo del trabajo en el hospital de ancianos había sido una bendición para ella. De no haber encontrado aquel arreglo se habría muerto de hambre.

—Mi madre —sentenció Liberty-Ann con serenidad de monje —es una bruja. No tiene conciencia, y lo único que le interesa es el asunto de los caballos, que es lo que le da dinero. Bueno, también le interesa lo de Harry, pero esa historia te la contaré otro día. Si ella hubiera podido, me habría hecho una lobotomía para callarme la boca.

Rizal no tenía una idea clara de lo que significaba hacer lobotomías, y así se lo dijo a Liberty-Ann.

—Pues, una lobotomía —le contestó su amiga— es un procedimiento neurológico tan sencillo como devastador.

Hizo una breve pausa y continuó diciendo:

—Alrededor de 1890, un investigador alemán que se llamaba Friederich Golz y que tenía dos perros insufriblemente revoltosos y agresivos, decidió apaciguarlos de una vez por todas. Para ello no se le ocurrió otra cosa que abrirles el cerebro y extirparles los lóbulos temporales. El efecto de la operación fue fulminante: los pobres canes se convirtieron en animales mansos y tímidos como ovejas.

—¿De verdad? —se interesó Jacinto.

—Como te lo cuento. Lo más grave del caso es que pronto se corrió la voz y un tal Gottlieb Burkhardt, director de una institución mental suiza, intervino de manera similar a seis de sus pacientes esquizofrénicos, hombres y mujeres. Los enfermos, desde luego, se calmaron, ¡y de qué manera! De los seis, sólo cuatro sobrevivieron la operación, y éstos se quedaron mudos y quietos como piedras para el resto de sus días.

—Todo lo que me cuentas es un poco horroroso, ¿no te parece?

—Y tanto. Pero más horroroso es el dato de que, sólo en los Estados Unidos, más de 18.000 lobotomías fueron practicadas entre los años 1939 y 1951. Y eso es lo que mi madre habría hecho conmigo si hubiese podido.

II

Jacinto y Liberty-Ann continuaron hablando en el vagón-comedor y fueron así conociéndose más. Como era de noche y el traqueteo del tren iba produciendo en ellos ese suave cansancio típico de los viajes por ferrocarril, decidieron marcharse a la cama y dejar la conversación para otro día. Liberty-Ann tenía muchas cosas que contar: lo de su madre y los caballos, lo del afán que tenía por el dinero, lo de aquel Harry misterioso que le había sorbido el seso a la millonaria. Pero era tiempo de dormir. Un poco azarados por el vínculo que de manera tan rápida e imprevista se había establecido entre ellos, se levantaron de la mesa y caminaron juntos hasta el vagón-dormitorio donde cada uno tenía reservada una litera. Al llegar a la cabina de Liberty Ann, que estaba antes que la de Jacinto, ambos se detuvieron vacilantes y se miraron a los ojos con una mezcla de indecisión y de deseo. Fue entonces cuando Jacinto se fijó en los pechos altos y firmes de Liberty-Ann, sólo medio cubiertos por una blusa color naranja, escotada y ceñida, cuya misión era resaltar todavía más los encantos naturales de su dueña. Es difícil saber lo que ella vería en el hombre que estaba ahora a su lado y que casi la rozaba cada vez que el movimiento del tren favorecía la aproximación de sus cuerpos. Pero aquella como parálisis sólo duró unos instantes: sin pensarlo ya más, Liberty-Ann agarró de la mano a su compañero y lo arrastró sin contemplaciones a la pequeña litera de colcha blanca que parecía haber estado esperándolos desde toda la eternidad. Ninguno de los dos había entrado hasta entonces en los recónditos misterios del sexo. Haciéndolo juntos por primera vez, uno y otro experimentaron un placer doble: el de estar descubriendo un mundo de sensaciones hasta entonces desconocido, y el de saberse autores, él en ella y ella en él, de aquella estupenda revelación. Allí hubo de todo. Y cuando jadeantes y sudorosos se despidieron a la puerta de la cabina nupcial para que Jacinto pudiese descansar en la suya, los dos supieron que aquella primera celebración no sería la última. A partir de entonces se vieron con moderada regularidad; moderada, porque sabían que ése era el mejor modo de prolongar el milagro.

Pues bien, fue de madrugada, después de una de aquellas intensas veladas —ambos desnudos y agotados, tendidos en la cama de Jacinto, con los ojos abiertos en la oscuridad— cuando Liberty-Ann contó lo de su madre y la cría de caballos Morgan en un rancho de Montana.

—Mi madre, Linda Moore, es del linaje de los Moore, familia adinerada desde que mi bisabuelo hizo millones como accionista de la Union Pacific —dijo—. Ella ha creído siempre que los caballos Morgan son una viva encarnación de la mejor leyenda americana. Los adora como si fuesen dioses.

—¿Los caballos Morgan? —preguntó Jacinto.

—Sí, una raza equina oriunda de Arabia que fue introducida en Massachusetts a fines del siglo XVIII y que prosperó gracias a los cuidados de un maestro de escuela que se llamaba Justin Morgan. De ahí les viene el nombre.

—¿Y qué tienen esos caballos que no tengan los demás?

—Eso tendrás que preguntárselo a los entendidos. En este mundo hay gente para todo. A algunos les ha dado por los caballos como a otros les da por coleccionar sellos o por criar gusanos de seda. ¡Y pensar que, mientras tanto, millones de personas mueren de hambre en este planeta nuestro, y que muchos millones más viven existencias cortas y brutales, infectados de sífilis, de tuberculosis, de sida, de malaria, y de otro sinfín de cosas.

—Mujer, no te pongas así —reconvino Jacinto a Liberty-Ann en la oscuridad de la alcoba—. Hay cosas que no pueden cambiarse de la noche a la mañana.

—Te lo digo de verdad —continuó diciendo ella—. Desde que trabajo de enfermera veo las cosas de una manera diferente..., pero sí, supongo que algo tendrán esos caballos. Yo los he visto. No son muy altos, tienen los ojos grandes y las orejas cortas y tiesas, suelen ser de color castaño, con una estría blanca que les baja desde el entrecejo hasta el morro. Mi madre dice que los Morgans tienen un trote reposado, son elegantes de línea y aprenden pronto lo que se les enseña, o sea, que responden bien a la doma. Lo que sí puedo decirte con toda seguridad es que cuestan una fortuna. Un macho de dos años, bien domado y criado, de buena estampa, puede venderse por más de cincuenta mil dólares. Hay personas de gran dinero que los compran para presumir, para demostrar así que les sobran los cuartos. Otros los adquieren para llevarlos a competiciones de hípica o a concursos equinos de cualquier otro tipo. Mi madre, heredera principal de la fortuna de los Moore, tiene un rancho en Montana donde cada año se crían de cincuenta a sesenta Morgans pura sangre. Eso puede suponer para ella una ganancia neta de millón y medio de dólares anuales, ¿te das cuenta?

—Y tu padre, ¿tiene alguna parte en todo esto? —se interesó Jacinto.

—Mi padre está ya en las diez de últimas. Siempre ha sido un hombre flojo, de poco empuje. Y ahora está más débil que nunca. Desde que se jubiló hará cosa de cinco años (era profesor de biología en la Escuela de Veterinaria), no hace más que dormitar ante la chimenea y engullir lo que la cocinera del rancho le pone en el plato. A él ya todo le da igual, menos dormir y comer. No se mueve. El médico le ha dicho que, a este paso, un infarto puede matarlo en cualquier momento. Pero a él le da igual. Ya no espera nada de la vida. Antes hablaba mucho y hasta tenía una teoría sobre la condición humana. La última vez que lo oí perorar sobre eso, hace ya bastantes años, pensé que lo que decía no era del todo descabellado, a pesar de que el pobre hombre está más loco que tú y que yo.

—¿Y cuál es su teoría?

—Pues, para resumírtela en dos palabras, que los seres humanos somos igual que los gorilas, los chimpancés, o cualquier otra especie de simios medianamente evolucionada. Comer, follar, tener mando: en eso consiste la vida simiesca, y en eso consiste la nuestra. «¿No habéis visto», decía, «esas familias que entran a comer en un restaurante? Hay que imaginárselos desnudos. Van el padre, la madre, los críos. Desfilan en reata guiados por el gorila macho, que se distingue de la gorila hembra porque a él le cuelgan los genitales y a ella las tetas...».

—Mujer, ¡qué cosas dice tu padre!

—Déjame seguir. «Entran con el jefe a la cabeza, seguido muy de cerca por la madre sumisa, como asustada. Ella agarra de la mano a las criaturas y sonríe a los circunstantes moviendo la cabeza de un lado a otro, arrugando la nariz y mostrando las encías rosadas en un gesto que quiere ser amistoso pero que sólo denota miedo y nerviosismo. Cuando por fin están sentados a la mesa y tienen la comida delante, ¡es de ver cómo mastican y engullen! ¡Con qué ansiedad y descaro muerden la hamburguesa, la salchicha o lo que sea! ¡Cómo pelan después la naranja o el plátano! Igual que los monos en la jaula».

Se reía Jacinto.

—No te rías, que el asunto es muy serio. Y luego, como también decía mi padre llamando las cosas por su nombre, imagínate el ayuntamiento diario entre machos y hembras en las cinco partes del mundo. Es un fornicar a todo pasto. ¿No has visto a los chimpancés? Ellos babeando, con la pinga tiesa; ellas poniendo el culo, listas para que se las trinquen de cualquier manera. Como tú y como yo, Jacinto, como tú y como yo. Así somos, y no hay que darle más vueltas.

III

—Pero, a lo que íbamos —prosiguió Liberty-Ann levantándose del lecho y cubriéndose con una bata—. Mi padre no cuenta ya. Y como nunca le ha importado mucho el dinero, le daría igual que yo heredase la fortuna de la familia. Es mi madre, la odiosa Linda Moore, quien se opone a que yo reciba siquiera un céntimo. Y se opone porque quiere dejárselo todo a ese sinvergüenza de Harry con el que anda liada desde hace diez años.

También se había levantado Jacinto y escuchaba a Liberty-Ann que le hablaba desde la cocina mientras hacía un café. Empezaba a salir el sol. Desde el apartamento de Jacinto se veía a lo lejos, velado todavía por la bruma mañanera, el perfil de las montañas.

—Como te decía —prosiguió Liberty-Ann levantando la voz—, el miedo que yo tengo es que Harry y esa bruja hayan planeado alguna cosa para deshacerse de mí. Porque, quieran o no quieran, yo soy la legítima heredera y estoy capacitada para recibir lo que me corresponde. En la clínica donde trabajo me han declarado competente para administrar los bienes de familia. Tengo un certificado de aptitud que me han hecho los médicos de allí y que podré utilizar cuando llegue el momento. Estoy bien preparada. Esto te lo cuento sólo a ti, aunque yo creo que mi madre y el otro se lo sospechan.

—¿Hablas en serio? ¿Quieres decir que esa pareja tiene de verdad la intención de matarte?

—Eso es lo que quiero decir, precisamente. Tú no sabes cómo es el Harry de marras. Tiene la facha y los modales de un chulo, siempre con el sombrero tejano y las botas de vaquero, las patillas, la melena y el bigote de guías. Parece un pistolero. Él es el que se encarga de domar a los Morgans y de llevarlos luego a las subastas de Denver. Mi madre le ha regalado una parcela de cincuenta acres y le ha construido allí una casa que parece un palacio.

—¿En los terrenos del rancho?

—Sí, sólo a una milla de la casa principal donde mis padres viven. Yo creo que mi padre ni siquiera sabe que Harry existe, o lo sabe sólo a medias. Y ella, aprovechándose de que el pobre está medio ido, hace lo que le da la gana. Sé que muchas noches, cuando el viejo se ha ido a la cama, ella coge el coche y se va a lo de Harry. Allí, los dos solos, organizan las grandes juergas. Lo sé porque un día los espié por la ventana. Nunca olvidaré el repugnante espectáculo de los dos en cueros vivos, revolcándose como animales, mi madre ebria de deseo por ese hombre que es treinta años más joven que ella. Hasta podían oírse sus gemidos de placer, sus aullidos de loba en celo. Y es por esos momentos de lujuria senil por los que ella querría desheredarme, dejarme en la calle y dárselo todo a ese semental que la ha vuelto loca. Pero no lo conseguirá; no lo conseguirá, a menos que de verdad me mate...

Liberty-Ann se interrumpió y trató de controlar la emoción que la invadía. Por fin, con voz quebrada y casi inaudible, logró musitar:

—Temo por mi vida, Jacinto. Temo que esa mujer, frustrada de no poder despojarme de mis derechos, decida eliminarme.

—¡Que lo intente, si quiere! —exclamó Jacinto desafiante, en un arrebato de indignación. ¡Que se atreva a tocarte, aunque sea un pelo!

Y abrazó a Liberty-Ann con ternura, mientras ella rompía a llorar y todo su cuerpo se estremecía sacudido por los sollozos.

—Tengo un plan —continuó Jacinto hablándole a su compañera al oído—. Hay que tener calma y actuar al mismo tiempo. ¿Dónde está Linda Moore ahora?

—No lo sé. Hace poco recibí un mensaje de mi padre diciéndome que iba a ausentarse por unos días, pero no me daba detalles. Se habrá llevado a Harry con ella. Así ha ocurrido otras veces. Dejan a un encargado para que cuide de los caballos, se van, nadie sabe adónde, y luego aparecen sin dar explicaciones.

—Mejor. Eso nos permitirá meditar las cosas con más tiempo.

—¿Cuál es tu plan? —preguntó Liberty-Ann separándose de Jacinto lo suficiente para poder mirarle a los ojos.

—Ya te dije cuando nos conocimos —explicó él— que durante muchos años me las di de escritor. Por esa razón leí mucho. Ensayos, libros de ciencia, filosofía, dramas, poemas, cuentos y novelas; sobre todo, novelas. Y entre las novelas, muchas de intriga y misterio. Leyendo, aprendí algunas cosas. Por ejemplo, que un hombre o una mujer, por débiles que sean, siempre tienen fuerza o ingenio suficientes para deshacerse de otra persona. Los modos de aniquilar a un enemigo son infinitos, algunos más arriesgados que otros, pero todos posibles. El mayor o menor grado de perfección a la hora de ejecutar un plan depende siempre del tiempo y el cuidado que se hayan empleado en la fase preparatoria. Hay que estudiar la acción desde todos los ángulos, no pueden quedar cabos sueltos, es preciso saber cuándo detenerse y cuándo proseguir...

—¿Hablas de liquidar a esa bruja antes de que ella me liquide a mí?

—De eso hablo. Pero hemos de hacerlo sin riesgo de que nos descubran. De otro modo, tu herencia iría a parar a manos de ese Harry de los infiernos. Los procedimientos de la intoxicación gradual y del accidente de automóvil parecen ser los más sencillos y eficaces. Pero hay también otros: golpes en la oscuridad que pueden venir de cualquiera, descargas eléctricas que podrían atribuirse a un simple cortocircuito o a una mala conexión, caídas, resbalones imprevistos...

Liberty-Ann se había quedado pensativa.

—¿Y mi padre? —dijo al fin—. ¿Qué papel desempeñaría el viejo en todo esto? Aunque enfermo y senil, sigue estando presente en la casa y podría sospechar algo. Contra él no tengo nada, pero habría que pensar en el modo de distraerlo.

—Imaginaremos alguna cosa. De momento, quizá no fuera mala idea que me lo presentaras, que nos conociésemos un poco, aprovechando que ahora tu madre está fuera. Granjeándome su amistad tendríamos mucho ganado.

—Tienes razón —dijo Liberty-Ann—. Mañana, sin falta, te llevo al rancho y te lo presento. Puedo decirle que eres un compañero de la clínica.

—De acuerdo. ¿Cómo se llama tu padre?

—David.

IV

El rancho donde los padres de Liberty-Ann criaban caballos era un terreno de dimensiones inimaginables. Había que acceder a él por un camino vecinal abierto en la pradera. A uno y otro lado de aquella trocha, sólo lo suficientemente ancha para permitir el paso de una camioneta o un carro, crecían interminables ringlas de alfalfa. El paisaje era al mismo tiempo desolador y grandioso. Barreras contra la nieve, agrupadas en baterías como piezas de defensa artillera; casas elementales, absurdas, desperdigadas por el campo, con escuálido tendedero y roñoso tanque de propano en la trasera; perros sin dueño merodeando entre la maleza; postes telefónicos en líneas sinuosas que jalonaban la llanura hasta perderse en el horizonte; cielos azules y nubes amarillas; cirros de algodón volando rápidos hacia el sur, siempre hacia el sur. Al sureste, la inclinada, espesa columna de humo surgiendo sin descanso de la fábrica de cemento. De trecho en trecho, a uno y otro lado de la carretera en la que desembocaba el camino vecinal, los misiles intercontinentales –el alma de América– esperando pacientemente en sus silos: los pequeños cuadriláteros de tela metálica, tan inofensivos en apariencia, pero con la antena y el piloto anunciadores de la carga atómica allí enterrada.

Era septiembre cuando Jacinto y Liberty-Ann decidieron visitar al decrépito David. Al paisaje de costumbre se añadían ahora los frutos de la siega, los enormes rollos de heno apilados en las inmediaciones de corrales y establos. El camino que llevaba a la casa acusaba las lluvias recientes, y Liberty-Ann tuvo que conducir su vieja camioneta Chevrolet sobre charcos y lodo.

–¿Qué vas a decirle a tu padre? –preguntó Jacinto sin poder ocultar su nerviosismo.

–No sé, cualquier cosa. Le puedo decir que eres mi novio y que quería presentárselo.

–¿Cuánto tiempo hace que no lo ves?

–¡Qué sé yo! Quizá dos, tres años. Lo que sé de él es lo que me cuenta la gente de por aquí. Ya te dije que se pasa el día dando cabezadas sentado ante la chimenea. No se habrá enterado de que mi madre lo engaña con otro. Y si por casualidad lo sabe, tampoco creo que le importe mucho. Lo suyo era hablar, hacer filosofía en voz alta, teorizar sobre lo divino y lo humano. Caso curioso, el de mi padre. A mí me quería mucho cuando era niña. Me sacaba a pasear, me explicaba lo que veíamos en el campo. Siempre alegre y, al mismo tiempo, siempre con una nota de melancolía en sus palabras y en su gesto. Yo creo que, de verdad, el hombre nunca ha creído en nada; que ha vivido como por obligación, como a la fuerza.

–¿Odiaba a tu madre?

—Es posible. Al fin y al cabo, ella era la del dinero y continúa siéndolo. Esas cosas siempre han humillado a los varones: que las hembras produzcan y manejen los cuartos.

Ya estaban próximos a la casa. En el destartalado porche de madera se veían aún las viejas hamacas de la infancia que Liberty-Ann tan bien recordaba. Eran reliquias de un tiempo perdido que ahora volvía a hacerse presente en su memoria con agobiante nitidez. Recordaba también, mirando hacia la llanura, el galope de los caballos cuando a la caída de la tarde regresaban al establo atraídos por el silbido del mayoral. Ahora el campo estaba vacío.

Del interior de la casa llegó apagado el ladrido de un perro.

—Antes no tenían perros —se sorprendió Liberty-Ann—. Habrá sido un capricho de viejos.

—¿Y los caballos? ¿Dónde están los famosos caballos?

—A estas horas, allí, en los establos —dijo Liberty-Ann extendiendo el brazo en dirección a la inmensa barraca metálica que se veía a lo lejos. Era una construcción estrecha y alargada, de tejado curvo, como un gigantesco vagón de tren. —¿Quieres verlos?

Jacinto dudó unos instantes y luego asintió con la cabeza.

—Vamos —dijo ella—. Ahora vas a ver lo principal de mi herencia equina.

Dejaron a un lado la casa y se dirigieron hacia los establos. Una milla los separaba de ellos. Conforme iban aproximándose, un fuerte viento del oeste les azotaba las espaldas y enredaba el cabello y la larga falda de Liberty-Ann en un confuso remolino. Jacinto se echaba mano al sombrero y entornaba los ojos para protegerse del polvo. A lo lejos se veían relámpagos entre las nubes y había empezado a lloviznar. De pronto, cuando ya era bien visible el portón de aquellos establos metálicos, un hedor intenso se sintió en el aire y los dejó paralizados. Olía a carne podrida. Instintivamente, Liberty-Ann y Jacinto miraron a su alrededor para ver si descubrían el origen de aquel vapor hediondo. ¿Quizá el cuerpo de un coyote en descomposición? ¿De un zorro? Por allí había zorros y coyotes en abundancia. En sus años de niñez, Liberty-Ann los había visto muchas veces correr por la pradera, asustados y alerta, en persecución de su presa. También los había visto muertos en medio del campo.

Pero en ningún momento había sentido con tanta fuerza el olor putrefacto que ahora impregnaba todo.

—¡A los establos, a los establos! —urgió Liberty-Ann a su acompañante tratando de hacerse oír por encima del ventarrón—. ¡Prefiero el olor a paja y excremento, antes que tener que soportar esto!

Y agarrando a Jacinto de la mano, ahora bajo una densa lluvia, lo instó a correr hacia la enorme barraca metálica donde se alojaban los caballos.

Sólo tardaron unos segundos en alcanzar el portón que Liberty-Ann empujó con violencia. Fue entonces, al abrirlo, cuando ella y Jacinto descubrieron la verdadera causa de aquel hedor y el fruto de la secreta venganza perpetrada por David contra su poderosa carcelera: la mujer millonaria y todavía hermosa que lo había traicionado con Harry. David había tenido al fin la clara evidencia de que, desde siempre, él no había significado nada para Linda Moore y ni para ninguno de los de su clan, y había experimentado con humillación insoportable el dolor de saberse físicamente acabado, sólo capaz de despertar en los demás sentimientos de desprecio o de lástima.

Los caballos estaban tendidos sobre el piso del establo, junto a los pesebres y abrevaderos que corrían adosados a los flancos de aquella enorme barraca. Todos estaban muertos, patas arriba, sus cuerpos hediondos afectados por un alto grado de descomposición.

—Al encargado le dije que esta vez iba a hacerlo yo todo y que podía quedarse en su casa —oyeron que les decía una voz a su espalda—. Hace ya más de una semana que no viene por aquí. En cuanto al arsénico, me lo proporcionó un viejo amigo de la Escuela de Veterinaria que puede conseguirlo sin dificultad y que tiene la buena costumbre de no hacer preguntas.

Era David. Desde el umbral del portón abierto de par en par, hablaba reposadamente, empapado de agua, sin levantarse de su silla de ruedas:

—Todo resultó mucho más fácil de lo que yo pensaba —agregó—. Además, los pobres animales no sufrieron apenas. Dos o tres pequeñas convulsiones, y después el descanso eterno.

Jacinto y Liberty Ann se habían quedado mudos e inmóviles, como petrificados, incapaces de creer el espectáculo de ruina y muerte que ahora tenían ante sus ojos. Escucharon las palabras de David sin volverse. No pudieron ver cómo el viejo levantaba el pesado revólver familiar (el revólver de balas de plomo que Liberty-Ann había observado tantas veces, medio escondido en un armario ropero) y se introducía el cañón en la boca. No pudieron verlo, pero sí les llegó con claridad el seco estampido del disparo y su larga resonancia por la pradera, como si fuese el primer trueno de la tormenta que ahora los envolvía.

(Inédito)

TINA ESCAJA

Tina Escaja (cuyo seudónimo literario es Alma Pérez) nació en Zamora en 1965 y creció en un barrio de las afueras de Barcelona. En la actualidad es profesora titular de español en la University of Vermont.

Tina Escaja ha publicado trabajos de ficción y de poesía en Badosa.com, como su poemario Respiración mecánica *y su serie poética hipertextual, compuesta por* Velo City *y* Desprendiendo. *En ficción, además de la novela* Bola Luna, *hay que mencionar su relato policíaco «Asesinato en el laboratorio de idiomas» (en tres partes) y la novela hipertextual* Pinzas de metal.

Tina Escaja ha colaborado también con sus poemas en el disco A Campá da Lúa, *interpretado por el grupo compostelano In Itinere (2002). En diciembre de 2003 obtuvo el «II Premio Hispanoamericano de Poesía Dulce María Loynaz» por su trabajo* Caída libre *(La Laguna, Tenerife: Gobierno de Canarias, 2004).*

TINA ESCAJA

(AUTO) RETRATOS

ME MIRA
        tu sonrisa,
me enamora, desvanece misterios,
supedita las sombras de tus pensamientos al ojo del que mira.
imposible gravedad.

Un mechón escapa los bordes,
se detiene en el espacio independiente a tanta corrección.
Los dedos dibujan la intención del piano,
        entretienen el vaso,
        transparentan pierna enmediada.
La otra calienta el líquido azul
                como mar diminuto.
El cuerpo inapreciable.
El trazo negro prolonga el cabello hasta la casi rodilla.
Matices blancos delatan
        el bronce de la piel,
        el pelo.
      El seno pequeño,
inapreciable.

Beberá de la copa.
Verterá el líquido en punto inconcreto donde refugian sabores.
Tal vez oigas
Tal vez
      el piano beses,
inundada de mares diminutos.
Pero ahora me miras,
descansas la copa y labios gruesos se estiran hasta deformarte,
  hasta volverte
inconvenientemente   feliz.
Te quiero así, sin fantasmas.
Tal como miras te miro
y entonces apenas me conozco.

NO IR A NINGÚN LADO

Desaparecer para todos
para mí mis dedos.
No ir, quedarse en tierra
            Oscura y nieve.
Hacer muecas a insectos y bultos que piden quarters,
decirles «hi».
Semanas, meses, vidas que se acumulan, que me arrepienten.
La gente con prisa fúnebre y desaliento.
                    Las gotas
caen, crean charcos.
El otoño que morirá y yo aquí
sin existencia, ya
deshojándome, deshaciendo las gotas de mi solidez
transparente.

Que un sombrero me haga invisible para morir sin pecado,
sin hedor.
Que un paraguas me vuelva violeta
para emerger en las nubes densas,
aplastantes.
Que mi insignificancia se vuelva esquivez porque no,
que no voy,
que me quedo a dormir mis insomnios
con mis manos y ramas desnudas.

NO MIRES

No mires a través de mis ventanas.
No vayas más allá de mis ojos, de las puertas de mis ojos.
No cruces el cristal de metal y silicona.
Párate allí donde el reflejo para,
      multiplica sus luces sin llegar a alcanzarme.

Tus gafas, tus ojos, redondez de las curvas de tus labios,
las ventanas anchas de tu nariz.
La sonrisa abierta, grande, carrillos de hoyuelos y barbilla uve.
Quijada pronunciada
de perfil, separa la cara el cuello corto.
Los rizos ocultan orejas pequeñas, obturadas.
   Los rizos
caen (crean charcos),
se abultan, evolucionan, modelan
      el rostro adiamantado,
morena, los labios
gruesos,
sonrisa siempre
(inconvenientemente   feliz).
Sombra en intersección de rasgos

   fuertes, hombros
   anchos, cuerpo
   ancho, diminutez,
    bultos fuertes.
Depresiones, pezones, senos breves.
Breve piel.

Se duerme entre los nombres la noche de Halloween.
El vuelo de bruja despierta la magia del trazo,
autocontempla la otra,
la maga de fresa con Venecia al fondo y un teclado: «para mí».
Pero no.
Más allá del borde,   me detengo.

SOR JUANA,

te sientas con el pulso suspenso,
atónita de gozo, extática de mente que brota más allá de la toca
y de los libros hombres
te sientas,
con la mano en rosario largo, se extiende en tu cuerpo largo,
se detiene en el índice.
La derecha en el tomo,
la primera columna de nombres,
procurando la pluma cercana que se ofrece
a tus dedos.
Sin alcanzar la miras,
me miras.
Con tus ojos suaves y cansados,
bellos y cansados
me nombras.

FORTUNATA,

se detiene en los tubos,
analiza las formas vertiginosas de la pícara idea;
sobrepasa la ausencia
y se hace líquido y gravita en el perfil fabuloso de la metáfora.
Apenas intuida.
Imaginada apenas.
Inventando sus formas de niño.

No importa, es mío, es mía la pícara idea.

Para él la mezquindad.
Para mí el semen.

STILL LIFE

Objetos en descanso.
Una planta que vibra,
      dos tazas,
      cucharilla asentada sobre el borde azul.
Muere.
Manzana rota   en dos.
Molusco rojo que increpa, que palpita de agujeros redondos,
    perfectos.
Escucho su bramido y me escucha desde el mar.

Mi silencio es eco de su respiración mecánica.
Mi silencio,
muere ahora
        también.
Descansa como lámpara blanca en bombilla inerte.
Dolores obturados exhibiendo mi memoria.
Colores
          en descanso.
Olores y vidrios rotos.
Paisaje gris.
Pasan paraguaspiés, pisadas breves.
(«A quarter m´am?»)
      Transitan contra el rito de siempre,
de todas la mañanas redondas, imperfectas.
Los árboles destilan su desnudo.
Tiritan sordo frío.
Mueren algas gigantes en pentagrama sublunar,
    algas grises que esconden
    algas interiores
        ventrales.
Pecesparaguas navegan cansados, dibujan sordos trazos,
    reflejos líquidos.
El otoño agonizada en las manos cortadas
y la última rama   en descanso
me interroga
?
(El hombre «quarter» no está).

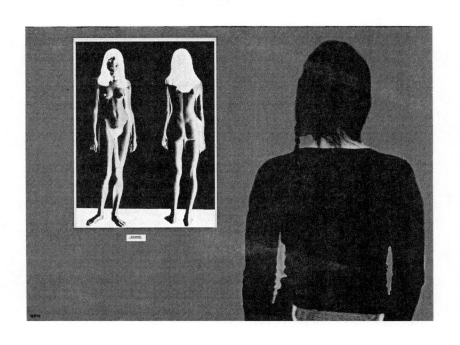

PEDRO FERNÁNDEZ-GIMÉNEZ

Pedro Fernández-Giménez nació en Francia, en 1928. Desde muy niño se inició en la pintura, alternándola, en adelante, con el cultivo del cuento, la poesía y la filosofía. Estudió en la Universidad de Madrid. Fue profesor de Literatura española en la Universidad de Wisconsin.

El texto que aquí reproducimos es un fragmento de la introducción del mismo autor (encarnado en su heterónimo Dino) a su Antología Poética Breve (1946-1966).

PEDRO FERNÁNDEZ-GIMÉNEZ

DINO

Dino es fruto de erudición lúdicra. Surgió, por creación de su padre, en un año optimista: Pontificaba Pío XI, todavía sin firma el pacto de Letrán, y en España gobernaba el Marqués de Estella, cuyo astro descendía; Gastón Doumergue presidía la República Francesa; en los EE.UU., Coolidge iniciaba el último año entero de su mandato; reyes, emperadores, el diminuto Jorge V y su soberana esposa sonreían noblemente embebidos en su función oficial; y, mientras, el primer plan quincenal de los Soviets afirmaba el predominio de Stalin sobre la revolución perpetua de Trotsky; en China, el Kuo-Min-Tang imponía su autoridad nominal a todo aquel inmenso territorio. La afable sociedad euro-americana se peinaba complacida, guiándose por el espejo narcisista de sus «ismos»; se jugaba en bolsa, se jugaba en política, en los salones, en la imprenta; se jugaba viviendo... y las campanadas que sonaban desde el desierto parecían jugo de algún lego retozón. Por eso, a Unamuno, Ortega, Getino —para no mencionar más que a españoles—, los reverenciaban las grandes damas, aunque los temiera la clerecía, que por oficio debe renegar del juego, y, por devota prudencia, de cuantos campanilleros repican a cuaresma cuando es día de adviento. Cualquier amigo de la «hechología» columbra la referencia al año mil novecientos veintiocho.

Durante sus primeros meses de vida, el advenedizo Dino parecía muñeco de la comedia-del-arte bergamasca. Esta semejanza provocó su bautismo, fecha inicial de su verdadera existencia, pues lo anterior había sido mero prolegómeno. La ausencia de mención de esta personificación suya en los registros civiles y parroquias correspondientes lo confirman, como asimismo revalidan el carácter juglariego de su idiosincrasia. Tan natural existencialmente como administrativamente inaudito, nació inmerso en su circunstancia. Aunque su padre conociera a

Goldoni casi de memoria, Marivazix, Carmontel, amén de algunos sainetes de Don Ramón de la Cruz, como no era actor sino ingeniero, lo mismo que Echegaray, fabricó de toda pieza un seudo-hijo de Jacques Callot, el de la serie de «gli gobi». Dino «machino», cuasi mecánico como nuestro tiempo, se rebelaría pronto contra este sino de aplicada exactitud, en cuanto el albedrío brotara afirmativamente de entre el tendido circuito de su filamento nervioso.

En la casa en que vivía, se oía recitar a Dante y a Petrarca, Goethe y mucho Musset; los sonetos de Shakespeare se leían en voz baja; de España, el romancero, tal vez Lope —no recuerdo— nunca Quevedo, Garcilaso con frecuencia.

Todo ello lo sé porque éramos vecinos contiguos y correteábamos juntos las más horas del día. No obstante el ambiente de cultura que le circundaba, Dino aprendió a leer muy tarde, en un in-folio de la *Divina Comedia*. Después leyó la *Eneida*; no sé lo que entendería porque su libro estaba en latín.

Cuando ya supo escribir, que era cuando íbamos a la escuela juntos, en clases de aritmética, mientras yo estudiaba arquitectura y arte del Renacimiento, él redactaba comedias larguísimas, de ocho actos en verso, a las que añadía epílogo, también versificado, por si fuera el texto flaco; su atareado desprecio del contenido del curso le valió notas siempre discretas. Cierto que aquel centro docente no era cualquiera; ya no existe, se llamaba «Academia Luis XIV». Duró lo que pudo, lo que dieron de sí unos años escasos de profunda anormalidad sobre el suelo de Europa. Fue un intento atrevidísimo, para aquellas fechas en un burgo con provinciana solera de tradicionalidad, de mixtificación de profesores y alumnos de cualquier sexo, inclusive el neutro. El claustro de profesores era heterogéneo, de por sí una fuente de conocimiento humanista en el más cabal sentido, ya que compuesto de proletarios intelectuales peninsulares, cuyas doctas lecciones olían aún la pólvora de las milicias, las brigadas y los tercios, de clases pasivas galas, cuyo jironado empaque alzaba, a los manes de Renán y las sombras de Verdún, un perenne monumento recordatorio tanto más preñado de sentido valeroso que era próxima la vecindad molesta de los cuarteles de la «Wermacht», la «Feltgendarinerie» y su común «Commandantur», de un grupo reducido de clérigos ubérrimos, cómo no en aquella coyuntura, de un ilustre varón converso, venido de la barriada del Espíritu Santo, ciego y algo así como un sabio filólogo caído del cielo al que fue devuelto por efecto brutal de unos botazos tedescos; súmese, además, la codirección, a cargo de una simpática tritrepanada éusquera y de un abate latinista con bucólico sustrato de cabritero. La riqueza de este explosivo compuesto dejó su impronta constructiva en todos aquellos que acudieron a las aulas de la Academia.

En cuanto a Dino, ni Tales de Mileto ni Pitágoras le han revelado sus secretos teoremas merced a ella; tampoco Newton, Einstein o Planck, el de sus ecuaciones; pero mucho más tarde, cundió en él verdadero interés por la matemática, precisamente cuando empezaba a interesarle en serio la poesía. Todavía sostiene hoy que el artificio de cálculo así como el mecanismo de la teoría científica del juego, cuya aplicación está tan de moda en muchas ramas técnicas, ofrecen un paralelo pasmoso con el procedimiento de la realización poemática.

Durante muchos años abandonó totalmente el campo de la actividad literaria; olvidó su cultivo como los juguetes de la niñez. Se dedicó a la observación y el estudio fácticos, preparándose a embestir la vida arropado a modo enciclopédico y categórico. Las cosas le entraban por los ojos mucho más que por los oídos; las procuraba grabar con relieve visual o táctil dentro de su imaginación. Por aquel entonces, su única actividad creadora fue gráfica y muy representativa. Su dibujo era duro, tenso, muy trabajado, con fuerza y pesadez; pobre su color, veía por masas y los tonos eran confusos. Usaba pintura de agua como otros usaban del óleo, medio que nunca probó porque su opacidad le repugnaba. Hizo algunas incursiones en el terreno de la escultura, pocas. A lo agónico del quehacer pictórico contraponía lo yacente del menester escultórico, y decía que aquello resbalaba con maleabilidad mientras esto emanaba una sensación manual concreta, consistente.

El poeta sobrevino a raíz de una crisis de conciencia. Quizá fuera más cierto decir de crecimiento intelectual, cuando los hechos todos se le revelaron apariencias que adquieren sustantividad por adherir al sutil tejido de energía que los estructura y les presta sentido. Es hermano, en él, del filólogo que lo es por necesidad vital, allende la erudición, el disciplinado rigor de la mera lucubración mental, allende el universo convencional, el de la razón convincente según el orden social pero casi siempre insuficiente para solventar problemas por vía erradicativa al no caber vía resolutoria en tales casos. Eso ocurrió durante sus estudios universitarios. La Facultad que atendía, entonces de creación reciente, en la que tanto profesor era alumno y tanto discípulo profesoral, presentaba un estado de fermentación sumamente inquietante para el sencillo estudiante. Recuerdo que un día, a nuestro común amigo Antonio y a mí, dijo que nos quería enseñar algo; fuimos a una taberna queda de la calle de Gravina; sobre la tapa de mármol de la mesa puso unos papeles para que los leyéramos y dijésemos de ellos lo que nos pareciera. Leímos. Había dos tipos de escritos: unos soliloquios en prosa que parecían extractos de una enigmática correspondencia consigo mismo; algunos poemas, condensación, eco rítmico, más bien reducción sugestiva de aquellos. Directo y espontáneo, apenas articulado, todo eso estaba ligado a su biografía espiritual, como todo lo suyo; se daba ya reticencia en el enlace de planos elevados a categoría de idea expresada; la sensación que producía era de sequedad sin sosiego.

Desde entonces no ha dejado de acudir a la poesía de manera esporádica y anárquica; es decir, sin propósito poético determinado. Ha escrito mucho; tiene carácter provisional, fragmentario todavía, la agrupación de sus libros: el de los prólogos, el de la memoria, el de los falsos recuerdos, el libro de los paisajes, el de los amigos, el libro de los temores que contiene sus mayores aciertos, el más acabado, que no me dejó utilizar para esta antología.

(De *Dino*)

CARLOS PERELLÓN

Carlos Perellón nació en Madrid en 1957. Ha vivido en Madrid y Lima. Reside en Nueva York desde hace 22 años. En 1994 ganó el I Premio de Novela Ciudad de Majadahonda por su primera novela, *Amanda*, y el XII Premio Herralde de Novela por su segunda, *La ciudad doble*, publicada ese mismo año. Ha trabajado en la prensa escrita, la publicidad y actualmente lo hace en una organización internacional. En estas fechas acaba de terminar su tercera novela, *Al final del tiempo*, y una colección de relatos titulada *Inventario de pintores raros*, al cual pertenece el cuento «El vecino desconocido».

CARLOS PERELLÓN

EL VECINO DESCONOCIDO

Han pasado sólo dos meses desde que leí en el ascensor el obituario del vecino, pegado junto al tablero de los mandos con una de esas cintas adhesivas que se usan para las reparaciones eléctricas. Alguien lo había recortado a mano de *The New York Times* y lo había colgado así, con gutapercha y los márgenes casi rotos, en la pared del ascensor, y cuando Julia, mi mujer, me dijo que el protagonista del obituario era el vecino del quinto piso, me vino enseguida a la memoria el recuerdo del último viaje que habíamos realizado los dos en aquel mismo ascensor, y luego me dio pena su muerte y pensé que nunca se me habría ocurrido que aquel hombre de aspecto gris llegara a tener un día su obituario en el periódico más venerable de la ciudad.

Hacía dos o tres años, al poco tiempo de mudarnos aquí, Julia y yo habíamos comentado brevemente, después de un encuentro casual, que el vecino del quinto parecía un empleado pobre de una de esas oscuras oficinas donde se preparan formularios de impuestos, pero aparentemente Julia ya había averiguado desde entonces muchos más datos sobre él, datos que ella quizá me habría intentado explicar alguna vez y yo probablemente había decidido que se trataba de una de aquellas cosas de Julia que es preferible no escuchar, y por esa actitud tan displicente hacia las observaciones de mi mujer había perdido para siempre la posibilidad de conocer en vida a mi vecino como el pintor famoso que había sido en realidad.

Se acercaba el invierno y, muy pronto, el recorte del obituario del vecino fue sustituido en el ascensor por una nota del superintendente sobre los arreglos que era preciso hacer en la caldera. La vida ya transcurría sin él, llena de sus pequeñas vulgaridades cotidianas, pero yo no lograba olvidar su muerte. Tampoco tenía otra cosa mejor que hacer, pues acababa de terminar un libro sobre la influencia del servicio secreto checo en la política exterior de la Administración Truman, y me encontraba dominado por el vacío y las dudas que se instalan en uno después de publicar.

El invierno que el vecino nunca llegó a ver fue duro, uno de esos inviernos neoyorquinos cuyos vientos helados descienden silbando por las avenidas y parecen querer empujar a los peatones hacia el Caribe, donde sólo los ricos suelen ir unos días. Tal vez el único aspecto positivo de la muerte de mi vecino fuese que el hombre no tendría que sentir más la desazón que produce el frío en las manos cuando ni siquiera los guantes forrados con pieles de animales son suficientes, y además, ahora que lo pienso, el vecino parecía estar siempre mal vestido con el mismo abrigo marrón, raído ya como para capear noches muy frías. Pero a lo mejor le gustaban los inviernos, ya que era ruso y además había tenido que llevar una vida clandestina en pueblos helados para evitar el témpano definitivo, el de Siberia, cuando el episodio con Stalin.

Piotr Orlovsky, mi vecino, había sido *suprematista*, una corriente artística que al principio me sonó vagamente de algo, de los libros de Conquest, tal vez, sobre las matanzas de Stalin; pero ante todo se trataba de un adjetivo que me gustó cuando lo leí con Julia en el obituario del *Times* y al que cogí cariño desde entonces. Orlovsky había sido un *suprematista* aunque su aspecto en Nueva York fuese el de un contable, y cuando comencé a interesarme por su vida lo imaginé en el Moscú prerrevolucionario vestido con trajes grises de lana y corbatas de estampados lineales como algunas de sus obras de entonces.

Era la época, leo en libros y diccionarios sobre el tema, porque de arte sé muy poco, en que Malevich y Orlovsky (a El Lissitzky lo conocieron en 1919) querían transformar abruptamente el arte que imperaba en Rusia, es decir, cambiar los grandes cuadros de campesinos labrando en las estepas, los retratos de aristócratas hablando francés en sus salones o las imágenes bélicas de caballos mofletudos de visita en las batallas, por líneas. Sí, por líneas verticales, por signos de admiración en negro con el punto en rojo, por nada, por cuadros en blanco, sobrios, elegantes, que evitaban cualquier discusión, cualquier cábala, cualquier crítica sobre ellos. Es curioso visitar esos cuadros, asomarse a las imágenes de aquellos pintores, a sus triángulos blancos y azules y sus insistentes líneas negras. Ya lo dijo Malevich: «En el año 1913, tratando desesperadamente de liberar al arte del peso muerto del mundo real, me refugié en la forma del cuadrado».

Cómo me hubiera gustado poder haber hablado con mi vecino del sentimiento que significa habitar en un cuadrado azul o rojo si hubiera sabido por algún instante quién era, si no hubiera persistido todo aquel tiempo en pensar, desde la cúpula de mi despiste, que era un preparador de formularios impositivos, un hombre sin historia. Y a modo de expiación ahora trato de devolver a Orlovsky a la vida, de rescatar el tiempo que perdí sin saber que era él quien paseaba con un bastón, muy joven, por las calles de Moscú, del brazo de una mujer entallada a su lado, tal vez de la mujer desgarbada que ahora me ha dado sus papeles para que reconstruya su retrato.

La viuda quiso enseguida que fuese yo quien escribiera una introducción para el libro sobre su difunto marido, tal vez debido a mi insistencia tras la muerte de Orlovsky por saberlo todo sobre él, un recurso destinado también entonces a expiar la vergüenza que me daba el haberlo ignorado todo. Pasé mucho tiempo con la viuda desgarbada, que tal vez era la muchacha esbelta que aparece en la foto, aunque ella no recuerda el instante.

Bajaba al quinto piso y me instalaba en uno de los sofás raídos, rodeado por los cuadros que oscilaban entre la pesadumbre —hombres que huían de una ciudad ardiendo— y la alegría —la mirada de una hermosa mujer en un anuncio sobre un fondo de azoteas y calderas de Nueva York— de la última época de aquel genio de aspecto pulcro y pobretón que subía en el ascensor conmigo y soportaba mi educada indiferencia. Y así, en aquel tresillo feo de muebles con telas demasiado brillantes por el roce, fue como llegué a saber lo que ocurrió. La viuda, de gafas gruesas, fumaba mientras trataba de explicarme los avatares de la vida de su marido, con su rostro casi bigotudo como de abuela mala: Orlovsky tenía solamente 20 años en 1915, cuando ella lo conoció. Junto a Malevich y Rodchenko había presentado ya por entonces las primeras obras escuetas de la esfera, la cruz, la línea y el cuadrado. Luego llegó Lenín y el caos, la guerra entre las Rusias roja y blanca, el desmonte de la economía hasta la rebelión de Kronshtadt, cuando un puñado de marinos casi cambia el destino del mundo y expulsa a los bolcheviques de los soviets.

Pero Stalin se asentó, la furia y la mediocridad prevalecieron sobre la imaginación, y el bigote se impuso con su firmeza rotunda al etéreo cuadrado. El arte se hizo seco y realista, y gracias a la viuda de Orlovsky, que ya estaba por entonces casada con él, sé que ellos tuvieron también que ajustarse a los cambios. Ya nuestro héroe no era el joven apuesto y esperanzado del comienzo; ahora tenía 33 años —edad solamente crucial porque Cristo murió con ellos puestos— y junto a sus compatriotas había sido testigo directo del desastre en el que los bolcheviques habían sumido a su país.

Adaptarse significaba volver a la realidad, llenar el lienzo de obreros y martillos de nuevo, de banderas y hoces, de campesinos fuertes y fornidos, un gran esfuerzo de la imaginación, porque en aquella época todo el mundo, menos los miembros del partido, estaba en los huesos. Las corrientes más atrevidas, las líneas de fuga, la innovación, habían sido enviadas ya por Stalin al basurero de la historia, un lugar conveniente donde reposan tantas cosas, incluido Stalin.

Orlovsky pintaba campesinos y se los vendía a los Soviets para que decoraran la lucha de clases, pero los campesinos, ajenos a la línea y al cuadrado, morenos, con bigotes, rodeados del trigo imaginario que les faltaba, le aburrían. Me lo dice su viuda: «Piotr echaba de menos los lienzos despoblados de hombres y mujeres».

Pero había que traer rublos a casa, porque ya además esa máquina absurda que lleva al hombre a complicarse la vida y a traer hijos al mundo había comenzado su lento movimiento en el hogar de los Orlovsky. En las fotos que la viuda me pasa en la penumbra del salón de su casa he visto con un fondo de nieve, cogida de la mano de sus progenitores, a una niña hermosa pero con la angustia en el rostro que muchos años más tarde la llevaría a suicidarse en el garaje de la casa de Nueva Jersey que compartía con su marido, vendedor de seguros, y con el hijo de ambos.

Fue por aquella época cuando Orlovsky comenzó a pintar los retratos efímeros de los hombres del régimen, cuadros que a veces se quedaban sólo en un esbozo, porque el propietario de la imagen real no regresaba nunca, atrapado de improviso por el aparato de la represión y la muerte. El pintor sabía que una matanza colectiva y suicida se llevaba a cabo por los pasillos del poder, y así se lo comentaba luego a Natasha, su mujer, cuando regresaba, pulcro y vestido con una descuidada elegancia porque el poder, aunque sea bolchevique, siempre exige trajes planchados, a casa, con las manos punteadas aún por las gotas de la pintura que pagaba el Estado.

En aquella realidad tan ficticia de murmullos y reverencias, un día de asueto, cuando el general a quien estaba pintando se tiró por una ventana tras escuchar el ruido de la puerta que se abría y la presencia de la policía en su casa, Orlovsky recibió la visita de dos hombres de negro que sólo presagiaban un viaje largo en automóvil hacia algún lugar donde se delatara a otros hombres. Se despidió de su mujer y su hija en medio de los sollozos de ella y bajo la mirada aún más triste que de costumbre de la pequeña niña rubia. Los dos funcionarios de la seguridad, que olían a naftalina, no hablaron durante todo el viaje. El destino era el Kremlin.

Un secretario presuroso lo recibió y lo condujo por puertas pequeñas y laterales y le dijo que Stalin había decidido que le hiciera un retrato. Pensó que el secretario se parecía mucho a su mejor amigo del colegio, un compañero que a su vez se parecía tanto al propio Orlovsky que la gente, e incluso algunos profesores, llegó a tomarles por hermanos. Cuando le introdujo en el gabinete donde debía pintar el cuadro, los dos intercambiaron una mirada rápida, pero ninguno dijo nada, porque en aquel sistema la identidad había sido evacuada.

Muy pronto Orlovsky se halló vestido con una bata de rayas en un cuarto de espesos cortinajes donde había todo lo necesario para pintar. Y de improviso, por una puerta camuflada tras una de las espesas cortinas, apareció un hombre que se tambaleaba, con un cuerpo raquítico pero con el rostro idéntico al de Stalin. Por un instante, Orlovsky pensó que se iba a encontrar frente a frente con la escalofriante imagen del poder, como le dijo después a su mujer, pero aquel hombre carecía de carisma: no podía ser Stalin, aunque por Moscú corriesen incesantes rumores diciendo que el líder supremo era pequeño, por mucho que le elevaran el tamaño en las fotografías trucadas y los retratos amañados, y le manipularan los podios para que en los desfiles pareciera más alto. Orlovsky, que era un gran fisonomista, se percató de que había diferencias ligeras en el rostro, sobre todo en la nariz: aquella era algo más grande que la que había visto en otros retratos y fotografías de Stalin. Además, el hombre que tenía delante, de mirada huidiza y falta de inteligencia, estaba borracho. Olía a vodka por encima del olor de los primeros tubos de pintura que él comenzó a abrir, y aunque nunca dijo nada cuando se colocó en un sillón labrado de respaldar muy rojo, el pintor escuchó que tatareaba una canción georgiana.

Pasó varios días tratando de capturar la fisonomía abrupta de aquel hombre bebido que no cesaba de murmurar canciones cuando no se quedaba dormido frente a él, aunque permaneciera insólitamente erguido. Todo marchaba bien: a pesar de que nadie le había facilitado ninguna instrucción, imaginó que los hombros caídos del doble debían de convertirse en los hombros cuadrados, de charretera dorada y alargada, del teórico Stalin. El pecho, que llenó de condecoraciones, muchas más incluso de las que le habían colgado a aquel pobre borracho que tenía delante, aparecía enorme y glorioso, un pecho protector que podía acoger a todo el pueblo ruso, pensó. El cabello plateado tenía incluso un tinte de patriarca bíblico pese al cuidadoso peinado, y la boca era gruesa y carnosa, de un rojo casi cadmio, capaz incluso de seducir a las mujeres jóvenes que aún no hubiesen tenido tiempo de besar otros labios.

El problema era la nariz. Lo intentó durante muchas sesiones, utilizó varios trapos empapados en aguarrás para eliminar los ensayos frustrados, pensó con firmeza en los cuadros que había visto de Dimitri Nalbandian, la nariz rectilínea sobre el bigote rotundo y amenazante, pero la nariz del modelo, de aquel bruto que roncaba con los ojos abiertos y perdidos, se imponía sobre cualquier teoría acerca de la nariz de Stalin. Al fin, aunque no satisfecho, logró transar en favor de una nariz pasable, aunque a última hora, cuando ya el cuadro estaba casi terminado y él se alejaba y se acercaba para perfilarlo, se dio cuenta de que la nariz seguía siendo inmensa, un grano feo que se imponía al resto. Comenzó a sudar. Tuvo miedo, pensó en los lacios cabellos rubios de su hija, en su mirada azul y triste, como si desde su nacimiento ya hubiese previsto el momento de su orfandad y hubiese decidido sufrirla a plazos.

Cuando salió del estudio del Kremlin precedido por el secretario silencioso y ahora completamente familiar que, por su caminar rápido, ya debía haber descubierto el exceso de la nariz del cuadro, tuvo que sentirse de repente un hombre marcado. Debió mirar las cosas, la lluvia que caía, las calles desoladas, el empaque anacrónico de algunos edificios, las farolas que daban poca luz, como el condenado que teme estar mirando el mundo por última vez. No quiso preocupar a Natasha y pretendió hacer bromas, jugar con la niña, tratar de instalar la risa en el apartamento frío, muy grande para ellos, que les habían concedido hacía solamente un año. Pero la mujer se había percatado de que algo pasaba, según confesó ahora en el tresillo de su casa, y la niña lo miró con los ojos más desolados que nunca, como si ella también supiera que había un problema con el cuadro.

La nariz lo mantuvo tenso y preocupado a partir de aquel día, hasta que una semana después llegaron muy temprano a la casa dos funcionarios de la seguridad —distintos de los que le venían a buscar habitualmente para pintar el cuadro, una mala señal— y le pidieron casi sin palabras que los acompañara. Le dijo a su mujer que si era triste morir en primavera, más triste era morir en invierno, despedirse del mundo bajo un aguacero. Llevarse como último recuerdo el ruido intenso de la lluvia sobre los metales del auto, sobre la acera luego, sobre la lona del paraguas negro que habían abierto casi al unísono ambos funcionarios.

Aquel trayecto bajo el paraguas por un patio de paredes muy altas, de una negrura excesiva para él, que amaba los espacios blancos marcados solamente por líneas, terminó bajo una luz eléctrica que lo dejó todo sin ánimo: sus manos y los rostros de un hombre con el aliento agrio y de otro con el aire de haber atrapado un resfriado. Nunca supo muy bien qué querían de él, si era verdad que sospechaban algo inexistente o les animaba más bien el movimiento de una máquina que no podía parar y necesitaba más víctimas; si cualquier excusa, incluso la excesiva prolongación de una nariz, era suficiente para seguir dando empleo a aquellos policías que lo interrogaron como si el apéndice exagerado hubiese sido en realidad el código secreto de una red de conspiradores decididos a devolver a Rusia al dominio, burgués y judío sin duda, de las narices demasiado grandes.

Fueron varias semanas, nunca pudo decir exactamente cuántas, las que pasó lejos de Natasha y de la hija triste, empujado por corredores largos, durmiendo en habitaciones minúsculas, donde su coronilla y sus pies tocaban al mismo tiempo la pared. Echaba de menos las mañanas en que solamente una vuelta en la cama le bastaba para abrazarse a su mujer, y supo que la amaba. Pero además deseaba pintar. Se dio cuenta de que, sin la pintura, las imágenes de la vida eran demasiado borrosas, y obtuvo formas extremas de los ángulos de la pequeña habitación, líneas sin fuga en los pasillos, rostros de líneas repetidas para marcar las sombras en los sucesivos agentes del Estado que lo interrogaron ya casi sin ganas hasta que un día, delgado, envejecido también como los policías, marcado por la soledad y el absurdo, lo metieron de nuevo bajo la lluvia en otro automóvil negro —¿o era el mismo, quién sabe o qué importa?— y lo dejaron a la puerta de su casa con la recomendación de que no se trasladara a ninguna parte.

Natasha me dice que se encontró a otro hombre bajo el umbral de la puerta. Piotr ya no era el mismo y el abrazo que se dieron los dos fue sólo una manifestación del desamparo, no del deseo. Esa tarde, mientras le contaba su periplo por los calabozos del estado, lloraron mucho porque algo definitivamente había cambiado

Al día siguiente recibió una llamada misteriosa: era una voz que se parecía a la suya y que no se quiso identificar. El hombre anónimo le dijo que se marchara al campo, que abandonara la ciudad y se aislara del mundo. Esa misma mañana huyó por traspatios, por calles traseras que desgranaban la fealdad que apenas disimulaban las fachadas. Sabía que solamente podría escapar si ellos lo permitían y cuando llegó a la casa en las afueras de una tía que lo había criado supo que le habían dejado intentarlo. Durante meses viajó con su primo y su tío por pueblos helados, por lugares donde reinaba la desolación del hambre y del aburrimiento, transportando maderas para alimentar hornillos que se atascaban, repartiendo carbón que dejaba trazas de suciedad por los campos. Los pedazos de carbón que caían de los sacos los utilizaba para pintar retratos de hombres flacos, los rostros de ojos sin luz de las mujeres del campo, los paisajes de casas aisladas de donde parecían haber huido todos sus habitantes.

El país entero huía. De un lado a otro, en trasiegos incesantes, en columnas de hombres y mujeres con enseres mal atados, la gente buscaba qué comer en otro lugar donde tampoco había nada. Con Natasha se veían apenas en la penumbra —por el ahorro de electricidad— de la casucha de la tía, en el lindero del campo y la ciudad. La niña estaba bien, decía ella, aunque Piotr hubiera podido describir, a pesar de no haberla visto en mucho tiempo, el avance de la tristeza en sus ojos azules, la duración de sus silencios, el insoportable reproche que su desolación significaba para él por haberla traído al mundo.

El año en que Malevich murió de cáncer, en 1935, la luz se alzó para Piotr. Un día Natasha llegó a la casona con una gruesa carta sin sellos ni remite que le habían dejado en la puerta de la casa. Un hombre que solamente se identificó como Alexander X le dijo que conocía su pintura desde sus comienzos con Malevich y en el sótano de su casa guardaba varios cuadros para que el día en que llegara la libertad alguien pudiera aprovecharlos. Habían estudiado juntos en la academia, él era el hombre que le llevaba por pasillos muy largos hasta el lugar donde pintaba al falso Stalin. Alexander X trabajaba ahora para el Ministerio de Asuntos Exteriores pero no podía más y había decidido suicidarse. En la carta le ofrecía que lo suplantara en un viaje que iba a realizar a Polonia como agregado del Ministerio. Desde allí le sería fácil escapar. Le recordó que todo el mundo había siempre pensado que los dos se parecían mucho, si no fuese por la nariz. Para solucionar aquel problema leve le dejaba un paquete adjunto que podría servir de ayuda. A la luz de las velas, emocionados y nerviosos, abrieron el paquete: era una nariz postiza, delicada y rosada como una flor.

Piotr Orlovsky salió de la estación central de Moscú con su mujer y su hija una mañana gris de primavera con los papeles de Alexander Noviotsky, funcionario del Ministerio de Exteriores, y con su nariz. El apéndice falso le gustaba: era afilado y recto y nadie lo tocó durante el viaje, ni siquiera los guardias implacables que subieron con perros y lo registraron todo antes de cruzar la frontera hasta la libertad.

Frente a mí, yo creo que Orlovsky nunca se quitó la nariz. Yo siempre lo vi vestido de aquel funcionario arisco que recorría los pasillos del poder arrastrando a los hombres cuyo futuro tenía más probabilidades de fijarse en Siberia que en Nueva York. Quiero creer que fue por eso, porque nunca lo supe ver sin el disfraz, que me enteré de que había sido un pintor famoso y de que ocultaba una historia fascinante por medio de un obituario de *The New York Times* pegado junto al tablero del ascensor de mi casa.

Es mejor pensar eso que reconocer que soy un egocéntrico imbécil a quien solamente le preocupa el reflejo de su propia nariz en el espejo que hay a la entrada de mi apartamento en Manhattan, tres pisos más arriba de donde vivió el gran Piotr Orlovsky.

SANTIAGO GARCÍA-CASTAÑÓN

*Santiago García-Castañón (Avilés, 1959) es doctor en
Literatura Española y licenciado en Filología
Anglogermánica. Ha sido profesor de la Universidad de
Oviedo y de varias universidades de los Estados Unidos, país
en el que reside desde 1985 y donde en la actualidad es
catedrático de Literatura Española en Georgia College and
State University.*

*Historiador de la literatura, traductor, conferenciante, poeta
y novelista, García-Castañón es autor de una amplia obra
crítica (libros y artículos) centrada principalmente en autores
no canónicos del Siglo de Oro. Entre sus obras de creación
literaria destacan los libros de poemas* Tiempos imperfectos
(1994), Entre las sombras *(1996) y* Lo que queda *(2002). Es
autor, además, de la novela histórica* El castillo de los halcones
(2004).

SANTIAGO GARCÍA-CASTAÑÓN

LO QUE QUEDA DE TI

Y qué pensar de lo que me has dejado;
qué decir de un número que ya
no sirve para nada. Fue un teléfono,
y ahora de qué valen siete cifras, siete dígitos fríos:
absurda matemática sin más significado
que el que tuvieron cuando
tú respondías al segundo timbrazo.
Insisto: qué pensar del nombre de una calle,
de un número, de un código postal,
de una dirección
que ya no identifica tu presencia.
Qué pensar de unas palabras y unas cifras
escritas con cuidado en una agenda.
Como dije: ya nada significan;
injusta ordenación de caracteres
que tuvieron sentido algunas tardes
cuando era necesario oír tu voz.
Y ahora no se puede
esperar que descuelgues el teléfono
–ya no existe el teléfono–
y ni la dirección sirve de nada.
Porque eres sólo un eco, y dónde está
el sonido que le dio vida; y dónde estás
que no has dejado nada más que números
y el nombre de una calle minuciosamente
anotado en un papel: a esto se reduce
lo que de ti conservo.
       Y qué pensar...

TAREA DEL ALFARERO EN SUS RATOS LIBRES

Si pudiera crearte,
te rompería toda
y te haría de nuevo
única e irrepetible,
igual que ahora.
Y te modelaría
haciéndote otra vez sensual y distante;
labraría en la arcilla tu silueta imprecisa
y me aseguraría de que fueras la misma.
Si pudiera crearte,
te haría al tamaño que ahora tienes,
a imagen
y semejanza tuya;
soplaría después la arcilla con cuidado
para no deformarte la sonrisa,
te dejaría secar algunas horas,
y al cabo de ellas
serías tú otra vez, no habría ninguna
alteración. La misma, sí,
pero serías mía.
Y todo sería diferente.

(De *Tiempos imperfectos*)

APÁRTATE DE MÍ

Me divierte observarte por la noche
cuando vuelves a casa
maldiciendo los pasos delatores,
titubeando con cada peldaño.
Te empeñas en buscar la llave de la luz
y palpas con cautela la pared
para no tropezar con cualquier cosa,
para que no se enteren los vecinos
de que ya son las tres de la mañana.
Es divertido contemplar tu sombra
moviéndose a mi lado, persiguiéndome.

Pero a qué simas te conduce el tedio,
qué locura te mueve a la embriaguez,
chiflado, irresponsable profesor
que abandonas mi cuerpo y te conviertes
en un ser para mí desconocido,
en alguien que no quiero describir,
en mi peor enemigo.
Y consigues que a veces me avergüence
de las muecas grotescas de tu rostro
cuando vuelves a casa por la noche.

LA URBANIDAD Y EL GUSTO EN EL VESTIR SON ATRIBUTOS CONVENIENTES

Y resulta que a veces
asisto a recepciones singulares.
No podría explicar por qué deciden
invitar a un sujeto como yo
pero me encuentro a gusto en ese ambiente:
acudo
con calcetines de distintos colores
para probar que sigo siendo el mismo,
y luego, muy convenientemente,
suelo verter mi whisky
por el escote de alguna dama obesa,
me siento donde no me corresponde
y le toco el culito de soslayo
a la hija adolescente de algún señor de esmoquin.
Procedo a utilizar la pala de pescado
para la guarnición de la ternera,
derramo el vino tinto
sobre el mantel bordado
y me procuro citas entre la servidumbre.
Soy asiduo a las cenas de la alta sociedad
donde siempre se elogia el color de mi corbata.

(De *Entre las sombras*)

AYER ES LO QUE QUEDA EN LA MEMORIA

quiero decir: imágenes
cubiertas por el polvo del olvido,
siluetas mortecinas con nombres que sabemos,
colores desvaídos, emociones
petrificadas entre la nostalgia.
Porque hoy carece de sentido;
hoy sólo es un momento pasajero,
una atalaya desde donde se observa
todo lo que pasó ante nuestros ojos:
una niñez distante,
series de rostros ya desdibujados,
eternas excursiones vespertinas
bajo el sol mitigado del Cantábrico,
la lejanía de un paisaje verde
con figuras estáticas al fondo.
Resumiendo: todo lo que es
vestigio de un pasado inexistente.

Y A VECES TAMBIEN ÉRAMOS NIÑOS

Sonreíamos con impunidad,
Inocentes, felices
De ignorar los vaivenes de la bolsa:
New York Stock Exchange y *Wall Street*
carecían de significado.
Jugábamos a ser
aguerridos pistoleros del oeste
(los otros tres puntos cardinales
carecían de ubicación).
Pero luego comenzó a ensombrecerse
la comisura del labio superior
y casi de repente
supimos dónde estaban
las maromas inciertas de la vida:
muy pronto nos ataron; descubrimos
los placeres nocturnos,
el gozo que nos trae la sonrisa de un hijo,

las canas más rebeldes,
las dolencias que vienen con los años,
y vimos cómo los continentes
con el paso del tiempo se separan.
Y he aquí que no somos
Ni mejores ni más de lo que fuimos:
una sonrisa pícara,
uñas ennegrecidas,
pantaloncitos cortos...
Pero
hoy somos incapaces de mirar hacia atrás:
estamos preocupados
por el mercado de divisas,
el Índice de Precios al Consumo,
o el último modelo que comercializa
cualquier marca alemana de vehículos.
Y si es cierto que fuimos soñadores
así es como termina la inocencia.

(De *Lo que queda*)

ARS POETICA

Me río de los poetas metafísicos,
de las corrientes filosóficas,
de los gobernadores de la sabiduría,
y de las autoridades académicas.
Miro de soslayo
por encima del hombro a los egregios
mecenas de las artes y las letras,
a las instituciones añejas del saber.
Doy un corte de mangas
a los autores clásicos
y a las enciclopedias.
Cuando siento la urgencia de escribir
—en tono casi siempre irreverente—
hago lo que hizo Lope:
echo a Terencio y Plauto de mi estudio,
ahuyento de mi cuarto
a los próceres de la literatura
y cuento lo que al vulgo le pasa cada día.

SE ALQUILA APARTAMENTO

Y cada vez que voy por Milledge Avenue
Veo un cartel que dice: *UNITS AVAILABLE.*
Pero yo me pregunto
qué leyes de *marketing* aconsejan vender
un espacio vacío;
cómo es posible alquilar una ausencia,
poner precio
a unas paredes de donde se ha marchado
la sonrisa,
la delicadamente rebelde sensación
de unos cabellos sueltos.
Quién puede pretender hallar un inquilino
para un espacio inerte
donde el calor humano se echa en falta.
SE ALQUILA APARTAMENTO,
dice el anuncio.
                Y yo sé con certeza
que nadie va a poder
ocupar tu vacío en Milledge Avenue.

(Del libro inédito *Escrito a Melpómene)*

CUANDO DIOS CREÓ EL MUNDO SABÍA MUY BIEN LO QUE HACÍA

Dios creó el mundo de la nada
y yo me pregunto
cómo pudo ocurrírsele una idea semejante.
No es fácil crear un mundo como éste
y la verdad es que Dios se lo tomó con calma:
toda una semana trabajando a tres turnos
hasta lograr este complejo engendro.
Y ahora, he aquí el resultado:
la luz que nos alumbra,
las aguas separadas de la tierra,
los animales que corren en libertad,

220

el hombre, con sus delirios de grandeza,
sus misiles, sus guerras y sus muertos,
y luego, claro,
la más genial de sus ideas:
transformar una vulgar costilla en el ser más perfecto.

Sospecho que Dios tuvo que acabar
exhausto y sudoroso
después de tanto esfuerzo.
Y luego le dio al interruptor y observó con agrado
que había luz.
Porque Dios creó la luz para que viéramos
todas las cosas bellas,
verbigracia, el ombligo de las adolescentes,
los vaqueros bajos de tiro y ceñidísimos
que muestran cinco centímetros de piel color canela...

Así que
te doy gracias, Señor,
por la tierra fecunda con sus frutos,
por el aire y las aguas
y los peces que nadan
y las aves que vuelan
y las bestias que corren.
Pero sobre todo, gracias
por la luz que nos permite ver
esos cinco centímetros de piel en la cintura
con su ombliguito al aire,
esa efímera franja de pecado
que queda al descubierto
sobre los pantalones ceñidísimos
de las adolescentes.
Gracias, Señor,
por crear este mundo tan perfecto.

INFORMATIVO DE LAS 9:00

Dice el señor presidente con rostro circunspecto
que la guerra es inevitable,
que es un mal necesario
para llevar la democracia al otro lado
del mundo,
y que los soldados deben estar orgullosos
de su alto cometido.
En este paraíso los desheredados de la fortuna
despiden a sus hijos
que van a defender una causa que no entienden.
El uniforme los identifica
como los héroes de la nación:
están a punto de embarcar en *Warner Robins Air Force Base.*
«¿Listos?»inquiere un capitán con su cráneo rapado;
«¡Todos a bordo!»

Y yo empecé un poema
cuando los motores
de los enormes aviones de transporte
rugían en una noticia del informativo.
Entretanto,
justo al otro lado del planeta,
una madre da su pecho reseco a un bebé
bajo la atenta mirada de Ishmail
—es su primer hijo—
en su apartamento
a un par de manzanas de la emisora de televisión.
Hacia allí se dirigen los F-18
y a mí no se me ocurre otra cosa
que escribir un poema.
Pero tengo que dejarlo; necesito advertirle a Zulema
el peligro que corren su bebé y ella misma.
Sería demasiado frívolo por mi parte
seguir haciendo versos,
mientras los F-18,
en perfecta formación,
se disponen a soltar su letal carga.
Voy a gritarle a ver si me oye:

¡Cuidado, Zulema, que la muerte
te acecha en su intento por llevar
a tu país nuestros valores,
como igualdad y democracia!
Lo curioso es que a Zulema no le interesa la política
sino tan sólo que su niño
tome la leche de su pecho.

Hoy las noticias son espeluznantes.
Dice el informativo
que una madre y su hijo recién nacido
aparecieron muertos entre los escombros
de un edificio
y que el bebé tenía sujeto en sus encías
el pezón reseco del pecho de su madre.
Eso fue lo último que vio de este mundo
un niño recién nacido de Bagdad.
Y cuenta el noticiero
que el cadáver de un hombre joven,
de nombre Ishmail,
fue hallado en las inmediaciones,
muerto por el efecto de las bombas
mientras miraba
cómo su esposa daba de mamar
a su hijo primogénito
en el modesto apartamento familiar,
no lejos de la emisora de televisión
desde donde se transmiten las noticias
que llegan vía satélite.

Y ahora, los deportes...

GÉNESIS

Tomo tierra en las manos y la mezclo con agua,
moldeo la arcilla hasta conseguir
la forma de una esfera: la llamo Tierra.
Hago que gire sobre su propio e imaginario eje,
pongo en ella

montañas más altas que sueños,
valles más profundos que pensamientos,
ríos más largos que el tiempo.
Toco su corteza rugosa
y siento su calor
como el vientre fecundo de una madre.
Después
viajo con la mirada hasta los astros más lejanos,
cruzo campos de estrellas misteriosas,
llego hasta la fuente de todo lo que existe
y aprehendo el misterio de la vida.
Por fin regreso a este mundo que habitas,
justamente hasta tus ojos vivarachos
y acaricio tus cabellos revueltos,
te levanto en mis brazos y apenas si te abarco
porque tengo entre ellos entonces –sólo entonces–
el universo entero,
                              hijo mío.

AUTORRETRATO DE ALGUIEN QUE NO SOY YO

Este que se desliza por la vida
imperfecto como un tiempo verbal
y que a veces se escapa del asombro
refugiándose en sus melancolías;
este tipo que a veces no soporto
a causa de sus muchas veleidades,
este enemigo íntimo que piensa
lo mismo que yo pienso
y a quien le gustan –igual que a mí–las chicas
con su moralidad tirando a débil;
éste que con obstinación se afana
en renacer de sus propias cenizas;
este, digo, cadáver malviviente,
libre por obra y gracia de sus sueños,
es el hombre que, a pesar de esta máscara,
acaso llevo dentro todavía.

BEBO PARA VIVIR

Bebo para vivir, si vivo y bebo
que nadie me adjudique un adjetivo;
bebo para vivir porque estar vivo
es la única razón en que me muevo.

Vivo porque a otra vida no me atrevo
y en ésta sólo vivo lo que escribo;
bebo para olvidarme de que vivo
y vivo lo que puedo y lo que debo,

que vivir sin beber no tiene cura
y beber sin vivir es lance fuerte
que pasa de afición a desmesura.

Y viviendo y bebiendo va mi muerte
apurando su paso y su tortura
que es el dolor inmenso de perderte.

(Del libro inédito *El memorial de la soledad*)

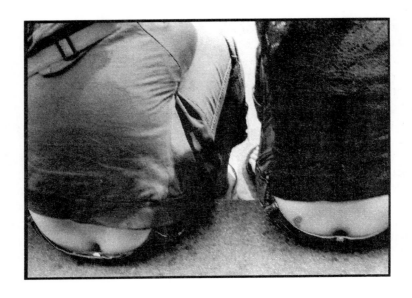

ELENA CASTEDO

Elena Castedo nació en Barcelona y se educó en Chile. Se doctoró por la Universidad de Harvard. Reside en Virginia.

Ha sido profesora, editora de la trilingüe Revista Interamericana de Bibliografía *y ha publicado libros, artículos, poemas, teatro, cuentos, a menudo antologizados, y ensayos en español y en inglés. Su novela* El paraíso *ganó el galardón* El Mercurio Libro del Año *y se mantuvo durante meses en la lista de los libros más vendidos en España en Latinoamérica. Su propia versión en inglés,* Paradise, *fue nominada para el National Book Award, convirtiéndose en la primera novela, escrita en español y en inglés por el mismo autor, honrada con premios principales en ambas lenguas.*

ELENA CASTEDO

EL VERDADERO QUIJOTE

Esta chica candidata doctoral que nos toca examinar ahora viene con los ojos deslavazados, como gato en su primer viaje en coche. Me parece que mis colegas también lo han notado; de pronto se han puesto inquietos...).

(No debía haberme bebido esa última taza de café. La cara de soponcio que trae ésta que nos toca examinar ahora me está poniendo los pelos de punta, bueno, todo sea por la literatura...).

(Menos mal que mis colegas me tienen a mí, siempre soy el único capaz de sacar adelante situaciones tensas, como cuando hay que examinar candidatos que se ponen histéricos. Esta que viene ahora está hecha un nudo, hasta ha entrado tan azorada que quiso saludar y no le salió la voz. Vaya por Dios. Hasta las orejas las tiene caídas, descoloridas, como hojas de otoño; parece que están a punto de caérseles del cráneo. Vaya fastidio...).

(¿Cómo diablos me metí yo en esto? ¿Por qué, demonios, se me metió en la cabeza ponerme a sacar un doctorado? El comité este examinador tiene más cara de verdugo que otra cosa. La verdad es que tengo más pasta de líder que de profesora. Podía haber aceptado ese trabajo en esa agencia de turismo para viejos, y darme un garbeo de vez en cuando por ahí...).

—Señorita Moñigo. (Más vale que le hagamos una pregunta muy sencilla, elemental, para que la pobre mujer entre en confianza). A ver, a ver. Me cachis en la mar, las manos que tiene ésta agarrotadas sobre la mesa me alteran de tal manera que no se me ocurre nada. Parece que se le van a deslizar los huesos fuera y se le van a quedar las manos ahí, fofas, una masa de carne sobre la mesa). —A ver, señorita Moñigo, díganos algo sobre la creación del *Quijote*. (Qué cara ponen mis dos colegas, pero con el susto que tiene la pobre mujer, hay que preguntar algo muy conocido; no lo hago por postinear. Otra cosa sería si hubiésemos decidido de antemano que hay que partirla por el eje, pero ésta ha sido bastante buena estudiante. ¿Por qué han reaccionado así mis dos colegas?).

(Vaya pregunta increíble. Tengo que haber oído mal).

—Perdone, profesor, ¿puede repetir la pregunta por favor?

—Que nos hable de las tradiciones literarias que influyeron en el *Quijote*, señorita Moñigo. (Si esto no lo comprende es que está todavía peor de lo que parece, casi en estado comatoso; más sencilla no puede ser la pregunta).

(Qué susto y qué divertido). —¿Está seguro, profesor? ¿No le importa? (Parece que no me han oído). Quiero decir, que me sorprende mucho la pregunta, pero claro está, me complace muchísimo; es un honor para mí realmente inesperado... (Me da la impresión de que se han lanzado ojeadas entre los tres, pero seguramente no; sólo en el cine y en la literatura que imita al cine las personas se miran entre sí cuando oyen algo que les llama la atención. En la vida real, como en este momento, mirarse entre ellos sería cometer una falta de educación. Pero me parece que mi respuesta, que no puede ser más lógica, les ha hecho comunicarse en alguna forma entre ellos, para traspasarse sorpresa mutua; ¿o estoy paranoica con el miedo que tengo?). —Y como les decía, señores profesores, me siento muy halagada de que me hagan esta pregunta...

(¿Halagada de que le hagan una pregunta para colegiales? Vaya un rollo. Me revienta esto de que me pongan en estas malditas situaciones; la literatura debe existir para unir a la gente, no para convertirlo a uno en adversario...).

(Vaya por Dios, cómo se regodea esta loca... La chica siempre me pareció algo rara, a ver si lo suelta de una vez. ¿Por qué no le ha preguntado Humeres algo específico, en vez de quedarse ahí, tieso con esa cara de cacto al sol que tiene? Humeres es perezoso en todo, en todo...).

—Bueno, bueno, señorita Moñigo (más vale aparentar que no la hemos oído, a ver si se calma), podrá Ud. decirnos algunos de los antecedentes literarios principales en la creación del *Quijote*, ¿verdad?

—Ya lo creo, profesor, cómo no voy a poder decírselo...

—Estupendo, entonces empiece con tradiciones literarias en la creación del personaje principal.

(¿Les diré toda la verdad o no?) —Bueno, es decir (cómo me palpita el corazón, ésta sí que no me la esperaba...), yo, en realidad, la poesía siempre me ha sido más fácil... lo de escribir novela fue una cosa paulatina; primero en realidad fueron los cuentos, que los aproveché luego intercalándolos; esos los escribí hace varios años, pero, realmente, me abochorna un poco hablar de esto en un examen doctoral. Con el debido respeto, yo les hablo de esto porque me lo han preguntado, si no, ni hablar, porque eso de explayarse sobre tradiciones literarias, un autor... ¿Seguro que quieren que siga en este tema?

—Siga, siga, señorita Moñigo. (Vaya un rollo. A ver si llega a alguna parte de una vez, qué barbaridad, tengo que mantener la calma, no debo olvidarme que es fatal para el reuma de mis rodillas cuando me altero; se me ponen como palo de duras...).

—Bueno, ¿entonces sigo adelante?

—Pues claro que sí. (¿Qué otra cosa le voy a decir? Estos otros dos debían echarme una mano; me dejan solo con estos líos. Me cae como cien patadas tener que formar parte del panel de exámenes doctorales, en fin, mi eminencia en el mundo de las letras tiene sus desventajas).

—Bueno, no se me hubiera pasado por la cabeza que pudiesen preguntarme esto, y es realmente curioso, pues la verdad es que no he comentado con nadie de por aquí sobre mi novela, ni menos el nombre de mi protagonista, parece que Uds. los profesores se enteran de todo, ha ha. (Qué cara de entierro ponen los tres, ni sonrieron cuando me reí; tres estacas; a lo mejor estoy viendo una fotografía... Bueno, me han insistido, así es que seguiré adelante...). Lo de mi protagonista, que es tan aficionado a las novelas latinoamericanas de mitades del siglo XX, se me ocurrió por eso de las tradiciones eclesiásticas, de esos curas y monjas y teólogos que se pasaban la vida leyendo las vidas de los santos y comentaristas bíblicos y se ponían anémicos y cada vez más místicos. No sé cuánto habrán leído Uds. de mi novela, pero me abochorna, porque todavía le falta por lo menos una limpiada más. ¿Han llegado a la parte en que mi protagonista se pone tan esquizofrénico y enajenado que hasta termina por vender su ordenador «Notebook» Toshiba para comprar estas novelas y se queda en vela leyéndolas? Cuando decide vender su *station wagon* Volvo, con bolsa de aire, a sus amigos no les queda más remedio que aceptar que el tío había perdido el seso por completo, el pobre, que su locura ha llegado a un límite inimaginable; el Volvo tenía absolutamente de todo, calentador de asiento, en fin, todo, y bueno, tuvieron que quemarle sus novelas, no podían hacer otra cosa, o los médicos le hubiesen cebado con Prozac, o sabe Dios qué. Así quedaron hecho humo *El Cristo boca abajo* y *Todo secano florecerá* y *Las siete locuras del autor* y *Modelo para_lucirse* y...

—Señorita Moñigo, a Ud. se le hizo una pregunta específica, sobre *El Quijote*, si mal no me acuerdo, aténgase por favor a la pregunta...

—Es lo que le estoy contestando, Profesor Martínez. De qué cree que le estoy hablando si no del *Quijote*...

—Señorita Moñigo, el *Quijote*, el verdadero *Quijote*...

—¡El verdadero *Quijote*! Ah, de modo que Ud. ha oído esos rumores, profesor. Es muy lamentable, muy lamentable. Con el debido respeto, profesores, permítanme aclarar que el sinvergüenza ese que se atribuyó la paternidad del *Quijote*, y que ni siquiera es del departamento de español; el tal Pierre Mernard, el granuja ese, ¡es del departamento de francés!, y permítanme informarles que ese canalla estuvo presente en la tertulia del Departamento en que yo leí partes de mi novela. Les aseguro que tengo testigos. Disculpen que me ponga tan alterada, pero comprendan mi situación, es sencillamente indignante, como les decía, ese crápula hijo de p... bueno, perdón, ese plagiador ¡vino con una cinta magnética escondida! sí, señores profesores, habráse visto caradura igual. Ya me ocuparé de él cuando escriba la segunda parte, se los aseguro. Pero por ahora, como Uds. saben, he tenido que terminar tres cursos y estudiar para estos exámenes doctorales. Hay que venir preparada...

(¿Y ahora qué hacemos?).

(Carajo, es la última vez que tomo un examen de estos, por mis rodillas).

(El río se salió de madre. Yo debía haber tomado cartas en el asunto desde el principio, hay que ir todos a una, pero llegar a un acuerdo con estos colegas es como llevar veinte gatos por la carretera con un palito; a ver cómo salimos de ésta ahora...).

—...pero como me lo han preguntado, pues seguiré adelante. En fin, de tanto leer estas novelas del *boom*, mi pobre personaje sintióse tocado por el deber social, sintió que tenía que convertirse en un confundido y angustiado y salir al mundo a angustiar y confundir a los ilusos no-confusos y no-angustiados. De modo que...

—¡Señorita Moñigo! (debo controlarme...), por favor, francamente, en estos momentos no nos interesa que Ud. se atribuya la paternidad de...

—Con el debido respeto, profesor, yo no me atribuyo paternidades...

—Bueno, la maternidad, aunque sea Ud. soltera, señorita. (¡Madre mía, qué cosas me obligan a decir!) —Le hemos hecho una pregunta muy concreta, sobre fuentes literarias del *Quijote*, del auténtico y no se explaya con alusiones borgianas. Conteste la pregunta de una vez.

—Pero si es lo que estoy haciendo, profesor...

(Por qué seguirá insistiendo Martínez, cómo no se ha percatado que la chica, del susto que lleva, está confundiendo el punto de vista y se ha puesto a hablar en primera persona en vez de hacerlo en tercera. Para qué le ha hecho semejante pregunta en primer lugar; seguro que quiere que yo lo apoye en su candidatura a ese premio académico, pero los profesores no debemos hacer estas cosas y darnos bombo mutuo, es delicado, por mucho que me guste. Me portaré en forma magnánima.)

—Señorita Moñigo, vamos a pasar a otro tema, díganos, ¿qué poeta italiano medieval tuvo claras influencias en la poesía española del Siglo de Oro?

—Sí, muy justa la pregunta, colega Humeres, pero antes de pasar a ese tema, vamos a informarle muy brevemente a la Señorita Moñigo, para que esté al tanto, que las influencias principales en el personaje del Quijote provienen de la literatura catalana, con *Tirant lo Blanc* a la vanguardia, por supuesto. A pesar de las restricciones durante la dictadura, en mi casa seguíamos leyendo en catalán, y eso lo vertí en mi personaje. En realidad es un símbolo de nuestra cultura que luchaba por hacerse presente. Pero aquí no estamos para informarla, señorita Moñigo, estamos aquí para interrogarla, y tampoco quiero hablar más de mi obra en estas circunstancias. Dígame, sabe Ud. qué...

—¡Colega Ciruelos! Permítame un pequeño paréntesis (vaya bromita pesada en estos momentos, por si fuera poca la confusión, qué ganas de enredar las cosas..); me parece conveniente aclarar que lo correcto en estas circunstancias difíciles no es añadir más fantasías, por mucho que Ud. estime que es la forma de poner punto aparte, borrón y cuenta nueva. No se ponga nerviosa, señorita Moñigo, el profesor Ciruelos sólo quería tranquilizarla con un poco de ficción... Le aclararé en dos palabras, porque no quiero que sigamos con este tema en un examen doctoral, que las tradiciones extremeñas y andaluzas, con su trasfondo árabe, desembocadas en la lírica del Siglo de Oro, fue lo que más me influyó cuando escribí el *Quijote*. Bueno, cerrado el capítulo. Pasemos al Medioevo...

(¿También se angustiaron estos dos profesores de leer tantas novelas o me plagiaron el libro? He oído de profesores que les han robado artículos a sus estudiantes. ¡Debí haberle sacado un *Copyright*!)

(¿Qué bicho les habrá picado a este par de chiflados?)

—Francamente, colegas Ciruelos y Humeres, me parece que las cosas han pasado de la raya. Hemos dicho que iríamos todos a una al examinar a candidatos, pero no al punto de establecer la creación de un libro, o un personaje, de semejante manera... Admiro sus sentidos del humor y les agradezco que insistan en aclarar este punto, de tanta importancia para mí, aunque lo están llevando con un regodeo, diría yo, un tanto extravagante, pero, por favor, no es necesario en absoluto en esos momentos aclararle a la candidata, cuáles fueron las influencias principales, ya tendré oportunidad más adelante de informar a la señorita Moñigo de las fuentes que me impulsaron a escribir el *Quijote*, que por cierto manan de vertientes celtas conservadas en Galicia y Asturias...

—Señores profesores, perdónenme, no entiendo absolutamente nada, a ninguno de los tres, además mi padre es de Vizcaya y mi madre de Navarra, de modo que esas influencias a que se refieren...

—Pero Martínez, Humeres, qué les pasa...

—¡Colegas Humeres y Ciruelos, están Uds. confundiendo a esta candidata, aclárenle de una vez por todas que...

—¡Ciruelos y Martínez, esto es un atropello!

¡Por favor, señores profesores!

—¡Pero aclárenle que yo escribí el *Quijote*!

—¿Que tú? ¡pero qué dices, si fui yo, coño!

—¡Estáis locos, locos! ¡Hijos de la gran puta! Yo escribí el *Quijote*! ¡Yo!

—¡Señores profesores, no tienen Uds. derecho a quitarme mi obra sólo porque soy una estudiante!

—¡Locos!

—¡Chalados!

—¡Mochales!

—¡Basta, basta! ¡Por favor! ¡Suéltense! ¡Siéntense! ¡Respétense!

—Sí, es verdad, es verdad. A ver, ¡silencio!

—Claro que sí, así no se llega a ninguna parte.

—Vaya, vaya, así estamos mejor, tenemos que volver a la realidad.

—De acuerdo, después de todo, no debemos perder de vista cuál es el importante papel que juega la literatura en la sociedad...

—Sí, es verdad, debemos ir todos a una.

—Vale, Vale. A ver, TODOS A UNA:

    ¿QUIEN ES DEL QUIJOTE AUTOR?

    ¡FUENTEOVEJUNA, SEÑOR!

(Inédito)

236

IGNACIO LÓPEZ-CALVO

Ignacio López-Calvo nació en Segovia en 1968. Cursó la licenciatura en Filología Inglesa por la Universidad Complutense de Madrid (1991) y se doctoró en Lenguas Románicas por la University of Georgia en 1997. Actualmente se desempeña como profesor de Literatura Latinoamericana en la University of North Texas.

Ha publicado tres libros sobre literatura y cultura latinoamericanas, Written in Exile. Chilean Fiction from 1973-Present *(2001);* Religión y militarismo en la obra de Marcos Aguinis 1963-2000 *(2002); y* «Trujillo and God»: Literary Representations of the Dominican Dictator" *(2005); y un poemario titulado* Las sirenas del castigo *(2005). Asimismo, ha publicado más de treinta artículos sobre literatura y cultura hispanas en revistas como* Cuadernos Americanos, Revista Iberoamericana, Alba de América, Confluencia, Francographies, Revista Interamericana, Journal of Lesbian Studies, La Torre, y Cuadernos de ALDEEU. *Se especializa en narrativa del Cono Sur y del Caribe y en teoría literaria, y su último proyecto es un libro que se titulará* «They Did It Silently»: Imaging the Chinese in Cuban Literature and Culture.

IGNACIO LÓPEZ–CALVO

EL MUÑÓN

Yo padezco la ira de un castrado
porque empuño la espada al rojo vivo,
la esgrimo, intento herir y nunca acierto.

Yo deploro mis alas de gallina
postradas a la gracia del albatros.
Yo pretendo la vista del poeta;
luego, apunto, disparo
y la saeta yerra su destino.

He heredado la mano del escriba

En una alberca, ansioso
busco el ala del ángel... y la encuentro
Doy gracias, y después termina el gozo
pues llora ante el muñón que la acompaña

CARTA ABIERTA A CHARLES BAUDELAIRE

Estimado maestro: como a hermano mayor
quiero comunicarle mi oculto deseo:
blasfemar con usted. Como imaginará
a mi pobre nariz no llegan los perfumes
de exóticos cabellos; quisiera, pues, Albatros,
confesarle mi culpa: cada vez que me elevo
por sus versos amargos, duele más la caída
a mis limitaciones. Présteme, entonces, francés,
sus alas de arcángel tan sólo por un día.

LOS DÍAS DE LUCHA

Si al final del camino
encuentras paz
no te engañes:
extrañarás el vértigo
de los días de lucha.

La sombra del retiro
nos carcome.

VIGILIA

Qué extraño dolor el del insomnio:
te niega la renuncia a lo vivido.

LA CAUSA

Tras leer unas páginas
de Salinger
vacié el cargador, enaltecido,
en el cuerpo delgado
de John Lennon
y estallé por los aires
sintiendo que aspiraba
aromas divinos
en la más concurrida
parada de autobús
de Tel Aviv
y le disparé un tiro al Papa
en la más hermosa mañana
de Roma
y después fallé,
inexplicablemente,
        con Ronald Reagan,
        pero asesiné a Ghandi
mirándole a los ojos sorprendidos

y a Martin Luther King
y a unos cuantos
hermanos Kennedy
y a otros cuantos culpables
en Nueva York y en Madrid.
Fue todo por la causa.

SOFÍA

Un despertarse a vivir
entre dos muertes,
      un instante de consciencia
      entre dos nadas.

      Esa era mi vida
      hasta que llegaste tú,
hija mía.

TODO LO QUE HAY QUE SABER

Ahora que ya habías claudicado,
resulta que aparece ante ti
una carita recién nacida
y te enseña en un instante
todo lo que hay que saber.

AMÉRICA, TERRA ALENA

Te doy gracias
y no por enseñarme
a ver mi tierra,
ni a hallarla en otros aires,
      sino por desvelarme
      que en todos los rincones
      del planeta
      hay un exilio.

MI PATRIA

Mi patria
es la caja de los hilos
y el himno
lo tocaba el afilador.

Mi bandera es la bayeta
de secar los cacharros
o aquel hule de plástico
que se nos llevó el tiempo.

También hay héroes nacionales
(Patrito, que era el loco del pueblo)
y un baile folclórico
que inventó mi madre
para hacernos reír.

La lengua oficial
está aún por estudiar
y tiene voces que vienen del latín
como miserere
y otras como tete y nina,
pajón, potingue y milindris,
de más oscuro origen.

ORACIÓN Nº 33

Que el vuelo bandolero
de una nube guardiana de tu llanto
bautice mi dolor.
Que llueva en abundancia y el rocío
perfume con tu aroma mi cansancio.
Que el eco de tus risas poderoso
retumbe entre mis venas y silencie
el ruido del despegue que me aleja.

EL HOMBRE DEL TIEMPO
(LA HISTORIA DE UD.)

Porque no sabía por qué,
ardían los minutos uno a uno:
        la cabeza se hundía entre los puños,
        la nariz se fundía con la mesa.
Te buscaba sin hallarte.

He de sosegarme, me decía,
hallar el camino hacia la luz compadecida,
        despertar en otra casa, liberado.

Bucearé
        en las sombras de los apéndices inútiles
           hasta toparme contigo, me decía.

       De repente, casi sin quererlo,
llegaste
        y fui ganándome día a día
        el mudo descanso,
        el supremo desinterés,
          la emancipación de todo apego.

Nadé sin esfuerzo,
       alerta,
       abandonado en toda la unidad,

                    al vaivén de las ondas.

Miré los espacios vacíos
                limpiando mis sentidos con la nada,
y sentí los silencios,
asesinos de ideas,
                        alejados del tiempo
                        y respirando ritmos.

Una mano meditante
dibujó mis pasos en calma alerta
                y guió mi conciencia
                lejos del deseo.
Ya nada me falta,
supe al ver tu vida.
                E hice las paces con la muerte.

Cayó, entonces, al vacío calculado

una queja hueca

de las que eximen cuitas
y desperezan almas.

Allí rezaron los álamos un canto cósmico
y la mar quedó huérfana,
                atrapada entre columnas,
                lamiendo sus heridas,
mientras basiliscos, sierpes y alimañas,
reunidos todos,
                recobraron la paz con tu sonrisa.

Ahora aquel hombre del tiempo
                ya no existe
porque ya no existe
                        el tiempo del hombre.

Se ha bautizado en la simplicidad.

                Todos los caminos,

todas las paradas,
todas las páginas
llevan al camino.

Y al regazo de mi sosiego
respira el ritmo de un retoño recién nacido.

El primer paso estaba dado,
           o eso creía yo hasta el día
           en que vi secarse el alba,
y, con ello,
           mi retoño.
Aquella mañana
           se rehicieron las iras insensatas,
           se asfixió la integridad,
           regresaron las aves a sus nidos,
           y los peces a sus mares:
llegaron los ecos de las sirenas del castigo.

        Pasó el tiempo y otro tallo
signo del ciclo de los tiempos
y del inconstante paso del viajero
que anhela no llegar a su destino,
        nacería, sin avisar,
pidiendo, en un silencio a gritos,
compasión por todo lo creado.

        Ahora, en tierras planas
donde las colinas y los montes
    se transmutan en cañones,
  refugio de las aguas y los árboles,
  continúa la vida
viéndote crecer entre sorpresas
y sueños infantiles,
        viéndote vivir,
      completo al tenerte para siempre,
        al amarte tanto que hiere.

Y pensar que sufrirás un día,
      como todos,

y pensar que me veré impotente
ante el dolor de lo que más quiero.

Eres mi portal, creo.
Verte correr dando saltitos
me develó una certeza
que creía imaginaria.
Tanta vida nómada llegó a su destino
y nos hicimos sedentarios:
fundamos villas,
plantamos lagos,
resucitamos el desierto
y lo llenamos de raíces.
Y por aquí andamos:
otra vez aprendiendo a nacer.

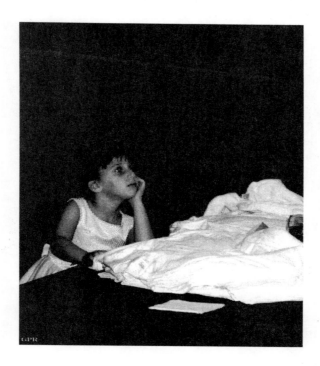

CARLOS VARO

Carlos Varo, de origen andaluz y extremeño, nació en Cambados (Pontevedra) —donde su padre ejerció breves años su profesión de abogado-notario—, justo frente al caserón habitado un día por don Ramón María del Valle-Inclán, el 18 de agosto de 1936, día de la muerte de Federico García Lorca.

Doctor en Filosofía y Letras, dicta Literatura y Cultura Clásica en la Universidad de Puerto Rico y ha ejercido la docencia en universidades norteamericanas.

Es autor de Génesis y evolución del *Quijote (1968); publicó en 1974 su* Puerto Rico: Radiografía de un pueblo asediado, *cuya distribución no fue autorizada en España; y, en 1982, la edición modernizada, con el texto facsimilar, estudio y notas de la anónima* Carajicomedia, *de 1519.*

Fue director de la colección «Buen Amor/Loco Amor» de Ruedo Ibérico (París), y, en San Juan, de la colección literaria «Aguja para mareantes». Fundó y dirigió la revista multidisciplinar académica Plural.

En 1987, la Editorial Seix Barral (Barcelona) publicó su novela Rosa Mystica, *reeditada en 1999 por la Editorial Verbum (Madrid).*

Carlos Varo trabaja/a largo plazo en su segunda novela, un fragmento de la cual se incluye en esta antología.

CARLOS VARO

DE ERUDITIONE PRINCIPIS MAHOMETANI
O
LA EDUCACIÓN DEL PRÍNCIPE MAHOMETANO

Primer tranco: Alpargatas Italianas

D on Rodrigo, mi alter ego [¿o acaso lo soy yo de él?], de quien compongo su autohagiografía [¿auténtica o apócrifa?], Don Rodrigo, conocido como el Caballero de la Rosa, discreto hombre de letras, acaba de instalarse felizmente en su casa de verano en la ciudad magrebí de Tingis. Nos acercamos al fin a la década de los años mil novecientos ochenta y el Caballero ha regresado de su periplo a través del bello y hospitalario país norteafricano que un día fue Cartago, tras las huellas y las cenizas de la Roma clásica, y aun de las abundantes reliquias del paleocristianismo [No te pavonees, que bastante amigo de ello eres, ni te pongas en plan erudito, ¿por qué no dices, simplemente, el cristianismo primitivo?] o, simplemente, reliquias del cristianismo primitivo.

El Caballero de la Rosa sostiene la teoría galante [Y rijosa, por no decir depravada] de que el complemento del civilizado safari cultural es la salvaje caza mayor... humana, sí, humana. Y se gloria —agraciado, dice, alguna vez, en las artes venatorias— de haber cobrado tal o cual pieza soberbia. [Cuando no un cernícalo o una boa constrictor, reconócelo...]

Es cuestión, dice, de tener a tiento el arma, y la fortuna de contar con el guiño cómplice de Hermes, su dios.

Tú, hijo de Zeus/Júpiter, el del caduceo coronado de serpientes [Aprende: en griego, kerikeion, y en la lengua del Lacio, caduceus]; tú, Hermes, el de los pies alados, E-mail mensajero de Zeus; inventor musical de la lira, la cual, sin pago de patente ni copyright, regalaste a Apolo, tu hermano; Hermes, dios golfo y canalla, dios patrón de putos, chulos y macarras; de ladronzuelos, viatores y vagabundos, quienes, en honor tuyo, sembraron la red de senderos y calzadas de la Hélade, sus plazas y sus gimnasios, con gigánteos y grotescos falos de piedra, como a divinidad, cachonda y bellaca, de los caminos y de la fertilidad. Tú, el Nomios, que cargas sobre tus hombros el carnero, imagen futurible del dulce Buen Pastor, tú, que engendraste en AfroditaVenus a Hermafrodita, divina y turbadora criatura de uno y otro sexo; Hermes, padre del dios Pan y padre (o amante, ¿o ambas cosas?) del bello y desgraciado Daphnis. Tú, exaltado por Homero en su majestuoso *Himno a Hermes*. Tú, el *Psychopompos,* o piadoso y mistérico «guía de las almas» que emigran a los infiernos, y aliado de Orfeo en su expedición de ida y vuelta, round-trip, al Hades, tenebroso Reino de los Muertos...

Hermes dios-espejo de los coquetos efebos y de los bellísimos atletas en los gimnasios —antros cómplices y complacientes para el cortejo galante y el ligue fulminante—; oh Hermes, tallado, *tu ipse,* en mármol y bronce, efebo y atleta, tú, doblemente bello, como es más bello el potro salvaje que ignora su arrebatada hermosura...

A ti, oh Hermes, te declaro mi dios tutelar y santo patrono, aunque efebo no soy. Ni, menos, oro olímpico (lo que me importa un pepino angolo...)

[Coincido contigo, no así con tu dudosa retórica: Hermes, concedo, es mi dios; corrijo, nuestro dios tutelar...]

Apenas si instalado ya frente a la mar de Tingis, dolorosamente azul, berber y latina, al Caballero le llega un sobre con sellos [¡Mire usted lo que son las coincidencias!] del país del que acaba de llegar. Jugando, con trampa, al juego de las adivinaciones, reprime la curiosidad de examinar el remite.

Esperaba correspondencia, sí, mas no tan pronto... Antes de desvirgar el sobre con el frío [y libidinoso] cuchillo de oro del Amargo de Lorca (que «entra buscando el sitio de más calor y allí se para»), Rodrigo especula sobre cuál de los dos o tres «príncipes» —así tiene a gala llamarlos— con los que libó breve alegría y un último amargor, sería el autor de la misiva.

Descarta a Abu, el explosivo obús, centauro beduino y auriga en su día de triunfo. Abu, émulo de Charles Heston o Kirk Douglas en una película de romanos tipo *Quo vadis?,* arrea en el Oasis su carricoche de caballos: Perseo vegetal en el laberinto verde de un hiperbólico millón de palmeras.

Fue él, Abu, quien, con la tentación del dátil prohibido, me sedujo [¿Te sedujo, blanca paloma?, deja que me ría por lo bajinis], me forzó, débil que soy, a permanecer dos noches en aquella ciudad polvorienta y mortecina, y perdí mi cita con el lindo Abidi en la estación de ferrocarril de la capital. Seguro que es de él la carta...

El Caballero —educado en altos principios de nobleza, si no de la sangre, sí de la conducta—, ni miente ni se podría mentir. El Caballero, algo valle-inclanesco, aquejado de nostalgia literaria por el Marqués de Bradomín y, como él, (no tan) «feo, católico y sentimental» (y asaz pecador), está condenado a una lúcida sinceridad, como iniciado que fue, desde su juventud, por los Reverendos Padres, sus severos y muy amados educadores, en las sutiles torturas del examen de la conciencia.

Sabes que la carta es de Abidi, poor soul, y el dichoso remite te lo confirma. Rasgas, pues, el sobre, extraes la carta, la despliegas como quien, extraviado, se orienta en un mapa. Te hace sonreír, en plan padrazo, la infantiloide caligrafía de Abidi, más no así su excelente redacción francesa, que alterna con un inglés más que pasable...

«Llegué el martes a la estación una hora antes de nuestro rendez-vous, y me has fallado...»

Lo siento, Abidi, mi Habibi, sucumbí al dátil que se chorreaba de mieles, perdido, yo, en un inocente y perverso Paraíso de manantiales y palmeras; tenté la tentación [Tonteaste con la tentación], la serpiente se llamaba Rachid, y, para colmo, extravié en un bolsillo amnésico el papelito donde, con una estilográfica japonesa, garrapateaste tu dirección «chez le Coiffeur»... Perdí el último tren y ahora somos, ay, huérfanos uno del otro. [No seas tan payaso y sí un poco más sensible...] No me creas insensible, ya tengo tu dirección y ahora mismo te escribo y te deslizo, camuflado entre dos postales, un regalillo... Volveré, prometo que volveré...

Aquejumbrado cual vieja pelleja, Abidi exige al Caballero que vuelva ¡ya! Y, en el siguiente párrafo, más animadillo, te informa que pronto iniciará en la American School su curso intensivo de inglés, cuya matrícula fue regalo tuyo, pacto bastante eterno de amistad. [Y, no terminada la ceremonia del acto, cabrito, al infeliz le diste tamaño esquinazo...] El infeliz espera que un día os reunáis allí y... [Tu corazón, noble, pero veleidoso, gotea cera de sincera piedad.]

Y después, sin previo aviso e intención ambigua, cita a un Walt Whitman patriarcal y homoerótico [Y que, por lo visto, fuma *Leaves of grass.*]:

> *What I am after all but a child, pleased with the sound*
> *of your own name? repeting it over and over*

(¿Qué soy, a fin de cuentas, sino un niño, encantado con el sonido de tu nombre?, repitiéndolo una y otra vez...)

Al localizar el poema de marras, descubriste, divertido y encantado, que el revoltoso diablillo había enmendado la plana al poeta, cantor de la multitud, inspector lírico del desván de los más insólitos objetos. [Plagio descarado, ¿no te da vergüenza?]

Donde Abid escribió un «the sound of your own name» (el sonido de tu propio nombre), el original leía «the sound of my own name», (el sonido de mi propio nombre), que ni es lo mismo ni se escribe igual. Very, clever... Este verso, mimoso y halagador, lo confieso, ha sido el estribo para el trote de una siempre sorprendente y cálida correspondencia, que aún cabalga...

Y, tras esa cita, poeta cachorro —ladrido lírico y sincopado— te perpetra una azucarada declaración en su inglés proficiente: luna fúnebre, rocas golpeadas por un mar amargo y picado, parpadeo de las luces del puerto, un viento que tirita, manos cerradas, una boca ofrecida [Sus labios te supieron a pétalos de rosa escarchados...y, ay, la huida, la traición...]

Poema en verso blanco que habría hecho palidecer de envidia al mismísimo don William Shakespeare, arquitecto de sonetos.

[Tú, Julieta de la Puñeta, so proper, tan seguro de tus gustos, tras esa máscara Wónica, enrojeces de vergüenza ajena. Pero, reconócelo, también ¡de vergonzante placer propio! Confiésalo: ¿no te causa un sabroso gustirrín ser la musa(araña) lírica de Abidi?]

Tras firmarte un adiós eterno con su coqueta estilográfica, regalo de una japonesita, una guarrona, seguro, podrida de yenes y genes [Estás incurriendo en racismo amarillo], Abidi ha derramado un goterón de tinta negra: lágrima de viuda auto-moribunda.

[Anticipa al lector, caro Rodrigo, por si no logras redondear-la, que la historia de Abidi se consumó —un happy ending de película— en el hotel de su capricho, cuatro años más tarde. Es-taba guapísimo, fruta en sazón, chirimoya de miel, manducable y machacable... Trabajaba ya en un bufete comercial, gracias, en parte, a su inglés —a cuyo dominio fuiste colaborando con afec-to y desprendimiento—. Y, como añadidura, una noticia agri-dulce, Abidi estaba en vísperas de matrimonio con una linda farmacéutica en ejercicio y con local propio: ¡casi un bragueta-zo!]

[Fenómeno crepuscular y recurrente... Como quien raspa con suma delicadeza un añejo palimpsesto, bajo los fragmentos caligráficos de Abidi y de Rachid se transparentan los signos y jeroglíficos de Farid, o sea, en árabe, «El único». Farid es, en los anales del tiempo y en los archivos de mi corazón, el primero de mis «pupilos» educados según mi imaginario manual, titulado *De eruditione Principis Mahometani* (o *La educación del Prín-cipe Mahometano),* plagiado, no sin descaro, del *De eruditione Principis Christiani,* del humanista renacentista Erasmo de Rotterdam.]

La historia deliciosa, y picante, de Farid arranca de tu prime-ra visita a Tingis, en el Magreb, coincidiendo con las primeras vacaciones que disfrutaste como profesor en la Big Apple, la Gran Manzana norteamericana, a principios de los remotos se-tenta.

Desde hacía cuatro o cinco años llevabas una guerra de pro-testa y rebeldía, y alejamiento sacramental, frente a tu Iglesia. [¿Acaso no la llevas todavía, pese a algunos precarios compro-misos?] Ese contencioso se relacionaba con una moral aperga-minada, pero tu rebeldía con Dios era de despecho, como la de un hijo con su padre. Este y otros conflictos reventarán, años más tarde, en aquella terrible crisis en la que, durante siete no-ches, noche a noche, pulso a pulso, te asomaste al vértigo de la muerte...

Trabajabas en esa época en tu novela *Virgo Vírginum* y, si no llega un buen y noble amigo a arrebatarte de las manos el manuscrito, lo habrías reducido a cenizas, por odio y asco de la vida y de ti mismo...

Y, tras el rostro de Farid, otros rostros se abocan —como agua clara— a la superficie de un brocal memorioso. Cada rostro renueva los gozos y las sombras.

Aguas limpias de tu primer amor, espiga serenísima de castidad, secreto jamás a nadie revelado, ni al mismo objeto de tus balbuceos. Sois compañeros adolescentes, de catorce o quince años, en el mismo curso pero en distinta aula, y apenas si cruzáis una palabra. Pero, tal un monje místico y enamorado, sólo de verlo, te abismas en deliquios efectivos virginales, sin huella de turbación carnal.

Se llamaba Borja, dilecto de los dioses [¿Y acaso también del Padre Espiritual?], lindo y revoltoso baloncestista. Nocturno y silente, solías sumergirte en sus ojos, verdes y transparentes lagos de alta montaña...

O la pasión casta, torturada y luminosa, con voto privado de castidad, por el Hermano Jacobo, dulce y viril, en el noviciado gótico de los Reverendos Padres... Un desfile de rostros, de enamoramientos secretos, dolores y angustias, ocultas miradas, y alegrías y frustraciones en el silencio de tu conciencia, íntima soledad y grito al cielo...

De todo eso, lector caro, ya te he hablado, o te hablaré: este relato, ¿te has dado cuenta?, se compone de parches mal cosidos, sin lógica ni rigor temporal...

Pero no es de Farid de quien hablo, ni de Borja o Jacobo, sino de Abidi y sus nítidas alpargatas italianas (¿regalo de quién?, nunca me lo dijo, ni me pareció de buen gusto preguntarle), y de Rachid, guía olímpico en un oasis edénico ...]

Se topó, literalmente se topó, el Caballero con el efebo en la populosa avenida del ensanche moderno capitalino, en su majestuoso paseo central, bajo árboles que se abrazan como doncellas por la cintura. Se topó, literalmente se topó con él, cuando llegaba a la horrendona y colonial Iglesia catedralicia de los franceses. Venía el Caballero de su hotel, cerca del Teatro Nacional, y se dirigía, como en tibia querencia, al Zoco de la vieja Medina.

El Caballero, según su uso, camina a ritmo vivo. Al pasar junto a unos intensos jazmineros, choca, inadvertido, contra... contra esa persona. Al farfullar una excusa torpe, sus miradas, inocuas y ausentes, chocan por la fracción de un segundo.

Esa fracción infinitesimal basta y sobra para que, de entre la borrosa y multitudinaria marea humana, el periscopio de bolsillo del Caballero invente el nácar y el jazmín rosa de un joven perfil, un perfil impecable.

El relámpago de los ojos de la víctima del choque, ¿fue un espejismo suyo o un alucine tuyo?

El Caballero —ya ciervo vulnerado— echa mano de su estrategia preferida, que consiste en adelantarse con celeridad un buen trecho y, apostado en esquina estratégica, observar cómo se aproxima el bípedo objeto de interés, y estudiarlo, aspirar su forma y su aura, provocar con cálculo un hondo cruce de miradas...

La persona, esa persona, avanza marchoso, admirándose con descaro en el reflejo de las vitrinas, en un rapto insensato de autoadoración.

Es una carita, una cara, esa cara, preciosa, amasada de oro y plata [buscas una palabra de lujo, pero no tienes tiempo de rebuscar en el manoseado diccionario ideológico, tan tuyo como de Don Julio Casares], aleación de nobles metales que pone al Caballero en estado de alarma, y los pelos, y todo lo demás, de punta.

Espigado, rubio oscuro, bucles alborotados, blue-jean ceñido, relavado y erótico, qué puto eres, mariconcito, dicho sin ofensa, como un halago; la camisa, de un blanco duro y escultórico, arremangada con chulería hasta la mitad del brazo; jersey de casimir inglés, un escándalo rojo escarlata, anudado, en plan señorito, a la cintura; pies, frescos y desnudos, enguantados en un par de *espadrilles* italianas... Todo en él es un detalle de niño bien: ¿de niño pijo?

Sus ojos son la herencia maléfica de un bárbaro del norte, un vándalo invasor, sin duda, y arriano, por añadidura: dos gotas doradas y verdosas de aceite virgen de oliva (con denominación de origen).

El Caballero, ya en pie de guerra, arriba a las murallas de la Medina medieval. Con el rabo del párpado, confirma que esa persona ha seguido su mismo camino. ¿Coincidencia o premeditación? ¿Y con qué intenciones?, seguro que preguntaría mi abuela Doña Amalia a tal determinado pretendiente que se acercara a alguna de sus tres hijas, mis titas, en edad núbil (Sólo una, Adelaida, la más pequeña, se casó: con tito Mateo de la Villa, médico en una adormilada capital de provincias, donde no estoy seguro de si el abuelo Rogelio estuvo destacado, siendo, quizá, coronel. El pobre llegó a general —apenas general de brigada, y por los pelos— cuando ya se retiraba del ejército y de la vida...)

El muchachito remolón ha postergado, o desviado, no hay duda, su camino. Y el Caballero, precavido por escarmentado, abdica en él toda posible iniciativa...

La tarde, paloma degollada, se desangra en sus últimos fulgores. El Caballero, herido de tamaña belleza arquitectónica, no por eso despega su ojo clínico de otra tanta belleza, anatómica. En el molino interior, muele sus malos pensamientos.

Mira muros y muslos.

(En los muros, moros muslos miras.)

El bello indígena revolotea concéntrico en torno al Caballero, cual gaviota que se prepara para lanzarse en picada sobre una triste sardina. El Caballero finge miradas cinemascópicas en las que —conspicuamente— no incluye al mozuelo, sin decidirse a hacer añicos el cristal aislante de su irresolución.

Caen las consabidas sombras. El muchacho se allega hasta las bermejas, gigantes murallas, se disimula en uno de sus pliegues y [Diría yo, que seguí la movida], de espaldas, pero con ostentosa gestuación de manos [¿Y bragueta?], se dispone a ejercitar el atávico ars mingitandi, y al uso arquitectónico, léase, contra la pared, como Dios manda.

Los chorros de oro del galán meón, y luz neón, deben ser, más que tímido aprendiz de río, atronadoras cataratas de Iguazú, a tenor de cómo prolonga la operación desagüe. ¿O finge, y se trata de otra cosa?

El Caballero entretiene su oblicuo atisbo con sesudas consideraciones sobre la irresistible atracción que, desde Adán hasta hoy, todo muro estratégico que se respete ha ejercido sobre cualquier vejiga loca por descargar. ¿Fue así como los israelitas abatieron las murallas de Jericó, a meada pura y trompetadas?

[Embrida el potro mefítico y frena tu renal lirismo, no sea que te descalabres, amigo Rodrigo.]

Confieso que he incurrido en flagrante (pero no fragante) delito de mal olfato. Con el pecado va la pestilencia...

Ahora el niño, culposo por el reato del meato, dirige miradas de soslayo al Caballero. Miradas intencionadas e impudentes, ¿será posible?, como si le invitara a asociarse a su líquida labor de zapa en las zapatas de los milenarios muros de la Medina.

Disgustado y ofendido [Y no sin cierta dosis de hipocresía], el Caballero monta en cólera y cabalga a gran velocidad: «¿Cómo te atreves, morrocotudo mequetrefe? ¡Mocoso con pretensiones y alpargatas de diseño!»

[Pero qué rico está, confiésalo, no te hagas el estrecho. Y recuerda cierto *pisoir,* aquel verano en París, cuando te matriculaste en un tedioso curso de literatura francesa en la Sorbona.]

Tranco segundo: Prosigue la historia de Abidi

Te reconcome la impaciencia, Rodrigo. Por fin, reaparece el jodío muchachuelo, conclusos sus rituales en la muralla, fresco y ligero de equipaje... Viene como un toro de casta: directo y al trapo; te asedia, se va, vuelve y te asedia... Tú asumes tu mejor papel de doncella ruborosa y gazmoña a la que nunca le han comido una rosca.

El hielo se derrite, gota a gota, merced al calor de vuestras sonrisas y al ardor de las ganas (las tuyas, claro). El niñato se acerca a una distancia educada y correcta. Os escudriñáis. Carraspea y te dirige la palabra...

—En la televisión nacional sale un actor que se parece a usted, muy elegante con sus canas naturales... ¿Es usted, acaso?

[El niño te deja patifuso: ¿no será un chulo de esquina, huido de un reformatorio o del diario erótico de Pier Paolo Pasolini? Sabes que no lo es, confía en tu primera intuición.]

—Me llamo Abidi, soy estudiante de cuarto año de Universidad...

—Mis felicidades más sinceras, Abidi. Lamento decirte que pertenezco a la fauna de los maestros. ¿Qué estudias?

—Leyes... Pero hago deporte, pertenezco a un grupo joven de política... Soy poeta. Llevo una vida sana...

—No sé cuán sana sea la poesía... ¿Estudias en la Medersa la ley coránica?

—No, no, en la Facultad civil. No quiero ser teólogo medieval, sino un abogado moderno... Pero, en verdad, no sé para qué, no hay trabajo para los jóvenes, excepto si son ricos...

—Sé el mejor estudiante y serás el mejor leguleyo... Perdona la inevitable monserga profesoril.

—Cada año me otorgan exención de matrícula. Y perfecciono mi inglés...

Y le endilgas, muy acorde con tus manías pedagógicas de tío (carnal), un sermoncito sobre las virtudes del pájaro laborioso y frugal.

Él, por su parte, habla de fiestas, de viajes, de yates, de mansiones...

—Abidi, ¿dispones de media hora? ¿Por qué no me llevas a beber un café turco bien cargado y a fumar una pipa otomana?

Por el entresijo de calles de la Medina vieja, olorosa a novia y a azafrán, Abidi me conduce a un café histórico, singular arquitectura de columnas de hierro y graciosas cúpulas encristaladas.

El café denso y la mareante narguileh del tabaco turco invitan a la confidencia. —Soy un muchacho pobre, hijo del peluquero de un barrio pobre, casi a una hora a pie de aquí, ahora iba para allá...

Abidi sueña en motocicletas aerodinámicas y coches deportivos, villas lujosas, viajes, joyas y yates, fiestas suntuarias... «No puedo ni darme el lujo de coger un taxi...»

—Abidi, felicidad es saber quién eres... Y si es una indirecta, no te preocupes, irás en taxi a casa...

Silencio.

—¿Has conocido a otros extranjeros?

—A veces conozco a jóvenes ingleses o franceses, nórdicos europeos, americanos... Me gusta hablar inglés con ellos... Soy su guía... no un fou guide, un guía loco, que roba a los incautos. [Ten cuidado, Rodrigo, si algo tú eres es, precisamente, un incauto] Me regalan ropa, a veces... Uno conoce a una chica linda y cariñosa... Dos japonesitas me regalaron esta pluma tan cuca... [«¿Quiénes serían esas pelanduscas del Imperio del Sol Naciente?»]

—¿Y los caballeros turistas, Abidi? ¿Haces tú...? Quiero decir, no sé cómo decirlo... Bueno, te lo diré a lo bestia: ¿haces el amor con caballeros turistas?

Lo niega y lo reniega, ofendido y vehemente.

—¿Ni una sola vez? ¡Qué mentirosillo eres!

Hace un mohín de indiferencia, se abisma en la minuciosa contemplación de una uña y, como quien no tiene más remedio, desembucha.

—Bueno, una sola vez... Un alemán bastante joven que vino de negocios... Manejaba un montón de dinero y se hospedaba en el hotel más caro de la ciudad...

—¡Qué pena ser pobre! —arrastras las palabras con recochineo...

Se ríe cautelosamente...

—Cuando hago una amistad no es por dinero...

Abidi domina el mapa terrestre y las estrellas celestes de los hoteles de la ciudad. Como quien mide el aceite del automóvil, te pregunta que en qué hotel te hospedas. Se lo contestas como distraído —estás, cosa insólita, en un hotel de lujo—, pero sin aludir a que se trata de un «package» turístico para clase bastante media... Satisfecha su algo indiscreta curiosidad, y preparado para el próximo paso, inquiere si te apetecería una cerveza.

Ya es tarde, todo está cerrado en esta ciudad abstemia. Abordáis un taxi e iniciáis, tú, precavido, si es que no asustado, un periplo en busca de un garito ilegal que expenda tal brebaje. Te sientes gángster de sombrero de ala caída, metralleta pret-a-porter y zapatos de dos colores en el Chicago de la ley seca. Abidi se mueve de allá para acá con la astucia de una ardilla alcohólica y, al fin, tras varios intentos misteriosos, apaña unas cuantas cervezas, demasiadas, en lo que a ti concierne.

Y, al fin, sin bajar del taxi, sugiere que, para conversar y trasegar las cervezas, vayáis a un espigón del mar, algo más allá del puerto, donde imaginas fondeadas las naves cartaginesas —velas de seda y púrpura— de la reina Dido.

Te preguntas alarmado si el alevín de leguleyo no coránico y el taxista con catadura de forajido no se habrán conchabado, ambos a dos, en la impunidad de su trabalenguas árabe, para desplomarte, o algo peor. Pero pueden más la curiosidad, la apetitosa desvergüenza...]

El taxista os abandona en un lugar desamparado, rocoso, al borde del mar, y lo apalabráis para que, a cierta hora, os recoja.

La noche está destemplada, una brisa afilada y fría os afeita en seco las mejillas. Charláis de esto y lo otro, ocurre algún roce inadvertido, culpablemente inocente, Abidi te da la lata con la lata...

Solícito y empalagoso, te echa sobre los hombros su íntimo calor y su olor, su suéter granate que casi le arrebatas de las manos, y por dos razones: una, fría; caliente, la otra. (Libre del suéter, Abidi revela lo que encrespaba tu imaginación: el soberbio accidente de sus ancas, altas y finas, breves y rotundas.)

Abidi descubre (si es que ya no la conocía) una covacha íntima que para sí la habrían querido, cuando su encuentro bajo una tempestad de aguas y rayos, la cachondona Dido, reina fenicia de Cartago, y su desabrido amante, el troyano Eneas, héroe pío y llorón, aunque obediente al fatum y al destino impuestos por los dioses. [Aprende y sienta cabeza, Rodrigo: «Sum pius Aeneas, data fata secutus»...

Te habla Habidi de sus anhelos, del amor a su familia, de sus estrecheces económicas...

Sentados frente a frente sobre unas hojas secas, se os cuela un soplo helado. Abidi tiembla, tirita, castañea los dientes (o es un actor de órdago). Con movimiento súbito, quizá impremeditado, se deja caer sobre ti y se acurruca en tu pecho y, poco a poco, sobre tu suéter grana, y sobre las brasas de tu corazón que chisporrotea, recobra aliento, calor y color.

Poso el peso de mi mano [algo temblona y prudente] sobre su cabeza, locuela y atolondrada. Los adorables desordenados rizos se le derraman por las sienes de nácar... Niño náufrago, busca mi mano y, cosa curiosa, me la encuentra. Se la entrego como quien le entrega una rebanada de pan bendito...

Con dedos de fauno, borda Abidi en la palma abierta de tu mano, los exquisitos diseños de colorantes vegetales con que las novias bereberes exorcizan la mirada del ojo maléfico...

Quizás es la noche; el viento, quizás.

[Los labios de Abidi te saben a pétalos de rosa y cristal escarchados.] Pasan palabras, pasan juegos, pasa el tiempo...

—Rodrigo, mañana te vas, habibi mío, pero esta noche, pero esta noche, la paso contigo...

—Esta cantaleta me suena vagamente conocida... Pero es imposible, Abidi, salgo muy de mañana a mis ruinas y esas cosas. Pero sigue en pie nuestro rendez-vous en la estación dentro de doce días, como hemos convenido, y te juro que montaremos ese numerito hotelero que te fascina...

—Rodrigo, no me falles. Pero, por si algo pasa, te escribo mi dirección en este papelito y me vienes a buscar...

Triste dirección, tal barrio, tal hectómetro, «chez le Coiffeur»..., «en casa del peluquero»...

El taxista, compinche quizá, se demora más de la cuenta. Mientras, la reina Dildo y el troyano Enemas se buscan y se torturan con caricias, y el termómetro del corazón funde los diamantes de hielo y cristal.

[Los labios de Abidi, fresas con nata, se te disuelven en la boca golosa.] —Rodrigo, déjame pasar la noche en tu hotel...

—Imposible...

—Vamos a un hotel más económico, tomamos cada uno una habitación y...

Al final, llegado el taxi, dada la insistencia de Abidi, que no cree en el mañana, te reconcilias con la idea, te entusiasmas con la idea, te enloqueces con la idea, y acabas por sacar subrepticiamente de tu habitación un maletín, una simbólica muda de ropa, un pijama de seda (que jamás te devolvió, pues lo retuvo como rehén hasta tu vuelta, que, como se verá, nunca ocurrió) y una cuchilla de afeitar.... ¿para qué?, para que le petit prince, provisto del preceptivo carné de identidad, se presentara en la recepción de hotel con algo, algo en las manos, para despistar al personal de turno.

Y, por supuesto, te tocó pagar la rentable inversión —no pun intended— de una segunda habitación, en la que, a la mañana siguiente, Abidi, para engañar a las camareras, humedeció toallas, salpicó de agua el baño y se revolcó en la cama aún virgen, para imprimir en sábanas y almohadas la tibia e insomne huella del cuerpo del delito.

Abidi se apoderó de la noche: acróbata sin red y descoyuntado, animal tierno y fiero (o lo fingía muy bien). Y el rendezvous que viene...

Y sus labios (¿aún no lo he dicho?) sabían a pétalos de rosa enfebrecido.

Tranco tercero: ¡Sombrero, ay mi sombrero! (de paja) (o: Todo crece en el desierto)

Don Rodrigo, abandonada la capital por unos días dobla un recodo de su safari cultural, dejando atrás venerables ruinas y monumentos, templos un dedicado a los tres dioses olímpicos, desolados arcos de triunfo, estatuas mutiladas, borrosas estelas funerarias, el busto improbable y decapitado de mi héroe, ya en su madurez, el rey Juba, númida y mauritano, cementerios paleocristianos, delicados mosaicos, cerámicas frágiles y frágiles barros, lagos de sal y desolación, dilatados espejismos en el desierto, en cuyo lejano horizonte se baten —furioso silencio— las olas de un mar azul y virtual en el que flotan archipiélagos de islas/dunas e inmensos nenúfares de arena dorada y quemada.

Ciudad más borrosa que fermosa: cruce de caravanas desde hace siglos, quizá milenios, gracias la estratégica ubicación de su oasis, del que se dice que quién sabe si acoge un millón de palmeras. [¿No tuviste tiempo de contabilizarlas una a una?] Carrefour de caminos y rosa tatuada de los ocres vientos saharianos.

Piensas hacer noche, visitar el fabulado oasis, y salir ese mismo día de regreso a la capital, como el tren, pitando. No puedes fallar, no te lo perdonarías, a tu rendez-vous con el efebo de las estrellas hoteleras.

A la mañana siguiente, el Caballero accede a acompañar al oasis a tres compatriotas, alojados en el mismo hotel. Del trío, dos son unas mujeres borrosas, idénticas y miméticas, remilgadas al uso antañón de cierta ñoña clase; insignificantes, aunque muy viajadas en cuanto tour de moda.

El varón es un andaluz cincuentón, calvo, ceceante, enteradillo, pero no muy leído, aunque con gracejo. Susurra al Caballero ambiguas alusiones a su diaria tertulia de café, oficiada por don Menganito, hermano de cierto torero de fama y rumboso, figúrese usted... Don Menganito, orquestador de esa charanga coloquial, grisáceo bancario durante la jornada laborable, a la hora del café con leche y churros o la copita de cazalla, florece como una reinona de moño y tiara (imaginarios), cantaora de cuplés, manos al aire y al baile, mantilla nacional, patriótica peineta y un manejo brujo del abanico de encajes y carey.

Entre ceceos y echando cara, tú eres testigo casual, el solapado turista persigue a cuanto empleado hotelero, siempre y cuando vista uniforme: nominatim, al bell-boy, al portero, al recepcionista, al pinche, al camarero...

A la entrada del oasis, mientras los caballos ramonean, los carricoches acogen en turno a sus clientes, y arrancan y mantienen equidistantes distancias unos de otros. Avanzan a ritmo lento por la alameda, que se estremece en un intríngulis de senderos que se bifurcan y aun se trifulcan.

Vamos al carricoche. Sentado en su elevado pescante, y de espaldas, nuestro cochero parece abstraído o adormilado. Nos oye, se gira, nos revela su rostro, enmarcado en un fiero turbante negro. De un brinco, tal un leopardo, cae ante nosotros como llovido del cielo: un meteoro que mete oro.

Su presencia nos deja congelados, mudas figurillas en un pasmo de barro cocido. Pertenece nuestro guía [Conoces su género y su especie] al orden de los ángeles caídos, pero enhiestos, *semper paratus,* en pie de guerra: Asmodeo lujuriante, boca jugosa, grande y depredadora, ojos turbios y rasgados, párpado dormilón, leve cicatriz canalla sobre una ceja, manos grandes, duras y laboriosas. [Es sabida la pitagórica proporción que se establece entre la mano y el dedo sin uña, como lo llamaba una bestia de sargento en tu felizmente olvidado servicio militar.]

Endemoniadamente bello, de él emana perversa fascinación, blanquísima su gandora y blancos sus zaragüelles o pantalones morunos, que, caídos con mórbido desgarbo, le rozan las gastadas babuchas de piel de camello, camello sediento, of course.

En torno a la pelambrera, el ya erotizante turbante negro. En la oreja izquierda, un ramito de flores que, según el uso apicarado de los muchachos del país, significa que no está libre de compromiso amoroso.

—Je suis Abu, a vôtre service...

Ayuda a subir gentilmente a ambas señoronas, las cuales se asientan muy juntitas, como protegiéndose, y de frente hacia el camino. El contertulio sevillano, sin más remedio, se acomoda de espaldas al cochero y, malévolo, me indica mi plaza a su lado dando irónicas palmaditas sobre el asiento. Me toca, pues, ir de espaldas al paisaje y frente a este par de esperpentos, cromos de almanaque. Siempre se abaten sobre mí estas desgracias. ¿Por qué, por qué? [Jódete.]

Resignado, me impulso ya con un pie en el estribo, pero, obedeciendo a una súbita corazonada, recupero mi pie, que para algo es mío, lo deposito en el aledaño estribo del cochero, subo por él, resbalo, el solícito escudero de turbante negro, muy al tanto, me sostiene y me aúpa...

Miro al cochero con carita de perdón. Y clemencia. —¿Puedo montarme aquí?

—Por supuesto, señor, sea bienvenido... Desde aquí le podré enseñar mejor... La visita al oasis es muy bonita...

¿Qué me querrá enseñar este demonio? ¿Y cómo dijo que se llamaba?

—Me llamo Rachid... —de verdad, es un diablo, me ha leído el pensamiento— ¿Y usted?

—Llámeme Don Rodrigo—nada de tuteos confianzudos.

Su joven piel, barnizada de plurales soles, atestigua, especulo, unos verdísimos veintidós años, edad límite de tus fetiches. [Muy tarde viniste a saber que ya casi alcanzaba la provecta edad ¡de veintiséis!...]

Dios, las trampas del tiempo... Corría [corre] el año mil novecientos ochentaipico y el corazón me duele...

Ya en el alto pescante —y como medida cautelar para ni rozar al cochero—, te encoges y aprietas los muslos con la determinación y feroz virginidad con que lo haría una institutriz inglesa victoriana, achuchada en el tranvía por obreros de la construcción, apestosos a sudor y a leche agria...

Para mi sorpresa, ese espacio que con tanto remilgo evacúo lo invade, como Pedro por su oasis, mi feroz dromedario de desierto, muy cómodo él y espatarrado a lo bestia. Abu insiste y deja caer el martillo industrial de su muslo izquierdo sobre el tallo grácil del mío derecho, y me lo magulla contra toda etiqueta. From here, if not to the eternity, sí al traumatólogo.

Con esa misma aparente apatía, estas gentes, y otras en diversas latitudes, se tocan y se rozan, sin morbo aparente, en los divanes, bajo la mesa del parchís, en cines y cafés. En la noche, en un rincón apartado, dos varones, sus bocas a la distancia de un aliento, se secretean por horas e intercambian ambiguas zalemas . En las playas, juegan y se trenzan en el sopor caliginoso como sogas de esparto humedecido.

Va de chisme. Playa mediterránea sin mencionar en qué litoral. Un muchachón (1), ninfo presumidillo, de dibujado y atlético contorno, tumbado en la arena, posa la cabeza justo en el triángulo isósceles de la entrepierna —mullidos y húmedos cojines— de un amigo (2), tan interesante o más que el primero. Los dos faunos conforman una mayúscula T (¿leche o limón?)

La T se transforma en H, merced a la línea sinuosa, y tetosa, de una linda y bien equipada muchachona (3), cuyos largos cabellos caoba se le desflecan y se le trenzan como columnas corintias: capitel de acanto y salobre viento. La nena (3), paralela, pero en dirección inversa a (2), charla, enamorada y embelesada, con su novio (1), a quien acaricia y hace cosquillas en los pies, mientras éste (1) juega a atraparle a ella (3) el pelo y, jugando, la golpea con los talones, y la topa, y la metopa, como el choto embiste la ubre henchida y golosa de la cabra.

No sé. Pero lo que sí sé es que, si la cabeza de (1), en lugar de jugar de frotar y moler sin pausa el nido isósceles de (2), machacara con el mismo entusiasmo el nidal de una gallina, a estas horas le habría roto los huevos y algún gallito empinaría la cresta con un triunfal kikirikí... [Excurso excusable: la pausa que refresca.]

Entiendo que una pluma de colibrí o de mariquita revoltosa, y hasta una pluma estilográfica, se eroticen, pero ¿un ordenador o una computadora? La mía está que echa humo, casto lector...

Rachid nos ilustra con sus informaciones. Yo, su feliz intermediario, los traduzco al trío de raros y, cuando no sé el nombre en español de una legumbre o un tubérculo, me invento lo primero que se me viene a la cabeza: artichaut ¿es alcachofa o habichuela?, qui lo sa... , y qué carajo les importa a mis accidentales compañeros de viaje, enfrascados en las conversaciones más inverosímiles y fuera de contexto.

El humilde guía, el guapísimo guía, tiene una disposición alegre y servicial, sin servilismo: Alah sea loado por la belleza moral de sus criaturas.

Una rama de céfiro y perfume te arranca el sombrero, legítimo panamá, condecorado con un camello de esmalte blanco, la luna creciente de esmalte rojo y la palabra «Sahara». ¡Mon chapeau! Rachid detiene en seco el carruaje, vas a apearte, pero él se adelanta, salta y corre tras el jodido sombrero que, juguete de la ventolera, rueda como borracho; lo atrapa (es decir, lo pisa), lo limpia, regresa, sube al carricoche y te lo entrega, sonreído y con donaire. Y arrea de nuevo al paciente caballo. Tú, avergonzadillo, algo ruboroso y halagado: él no tenía obligación... [¿Y la propina que me tienes prometida?]

El camino serpentea a lo largo y ancho del oasis, donde, muy cateto, tú, vienes a saber que nadie habita en él: la ciudad respira y se refresca a su vera. En el oasis, hasta el último centímetro de tierra, escasa y milagrosa, está ganado a pulso para el cultivo.

Rachid infla patrióticamente el millón de palmeras, encarece su teoría de canales y senderos, recita la letanía verdulesca: granados, limoneros, alternantes rectángulos de verduras, de guisantes, de habas, lechugas, pimientos, pepinos, tomates, calabazas, apio, hierbabuena, menta...

—La hena da dos cosechas al año —su voz es fresca y canta como el agua que gorgotea en la acequia.

La pierna de Rachid sigue en su lugar, es decir, en mi lugar. ¿Muro de contención o franco ataque? Dígome: mi turno llegado ha.

Te señala unas pencas comestibles, unos como bulbos fálicos de temible e impúdico grosor. Cual overacting galán de telenovela o acongojada [acojonado] damisela de cine mudo, finges tamaño horror. Tu guía conoce el juego, se palmea los muslos —los amasarías como panes de harina morena— y ríe con desvergüenza. (Quizá repite un libreto que rutinas, gentes y talantes, le han ido dictando.)

(Los viajeros de atrás, ¿se estarán oliendo la tostada, es decir, el pan sobao?)

Como dice que su padre, labrador de siempre, tiene un modesto huerto, tú aprovechas para iniciar un ataque frontal. Le señalas los escandalosos bulbos antropomórficos...

—Rachid, ¿tienes pencas así de gordas en tu jardín?

—Jardín no tengo, pero lo que sí tengo es una penca suficientemente gorda, sí.

Reís, cómplices, ambos; pero azorado, sólo tú. Vuestra risa llega hasta los tres plúmbeos viajeros, que, entretenidos en una conversación verdaderamente oportuna, ensalzan las cualidades alimentarías, diuréticas y refrigerantes del gazpacho, tan andaluz y universal (¿y tan cursi?) como Juan Ramón.

Viva el vino, y las mujeres, y las rosas [y el ajo] que calienta nuestro sol...

—Qué calorazo, Rachid, ¿estás muy caliente?

—Por mis venas fluye fuego, mire si *soy* caliente...

—Qué miedo, apártate, me achicharras...

Todo dientes y marfil, echa a volar el escándalo de su risa hacia el aire tenue y encendido, infructuosamente abanicado por los penachos de las palmeras. Una catarata blanca de tela y ríos de leche y zaragüeyes se le precipitan y se le escurren lábiles por entre ingles y muslos.

(Antes de morir quiero mojar mis manos en tu lívida mortaja.)

Ahora canturrea por lo bajinis una melopeya que suena a dolor y ausencia...

—Rachid, ¿qué les das a las mujeres?—pregunta, brutal, el Caballero, cuyo muslo, triturado y molido por el de Rachid, a estas alturas es puro ground meat o picadillo para hacer albóndigas .

El muchachón ni se inmuta: levanta y dobla en ángulo recto el brazo derecho, sostenido a la altura del codo por la mano izquierda, y, cerrando el puño, lo blande contundente y amenazador, pero traicionado por la risa.

El opaco tabaco turco le esmalta los dientes de humo y sueño...

—Eso que describes asemeja un arma de las cavernas— define el Caballero—. Me encantaría verla, claro que sólo desde una perspectiva estrictamente criptopaleoantropológica, si tal cosa existe...

Rachid se vuelve a reír, echa mano al sombrero de paja que tiene al lado y se lo coloca sobre las piernas. Parece absorto en su divino oficio de auriga, Apolo/Sol. El fleco del turbante le flagela el rostro. Con una mano maneja las riendas, con la otra parece ajustarse la gandora.

Un pájaro raudo y gozoso pasa sobre tu cabeza, como si acabara de escaparse de una jaula de oro o de la jaula del moro...

Rachid te saca de tu embeleso con un inopinado codazo. —
Mire, señor Rodrigo...

Como quien destapa un pozo, Rachid levanta el sombrero y,
no sé mediante qué mañas prestidigitales, de la profundidad y
la abertura de los zaragüelles emerge, tieso y avieso, un hongo,
king kong size, color arena tostada del desierto: un morabito
cuya cúpula descapullada se remata con azulejos cárdenos y
metálicos.

El Caballero no tiene más remedio que reírse, sorprenderse
y, horrorizarse. Esa revelación ¿es substancia real o desmadre
onírico?

[Olvidas púdicamente relatar que, al fin, tras apremiantes
convites del cochero, el pájaro solitario se posó un instante en la
temblorosa y perfumada rama del granado.]

Ríe, todo nervios, el Caballero, se escama el Caballero. ¿Se
habrán percatado en la calesa de la movida? ¡Horror! Vuelves a
preguntarte: ¿se habrán olido la tostada o la leche hervida de
este desayuno tardío?

(El Caballero, en un movimiento pendular, para él harto conocido, se interna con tristeza en su interior desierto. Se queja
una vez más a su Dios, es ya un viejo contencioso. Pregunta por
qué le niega el banquete y lo condena a las sobras y las piltra-
fas).

Concluye la excursión. Rodrigo ha meditado su plan.

—Rachid, espérame unos minutos mientras despisto a estos
tres pájaros, porque vamos a dar, tú y yo solos, nuestro propio
paseo...

El sevillano te dice, preso en telaraña babosa: «Qué sorprendente la agilidad con que te trepaste al carricoche». Tentado de
contestarle: «A mí no me sorprende tu torpeza», te limitaste a
sonreír por fuera y carcajearse por dentro...

Una de las señoras, muy fina y muy encantada, se te acerca.

—¿Cuál es su impresión de conjunto, Don Rodrigo?

—¡Milagro, señora mía, milagro! ¡Todo, todo crece en el desierto!

Mi risa les confirma mi locura.

Y me apresto a desatar mis sandalias y mi corazón para entrar en el locus amoenus donde Dionisos, mi dios de cabecera, inicia la danza de sus bacantes, borrachos de un vino secreto, enajenados a tu indómita e intolerable belleza.

Don Rodrigo se agencia, en los cercanos chiringuitos, refrescos, cerezas y una sandía de traslúcido cristal, rojo y frío.

Llega Rachid, como escondiéndose, y con un extraño lío de ropa. Guía y guiado se miran a los ojos y se sonríen con una sonrisa abierta y limpia. Rodrigo [sádicoHeautontimorumenos,: el-que-se-fustiga-a-sí-mismo] como siempre, se deja invadir de súbita melancolía. Porque, como siempre, entre los dedos se le escurren la precaria alegría de un minuto y el olvido sin hora. Tempus fugit...

(Rachid, duna y palmera, así como me parece arrancar del árbol de ayer esta cereza agridulce y fugaz que me como mientras esto escribo, memoria facsimilar de la cereza que me comí junto a ti, así ahora evoco la proporción de tu cabeza, el áspero calor en mi mano de la seda cruda de tu mano, mano de hombre encallecida, pero jamás encanallado, mano que besé y beso ahora muy adentro.)

Una mano... La mano de la soledad y los ungüentos. Ay, Federico, llama a la Guardia Civil o al Arcángel bendito.

San Miguel lleno de encajes,
en la alcoba de su torre,
enseña sus bellos muslos
ceñidos por los faroles...

Rachid libra las riendas al albedrío de su artrítico caballejo y, sin previo aviso, agarra a Rodrigo y somete su anatomía más delicada a un juego de manos —juego de villanos y bellacos— y a enérgico zarandeo, como midiendo muy impares fuerzas.

—¡Que me vas a hacer caer, bestia apocalíptico!

A la fuerza bruta, Rachid se apodera de su pasajero, lo aprieta, lo abraza y lo asfixia, lo achucha.

Ahora te busca la boca, y como se le escapa, se ensaña en el lóbulo de una oreja inocente, te muerde el cuello...

Tu boca fugitiva regresa del exilio y busca dócilmente asilo en la boca enemiga.

El descalabrado caballo sigue su derrotero como un jet con piloto automático. —Rachid, ¿de dónde te has sacado este lío de ropa? —De aquí... mira...

Rodrigo, presa de estupor y una miajita de fascinación, no quiere admitir lo que está viendo, palpando casi, pese al volumen de la evidencia.

El bello númida, seguro que descendiente [si así tú lo decides] del rey Juba I, que infligió crueles y contundentes derrotas a las fuerzas cesarianas, se levanta impúdico la gandora: los zaragüelles que llevaba debajo han desaparecido y lo que tiembla entre sus muslos es el autoritario bastón de ébano y marfil de un rey africano.

Los besos estallan como flores y pájaros de fuego. Relajado el protocolo, el *vous* y el usted han quedado abolidos en su morfosintaxis.

—Habibi, si tú quieres, tú vas a sujetar un ratito las riendas, sin preocuparse. El caballo toma todas las decisiones porque se conoce el camino hasta durmiendo. Yo voy a bajarme un ratito para...

—¿Qué nueva locura es ésta, rabo de Belcebú? —riendo, pero alarmado. —Habibi, quiero hacer algo que siempre he querido...

Echa en un santiamén, o en un santialá, mano a la gandora, se la arranca y queda cual mono desnudo bajo el palio azul, pálido de envidia el sol.

Es Hermes, el hermético, qué cosa tautológica, mi dios: las alas le brotan en hombros y pies.

Y después, en áurea desnudez, se lanza a tierra, corre alocado, bebe el aire, se moja en la acequia, se revuelca en el esplendor de la yerba, acaricia una calabaza que se convierte en carroza, princesa incluida, salta hacia los pájaros y hacia las nubes, atrapa un racimo de dátiles [Para chuparos los dedos] y arranca de un árbol de granado un ramillete que te coloca, Rodrigo, junto con un beso, sobre la oreja derecha, en señal de que estás — qué risa— comprometido.

—Rodrigo, desnúdate conmigo...

—¿Pescaste una insolación? Ni se te ocurra, no estoy tan loco. Y tú, vístete, macaco desnudo, ya....

Rachid lo mira con un poso de tristeza en los ojos... — Rodrigo, ¿cuándo te vas? —Ya, como en tres horas sale mi tren...

—No.

—Sí

—Quédate.

—Ya he pagado el hotel, el equipaje me espera y esta noche tengo una cita con alguien en la capital...

—¿Con quién?

—Con el arzobispo de Constantinopia.

—¿Con quién?

—Con el tonto arzobispo de Constantinopia, que se quiere desarzobispoconstantinopolizar, y el desarzorbispoconstantino-polizador que lo desarzorbispoconstantinopolice buen desarzo-bispoconstantinopolizador será.

—Rodrigo, quédate.

Ultimamente todo el mundo quiere que me quede... ¡Qué solicitado me siento!

—Mira, llevamos tu equipaje a mi casa, mi casa es pobre, pe-ro limpia; compramos un cordero lechal, te lo adobo como me enseñó mi abuela, y lo mando cebado de hierbabuena y romero al horno de leña del barrio...

—Lo juro, hijito, me gustaría comer ese cordero tuyo, o de tu abuela... Para decirte la verdad, me comería cualquier cosa tuya, cruda y en su salsa natural, pero...

—Quédate. Hoy es luna creciente, acamparemos en las dunas a la puesta del sol, y no te dejaré dormir hasta el amanecer de Dios... Compraremos una botella de vino dulce, alfajores y pas-tas de almendra y miel...

Un breve silencio, y un grito tuyo, niño con zapatos nuevos...

—Rachid, no he oído bien, ¿a qué hora dijiste que iremos a esas dunas tan lunares y estratégicas?

Derramas lágrimas estremecidas y sinceras, humanas y sa-gradas, durante la agonía escarlata de un sol inmenso... Te sien-tes y eres nada ante la Nada y nada ante el Todo.

Alejado unos pasos, Rachid, postrado sobre una esterilla, en canónica dirección hacia la Meca, recita sus aleyas coránicas con fe de niño, ingenua y poderosa.

De hinojos ambos ante Alah, ante Yaveh. ¿Es Él quien juntos os ata al mástil de este universal naufragio?

Furia y dulzura, amor y odio, hacia el padre que se fue o que permitió que te fueras... Contesta, audi me, inclina aurem tuam, no te hagas el sordo, afina tu Oreja cósmica: ¿por qué, oh Dios, por qué lo permitiste, por qué?

Te grito como a esposa infiel y casquivana, grito como esposa infiel y casquivana.

El perfil orante de Rachid se recorta, nítido y sereno, contra el disco que se desangra.

En un seno de arena, lo imito y, a voces, yo, cual sapo que croa en esa charca seca, en ese estéril desierto, grito, grito a Dios, oh Dios, te grito.

Nuestras oraciones, empapadas de amor sacrílego y vino prohibido, pese a todo, sé que subirán hasta Ti, Dios Clemente y Misericordioso, como un poema pío y blasfemo de Omar Khayán, un poeta místico y libertino.

—Rachid, no olvides despertarme antes de la salida del sol. Quiero recitar, en el instante exacto, el Himno al Sol de mi padre, otro de mis padres, el pobrecillo Francisco de Asís...

Y el Esposo vendrá a yacer en el tálamo con la Esposa, como anuncia el profeta Isaías en el versículo quinto del capítulo sesentaidós:

Como se casa joven con doncella,
se casará contigo tu edificador,
y con gozo de esposo por su novia,
se gozará contigo tu Dios.

¿Sería correcto traducir la palabra de Dios a un lenguaje politically correct?:

Como se casa el/la joven con doncel/doncella
se casará contigo tu edificador/a,
y con gozo de esposo/a por su novia/o,
se gozará contigo tu Dios Padre/Madre.

¿Habré incurrido en herejía?
[Mucho peor, en pecado de lesa y laxa bobería.]

Caen la tarde y el mercurio de los termómetros. En nuestra diminuta tienda de campaña de suelo almohadillado —acaso de pelo de camello, como las que tejía Pablo de Tarso—, entibiados por nuestra fiebre y por un braserillo donde humean granos de incienso y mirra, juntos, ambos, y revueltos en una sola manta y una sola piel, entrelazamos una guirnalda de lágrimas y besos.

(De su novela inédita, *En soledad, de amor herido*)

FERNANDO OPERÉ

*Fernando Operé nació en Valencia. Licenciado por la
Universidad de Barcelona, se doctoró, en Historia
Latinoamericana, por la Universidad de Virginia, donde ha
sido profesor desde 1983. Reside en Charlottesville, Virginia.*
   Ha publicado Civilización y barbarie en la literatura
argentina del siglo XIX. El Tirano de Rosas *(1987)*. Y en poesía:
Días de lluvia y otros soles *(1987)*; Despedidas *(1987)*; ¿Quién
eres tú, Betty Blue? *(1991)*; Acróbata de ternuras *(1994)*.

FERNANDO OPERÉ

LA COCINA

La madre está en su aroma.
¡Es tan fecunda la cocina
y el corazón tan ancho!

Sobre el fogón se inclina
con su dulzura láctea
y el cuarto se ilumina de perfumes:
guisos, vegetales, hierbas,
raíces arrancadas
con amor cotidiano.

Está ahora tan tierna
harinando el pescado,
encendiendo la hornilla,
avisándonos a todos,
por el río perfumado del pasillo,
que ha llegado la hora de la cena,
de la mesa, del mantel primoroso,
la cita diaria con el pan crujiente.
Qué misterio ese del pan,
redondo y blanco, que mi padre
santiguaba antes del sacrificio.

Está la madre en la soledad
de sus años. En sus balcones
crecimos. Cae la sombra de la tarde
sobre sus párpados,
mientras las nubes abanderan lentas
el rojo del ocaso.
Es éste otro fogón celeste
que la madre ausculta

LA MESA DE PINO DEL COMEDOR

Sobre la mesa está el pan,
reposante corazón de harina
en el centro.
En las orillas, las manos aguardan
impacientes
y los labios quedos.

El comedor es todo
luz de candelas, mesa comulgante
a la que peregrinábamos,
puntual de campana,
los claros mediodías,
cada almuerzo,
las mañanas frías de luna,
a la hora cansina
que anticipa el sueño.

Entra la madre. Sirve.
Tremenda la cuchara se hunde en el puchero: laico guiso
de hojas festivas, patatas
laboriosas de huerto,
zanahorias piadosas,
tomates sangrientos,
laureles sin cabezas cimbreadas
pero perfectas en su dentadura.

Entra la madre. Oficia.
Mesa de madera grande.
Altar de pino viejo.

LA BIENVENIDA

Con la rauda sencillez
de mis cinco dedos alados
me apresto a recibirte
en mi palma harinosa de diez miembros.
Estrecha, amigo, tu aflición y la mía,
será un golpe de mano y de claveles.

Te saludo, hermano,
al borde de mi masa y mis cuarenta,
en el umbral, la entrada de esta casa
en que soy prisionero y centinela.
Extraños oficios que comparto
con ritual ilógico y pedestre.

Pero, entra amigo,
barajemos metáforas bebiendo,
intercambiemos vasos y alegría,
pesadumbre también, quizás caricias,
que faltados estamos de los dedos.

Te saludo en mis manos y mis puños.
(La piel memoriza tactos).
Bajo el arco maestro de mi casa
te abrazan mis pechos y pestañas,
mi corpulencia ósea, mis legajos.

Qué bueno que viniste
y te hago honores.
Hablemos ya, hablemos raudo
que el tiempo suavemente nos embroma
y a la larga, no muy a la larga, nos golpea el mentón
y nos derriba.

TABERNA DE BARRIO

Mañana, esta cerveza amarga
de un barrio sin respiros ni linderos,
charcó será en tabernas rancias
con pechos flacos y ajenos.

Ayer, vasito antiguo
de cristal de Alsacia,
mundo de diminutivos, de ya lloro,
ya te quiero. Todo en su íntima
suciedad, en su obscura charla.
Tabernita de barril, plato
de cien cucharas y sonetos.

Hoy, ya me levanto de palo,
ya me pongo el sombrero.
Qué viaje tan sin remedio y largo
en aceras amarillas de pañuelos.

Ay qué tinta tan ácida de esta carta,
qué cielo tan aplomado
sobre este mar de huesos.

PERROS

Ladran desesperadamente.
En la mañana de los hombres
los perros
ladran desesperadamente
hasta el límite de sus agonías.
¿Qué reclaman?
¿A quién muestran sus fauces
beligerantes?
¿Por qué festonean impertérritos
sus rabos nerviosos?

Hay, en la agonía itinerante
de sus ladridos, un humano tono,
un eco familiar
de puerta cerrada y miedo.
Hay también, una valla protegida
y un muro con ojos siderales
que se alarga en la calle de los hombres
hasta la vaciedad perruna del instinto.

Humanamente miran.
¿A quién su anhelo?
Mueren humanamente.
No se persignan.
Y su aullido defensivo
y agónico es un puñal de hielo
en la noche de las incógnitas.

Perro, te llamo.
Can, te pregunto,
¿por qué tu fiel celo?

UN DIA TRAS OTRO

Otra vez amanece
y alguien calienta un café redondo.
Alguien tuesta el pan y lo jalona
con mantequilla fresca
y mermeladas de oro.
Una vez más
el día se alza esplendoroso
en su veintena de horas
y de ruidos.
Se esparce por la tierra,
se despereza. ¿Quién adivina su humor,
su palpitar sonoro?

Otra vez llegáis a mis venas
presurosos.
Saltáis sobre mis pechos,
bebéis mis ojos.
Me tomáis por el talle y por el alma.

Me quedo, al fin, vacío, solo.

Me vuelvo al café sobrecogido.
Sobre los cerros rojos
la neblina se alza.
Otra vez es mañana.
Un día tras otro.

(De Acróbata de ternuras)

CARLOS ROJAS

Nacido en Barcelona en 1928, Carlos Rojas se doctoró en Filosofía y Letras por la Universidad de Madrid. Desde 1960 fue profesor de literatura en la Universidad de Emory (Atlanta).

Como ensayista ha publicado Diálogos para otra España *(1966),* Por qué perdimos la guerra *(1969),* Diez figuras ante la guerra civil *(1973)* y La guerra civil vista por los exiliados *(1975).* Entre sus novelas destacan: De barro y esperanza *(1957),* El futuro ha comenzado *(1958),* Adolfo Hitler está en mi casa *(1965)* y Aquelarre *(1970). Obtuvo el premio Planeta de 1973 con su novela* Azaña, *y en 1980 fue galardonado con el premio Nadal por otra obra narrativa,* El ingenioso hidalgo y poeta Federico García Lorca asciende a los infiernos, *que narra los últimos días de la vida del poeta andaluz, su paso por Madrid y el viaje a Granada.* También ha conseguido los premios Ateneo de Sevilla, con *Memorias inéditas de José Antonio,* y el Nacional de Literatura Miguel de Cervantes, en 1968, con Auto de fe. *Entre sus últimos títulos se encuentran* El jardín de Atocha *(1990)* y Proceso a Godoy *(1992).*

CARLOS ROJAS

ALFONSO DE BORBÓN
HABLÓ CON EL DEMONIO

16 de enero, 1875
A caballo blanco, como se lo pro-
metiera a Mercedes, hice mi en-
trada en Madrid.

A caballo blanco, *Segundo* de nombre, amblador y marchoso que no tordillo y menos canelo cuatralbo, como luego bisbisearán los envidiosos, volví anteayer a la Villa y Corte. A mis muy mozos diecisiete años, era yo al fin rey triunfante de oros y centíberos, según dice sonriéndose malignamente Pepe Alcañices.

Un solo cañonazo coreó el silbido de salida de mi tren de Aranjuez. En seguida se apercibirían en Madrid las tropas que iban a honrarme el recorrido, desde Atocha al palacio de Oriente. Mi espejo a cuestas, la memoria implacable que nada omite para mi calvario o regalo, las refleja a todas cuando las nombro. Formaban ante la estación dos escuadrones del regimiento España, en tanto me acogían la llegada a Atocha las veintiuna salvas de ordenanza, a las doce dadas y sonadas. Aguardábame en el paseo de Trajineros otro escuadrón de Calatrava. Prado arriba, me franqueaban fuerzas de Artillería montada e Ingenieros, con su tren de Telégrafos. En la calle de Alcalá, cuadráronse otros escuadrones de Artillería y de puentes de barca. Alumnos de la Escuela de Ingenieros y un tercio de la Guardia Civil rendían banderas en la Puerta del Sol. A los batallones de reserva de Granada, Toledo y Guadalajara les cupo en suerte la calle Mayor. En la de Bailén, paraban los cadetes de Infantería y una última sección de artilleros a pie. Milicias de voluntarios realistas recibiéronme en Palacio, por la puerta de la Armería.

Me sirvieron de séquito las más afamadas lanzas del país. Como comandante general de alabarderos, cabalgaba a mi espalda don Juan de la Pezuela, conde de Cheste: último verdugo de Dante en el infierno, como lo llama bizcando Cánovas del Castillo por haberse obstinado en traducirle *La Commedia* en verso. Precedía la Pezuela a una escolta de generales y capitanes generales, como Martínez Campos, Primo de Rivera, Novaliches, Jovellar, Pavía Rodríguez de Albuquerque, Ceballos, Echagüe y Terreros. En mitad de la calle de Alcalá y al pie del cimborrio de las Calatravas, la iglesia remozada por Juan de Madrazo a instancias de don Francisco de Asís —digamos por decir mi padre— me erigieron un arco triunfal de quitaipón, coronado por una cimera de gallardetes, banderines y banderas. Apiñada a lo largo del arroyo, me aclamaba la multitud. Madrid era un hervidero de gritos, colgaduras, doseles, cortinajes, tapices, guirnaldas, chales, mantones, cobertores, damascos y telas blasonadas. Por balcones y ventanas llovían flores, aleluyas impresas y cintas de colores. A los rostros y al vocerío, saludaba yo con la teresiana. Aun en mi gozo, era medio suplicio agitar el quepis. Lucía flamante uniforme de capitán general, cortado de lejos y con medidas aproximadas por un sastre de la Corte, llegado a Marsella cuando ya embarcábamos para Barcelona. De tan prieto por la axila, se me hendía la costura de aquel traje y parecían prestos a saltárseme los botones en el pecho.

—Celebremos la acogida que os dispensó este pueblo de insensatos —me dijo ayer Cánovas—. No os quepa duda de la sinceridad de su júbilo. Pero recuerde vuestra majestad que mayor fue todavía su entusiasmo en 1814, cuando regresó vuestro augusto abuelo Fernando VII del destierro, al cabo de la más atroz de las guerras. Lo recibieron al bramido siniestro de *¡Vivan las caenas!* Halagado sentiríase el rey. Pero los despreciaba a todos, riéndose en las honduras del alma.

—Don Antonio, el desfile fue un teatro con la ciudad por escenario. Concluida la zarzuela, ahora empieza de verdad mi jornada. Pero no pretenda usted que escarnezca y menosprecie al pueblo como mi abuelo.

—Lamento discrepar. Pero la verdadera farsa comienza ahora, señor. Ayer tuvimos el último ensayo. Debemos convertir vuestro reinado en una parodia de la democracia británica, igualmente invulnerable a la revolución y al golpe de Estado.

Pero, mientras yo desfilaba por la calle de Alcalá y bajo el arco de las Calatravas, entre artilleros y pontoneros, el escepticismo de Cánovas, en funciones de severo mentor, pertenecía aún al inmediato porvenir de la mañana siguiente. Por un instante, ensordecí y me ensimismé contemplando el firmamento. Era casi niño, cuando me dijo Alcañices en París que lo peor de mi destierro era perderme yo el cielo de invierno en Castilla. *Ni en Francia ni en Viena, verás nada parecido.* A solas los dos, habíamos paseado hasta la cumbre de Montmartre. Allí paramos a contemplar los tejados, que la brisa y la atardecida recortaban a titubeantes tijeretazos en la neblina. *El azul, de tan claro, se crece y asciende. Las nubes, en cambio, son apaisadas y blanquísimas. Todo el desorden bulle de telas abajo. Arriba, el contraste entre el azul tan alto y el blancor tan bajo impone una ordenada razón. Yo no acabo de comprenderla, la verdad. Pero va a fascinarte tanto como a mí mismo.*

Nubes, no las hubo. Todo era clara luz de invierno, dorándome los vítores y las calles. De tan brillante, diríase barnizado el cielo a muñeca y puesto a secar al sol. Entre las calles del Turco y del Barquillo, frente a mi efímero arco triunfal, pensé que nevaba la noche del 27 de diciembre de 1870, cuando por allí cruzaron a todo correr, con el general Prim, arcabuceado y desangrándose. De Prim y de su atentado, parte de una historia pasada aunque no fundida con la nieve, volvía a hablarme Pepe Alcañices, duque de Sesto, la víspera en Aranjuez.

—Cerrada la noche, sobre las siete y media, dejó Prim el Congreso por la puerta de Floridablanca. Al amparo de un paraguas, cobijábanse de la nevada dos desconocidos. Uno de ellos echó a correr hacia la calle del Sordo, en cuanto lo vio subirse al coche. Estaba en la conjura y anda empapelado en el sumario. Él avisó a sus secuaces, que aguardaban en la calle del Turco. El caballero con quien compartía el paraguas resultó inocente. Tratábase de un papanatas, que casualmente paróse en el arroyo al ver salir al general de las Cortes.

—Pepe, la verdad y el vino sin aguar. Cántemela llana, caiga quien caiga, como siempre lo hiciste. ¿Tuvimos que ver con aquel crimen?

—Supongo que no —pensativo, sacudía la cabeza—. Pero no pondría las manos en el fuego por vuestro tío, el señor duque de Montpensier ni tampoco por Serrano, aunque sea el sumario una maraña de preguntas sin respuesta. Con Prim hablé por última vez, otra tarde del invierno anterior. Mediaba febrero y le llevaba una carta de vuestra augusta madre. Ella le propuso ser primer ministro, si os reconocía por rey. ¡Jamás! ¡Jamás! ¡Jamás! me gritó verde de ira, con sus vocales de puro payés catalán, rajadas como granadas. ¡Jamás! ¡Jamás! ¡Jamás! repetía en las Cortes, refiriéndose al regreso de la casa de Borbón al Trono— reíase Alcañices, regodeándose luego con los ojos entornados como gato en la solana—. La acertó de lleno, el pobre. En paz descanse.

—En paz y dime ¿por qué no me tuteas, como aún ayer lo hacías? Como cuando era niño.

—¡Nunca! —volvió a sonreírse—. Que ya soberanea su majestad, por derecho propio. Mal que le pese a Prim, en los infiernos.

—Me hablas y no te reconozco. Me suenas a un extraño.

—También su majestad lo es en esta tierra, de donde falta desde los diez años. Pronto advertirá que aquí las palabras cobran un sentido muy distinto del que se les supone. Pensad, señor, en el *jamás* de Prim o en voces como libertad y democracia. Me temo que ahora le toque a vuestra majestad aprender aceleradamente el castellano, como antes estudió idiomas ajenos. Por suerte tiene una memoria privilegiada. No conozco otra como la suya.

De Prim, muerto, pasé a Amadeo I, el rey de los Savoya que él se trajo y le votaron las Cortes. Amadeo el único, porque luego abdicaría la Corona. *¡Questo non é un paese! ¡Ouesto é una gabbia di pazzi! ¡Esto no es un país! ¡Esto es un manicomio!*, gimiendo apuró el cáliz de sus tres años de reinado. Después, en nombre propio y en el de todos sus descendientes, renunció al Trono. Lo había aceptado invocando la Santísima Trinidad, Padre, Hijo y Espíritu Santo, aunque fuese masón conocido, según me contaba Cánovas. Que Dios le guíe y le bendiga.

Cánovas había ido a París para aceptar la jefatura de mi partido, del alfonsino. Aunque los dos se odiaban, de mal grado se la cedió mi madre, la reina. Ella había pensado antes que me apadrinaran la demanda aquellos de quienes aún sospecha Pepe como sayones de Prim: mi tío Antoine de Montpensier y el general Serrano, duque de la Torre, quien debió haber sido su primer amante en otra vida. Como lo cortés no quita lo valiente, luego contribuyó Serrano a destronarla en 1868. Pero a todos se impuso Cánovas, a demanda de Pepe Alcañices.

No hace ni dos años, apenas amanecido un agosto que fundiría los cantos de París, en el palacio de Castilla juntáronse con mi madre y conmigo mi hermana Isabel, Pepe, el general Reina, el marqués de Molins, Alejandro de Castro y Jacinto Ruiz. Cánovas exigía que le firmásemos la encomienda mi madre y yo. *Habiendo consultado a personas de cuya lealtad y desinterés no podemos dudar, hemos creído conveniente conferirte plenos poderes para dirigir en mi nombre y en el de mi amadísimo hijo, nuestra justa causa, procurando su triunfo por cuantos medios y recursos puedas.*

Jacinto Ruiz redactó la última versión de aquella carta, empedrada de adverbios y gerundios. A los pocos días, compareció Cánovas a firmar su aceptación. Me asombraron sus espantosos chalecos rameados como indianas, su estrabismo detrás de los gruesos quevedos y los mostachos de foca, sobre la mosca del mentón, cobijándole el dejo malagueño, que aún conservaba. Estipulado o impuesto un encuentro a solas conmigo, empezó a hablarme como a un adulto a mis pobres quince abriles, como si él fuese mi omnisciente abuelo y al igual que el centauro educaría a Aquiles. Acerca de don Amadeo y su renuncia, reflexionaba en voz alta:

—*Vidi e connobi l´ombra di colui/ Che fece per viltà il gran rifiuto.* Vi y conocí la sombra de quien hizo la gran renuncia por cobardía. Aunque parezca mentira, no aludía el poeta a don Amadeo sino al Papa Celestino V. El que abandonó el solio de san Pedro a los cinco meses de reinado y con cuyo espectro se tropieza Dante a la entrada de infierno —suspiró encogiéndose los hombros—. Todo ello parece terriblemente eterno y muy italiano. Si en España proclaman la República en 1868, después de la revolución, me temo que hubiese persistido y prevalecido. Se opuso siempre Prim. Les repetía que al régimen le faltaba precedentes y partidarios. Menos los tendría, pienso yo, la importación de un rey desde Italia. Algún día, jugando al rentoy o a la mona en el vestíbulo del abismo, podrá comentar todo aquello don Amadeo con Celestino V.

Según me contaron, por contraste con el sol de anteayer, también neviscaba el 2 de enero de 1871, cuando Amadeo llegó a Madrid. Serrano lo esperaba en la estación y lo condujo al santuario de Atocha. Allí yacía Prim, de cuerpo presente y embalsamado. Largo tiempo se embebeció el rey, frente al cadáver.

Supongo lo asentaría a miradas la rencorosa clerigalla. Salido de una urna y por voluntad del muerto, llegaba el monarca masón. Era hijo de Vittorio Emmanuele II: el usurpador excomulgado, que le arrebató los dominios al Santo Padre para encerrarlo en el Vaticano. Nevada volvióse la nevisca, mientras subía Amadeo por el Prado hacia el Congreso. Saludaba a sombrerazos a los pocos madrileños ateridos, que lo aplaudían en los portales y al socaire de los balcones.

Del Congreso retiráronse aquella tarde mis diputados, con los carlistas y republicanos. Pero juraría el rey la Corona, entre sardónicas sonrisas de sus propios fieles. Nunca supo el castellano y se le trababan las íes griegas y las jotas. Por no decir nada de nuestras erres, arrastradas por el aire como sermones vacíos. *Io iugo y pgmeto.* Jurado que hubo y siempre bajo la nieve, lo llevaron al palacio de Buenavista, donde presentó sus respetos a la viuda de Prim. Pudo recurrir entonces al francés, para su consuelo.

—*Madame, je vous promets que je trouverai l'assassin de vôtre mari.* Señora, le prometo encontrar al asesino de su marido.

—*Je vous remercie, Vôtre Majesté.* Mucho se lo agradezco a su majestad, repuso la viuda y añadió contemplando a Serrano de hito en hito—: *Vous n'aurez pas à chercher tres loin.* No tendréis que buscar muy lejos.

De todo me desentendí al llegar a Palacio. Tan pronto el viejo Ceferino Rodríguez y su ayudante de ayuda de cámara, Prudencio Menéndez, me despojaron del uniforme y descalzaron las botas, me sentí libre de recuerdos y recuerdos de recuerdos: los que se imbricaban como tejas con las memorias de la tarde. A solas al fin, envuelto en una bata, en zapatillas y caído en una poltrona, fumaba mirando el crepúsculo sobre el Campo del Moro. A la puesta, encendíanse los cielos de enero como si fuesen de estío. Volviéronse primero de cinabrio, luego de ópalo, por último de lacre ardiente. Antes de que las sombras, amoratadas como los viejos espejos, devoraran los cielos.

También deslucíanse y apagábanse, a jirones, el tren que me trajo de Aranjuez, el arco de triunfo de las Calatravas, los escuadrones de ingenieros, de artilleros, de milicianos, mi caballo blanco, *Segundo* de nombre, y hasta el distante recuerdo de Mercedes. Pero con todas las memorias de mi regreso triunfal, definitivamente extinguidos sol y clamores, íbanse las nieves de Amadeo y de Prim, los chalecos de Cánovas y hasta el Papa Celestino V —el del *gran rifiuto*— muerto desde hacía medio milenio, jugando a las cartas con Amadeo, vivo, detrás de las puertas del infierno.

Desoyendo las fervientes protestas de Ceferino, no cené aquella noche y exigí soledad y silencio hasta la mañana siguiente. Sentíame libre y desasido como un traje vacío. Pero no pude por menos de preguntarme qué haría yo, de pronto abandonado por voluntad propia en aquel palacio tan grande. Algún propósito oculto, muy ajeno a mi reinado, me devolvería a sus viejas estancias. Cerré los ojos y como si a mí mismo me repusiera, me dije en voz alta:

—Vine a buscar los fantasmas de mi niñez.

Afinando el oído, comencé a sentirles las voces. Para beberles las palabras, bajé el pábilo de la lámpara, prendida a mi lado sobre un tresillo. Luego corrí las cortinas sobre la ventana, que ya daba a la noche en el Campo del Moro. Aun a mis diecisiete años, como quien dice casi sin tiempo de haber vivido, parecían venirse las voces de rondón desde un siglo distinto. De una época poco menos que legendaria, donde yo no era yo sino el espectro de un niño —siempre afligido por toses, trancazos y catarros, con palidez de cirio, ojos negros como tizos y diabólica memoria— a quien llaman príncipe de Asturias.

Voces de mi dómine en religión, el padre Cayetano Fernández de la Congregación de San Felipe Neri, quien a diario me cantaba misa a las nueve y media de la mañana, confesándome semanalmente, y todas las tardes, a las tres en punto, me instruía en catecismo y vidas de santos. Voces de mi profesor de lectura y escritura, don Cayetano Castilla, reprimiéndome por echar borrones en los dictados. O abriendo los ojos de pasmo y de espanto, cuando le repetía de memoria largos poemas, a la primera presurosa lectura. Para decirle en seguida que no los comprendía; pero los recordaba al verlos sin mirarlos, tal como andaban impresos en mi libro de *Elocuencia y moral*. Voces de mi mayordomo y caballerizo mayor, el general y marqués de Novaliches, y de dos gentilhombres a mi servicio, Guillermo Morphy y Bernardo Ulibarri, cuando juntos me llevaban de paseo al Retiro. En el parque, sonreía meneando la cabeza don Bernardo. A la chiticalla, desaprobaba la llaneza y soltura de lenguaje de su compañero, mientras yo me partía de risa y contaba Guilermo Morphy:

—Aquí estuvo la gran pajarera en tiempos de Felipe IV. Pasaba entonces por la mayor del mundo, aunque faltarían en la jaula el fénix y el ave del paraíso. Una tarde de Epifanía, cuando veníase a inaugurarla con un bufoncillo de la Corte el conde-duque de Olivares, verdadero amo y señor de toda España a la sazón, lo arcabucearon desde las acacias del Prado. Tumbaron la carroza, partiéndole tres radios de una rueda, y les volaron la cabeza al tordo y al cochero del conde-duque. Se dieron a la fuga los sicarios enmascarados y jamás los hubieron. De la carroza caída, saliéronse por la ventanilla el enanito y el valido. *¡Favor! ¡Favor! ¡Que me matan!* chillaba el gallina de Olivares. *¡Cielos, cielos que me apuntillan sin confesión los muy cabrones!* gemía el gracioso.

Voz queda, gris y sumisa, talmente como él mismo, era la del tercer gentilhombre a mi servicio: don Isidro Losa y de la Cruz. Mi madre, que siempre tuvo flaqueza por los lacayos, cuando no la sentía por valentones atigrados, colmó de mercedes a aquel hombrecito ventrudo, entrado en carnes, ceniciento y bigotudo. Fue ujier, secretario de cámara, mayordomo de semana, palaciego de casa y boca. Hace tres años, don Isidro me acompañó voluntariamente a Viena, con Ceferino, Guillermo Morphy y el general Tomás O'Ryan, cuando fui a estudiar al Theresianum. Vagando con los cuatro una tarde de domingo por el Prater, se me ocurrió preguntarle a Guillermo si era cierto lo del conde-duque, el bufón y los cabritos trabucaires.

—La pajarera y el atentado lo son. Las súplicas del bufoncito y los cuernos de los rufianes quizás los imaginé sin advertirlo, o me los inspiraron dioses burlones. Aclárelo su alteza con Cánovas, que todo lo sabe sobre los Austrias y su decadencia. Lo de la puntilla, me suena un poco anacrónico. Cuadra con la época de Pepe-Hillo y de Costillares, no con la de Felipe IV, aquel rey tan amante de monjas y comediantas.

Como antes don Bernardo Ulibarri en el Retiro, circunspecto sonreíase en el Prater el general O'Ryan. Fruncido el ceño entrecano, contemplaba don Isidro Losa a Guillermo. Siempre lo tuvo por loco, porque pocas veces comprendía de qué hablaba. Aborrecíalo tanto como le envidiaba la gente de nota que había tratado, los varios idiomas de que se valía y la soltura de sus improvisaciones al piano. Celos venenosos también se los tendría, por ser el único de mis tutores a quien yo tuteaba. Que ya de niño sabía por instinto que el tuteo, resérvanlo los reyes civilizados para los más íntimos.

Voces, voces que de nuevo retroceden hasta antes de la revolución y de nuestro destierro. Susurros de abacero servil de don Isidro, tan preocupado por mis toses, mis cacas, la fiebre y la afonía, que me encamaban todos los inviernos. Risas chillonas y trinos como campanilleos de mi madre. Ella sí tuteaba a todo cristo, por ser la soberana. Sus ojos azules, tan distintos de los míos, mirando a hombres y mujeres con inquieto desparpajo, para decirles distraídamente: *Te quiero mucho, Te quiero mucho.* Tono y timbre, templados por la ironía o por la mal contenida ira de Guillermo Morphy, en tanto hablaba con mi madre y yo los escuchaba, oculto tras la puerta del real gabinete privado.

—Señora, Isidro Losa escribe con faltas que cantan el credo y parten el alma. Sólo se desvive por traerse obispos de la primera silla, para que el príncipe de Asturias les recite la catequesis y ellos se la aplaudan. Me pregunto si educamos a un rey en ciernes, a un teólogo o a un monago sacristán. ¿De dónde viene esa alma de cántaro, ese analfabeto de don Isidro?

—Guillermo, ya sabes que te quiero mucho. Pero no seas delator. No me gustan los búhos soplones. Además Isidro es un santo. Trabajaba en la cerería preferida de las concepcionistas de Jesús de Medinaceli, cuando allí profesaba sor Patrocinio. Ella lo conoció, comprándole velas para el altar de la Virgen del Olvido y de la Misericordia. Por sus muchas virtudes, aunque no por su erudición, lo recomendó la monja a mi marido, el rey. Yo lo hice gentilhombre de casa y boca, porque me encanta que me hable de Patrocinio y sus prodigios, en tanto almuerzo mi arroz con pollo azafranado.

—¡Dios sea loado, señora! ¡Esto es peor de lo que yo pensaba!

—Guillermo Morphy, el caballero Morphy como yo lo apodé, sacudía la delgada cabeza y las cuadradas, renegridas barbas. Ya le blanqueaba entonces la amplia calva, sonrosándosele al sol como si fuese de alabastro.

—No te atormentes, tonto, que todo se arreglará. Además te inquietas por nada. Faltas en la escritura, también las cometo yo. Acaso tantas o más que don Isidro Losa. No deberías envanecerte de la esmerada educación que te dieron ni despreciarnos a nosotros, los pobretes que no gozamos de tu privilegio. No obstante, canto como los ángeles y muchas veces me alabaste la voz. Vaya, si no mentías entonces.

—Yo no miento nunca, si puedo remediarlo. Por esto, con el corazón en la mano, os confieso que don Isidro es un lelo. La monja le torció la carrera, porque su auténtica vocación es la de cerero, aunque él lo ignore —en seguida cambió de tono y de tercio. Adelgazada, se le ensombrecía la voz—. Su alteza, el príncipe me preocupa. En cierto modo, no acabo de comprenderlo. Como su majestad lo sabe mejor que nadie, es un niño inteligentísimo. Recuerda cuanto lee, desde que aprendió las primeras letras. Pero también parece presentir el porvenir y entonces me da escalofríos oírlo. Casualmente le conté que vuestros augustos abuelos, don Carlos y doña María Luisa, perecieron desterrados en Italia. Me dejó atónito, al replicarme en seguida: *A mí me tocará un día morir en El Pardo.* Le pedí sus razones para decirlo y afirmó desconocerlas. Luego se fue a jugar con su cometa, porque estábamos en los parterres del Campo del Moro.

—Sosiégate. Los niños dicen lo primero que se les ocurre.

Voces, voces.

Dirán los niños lo primero que se les ocurre. Y acaso, al igual que los locos, proclamen verdades. No se me olvida aquella cometa; me la trajeron de París los padres de Mercedes, mis tíos Montpensier. Si bien mi madre no podía verlos y a gusto les hiciera la cruz para siempre, aquí pararon, de viaje ellos a su palacio de San Telmo en Sevilla. Llevaba la cometa una cola larguísima, adornada con flamantes banderolas de papel y era manchú auténtica, según mi tío Antoine. Adjuntas, en un sobre, veníanse las instrucciones para hacerla volar y la traducción de los caracteres chinos, estampados en la tela. Los leyó despaciosamente mi tío, con aquel acento de *boulevardier à nombre du Temple de la Glorie*— de paseante a la sombra de la Madeleine— que jamás perdiera, amusgando los ojos almendrados que de mandarín y no de francés parecen.

—Sueños y demonios se empeñan en hacernos creer que no existen.

Sueños, demonios, voces.

294

Estoy seguro de que algún día, iré a apagarme al Pardo. Ignoro, cuándo, claro. Si pudiese penetrar en todo mi porvenir, sería como un dios. Un dios ido, por contraste con un rey triunfante, y no distinguiría entre pasado, futuro y presente, perdida la noción y los lindes del tiempo. Espero salirme de este mundo tarde y ya muy viejo. Quisiera ver vuelta respetable realidad parlamentaria la farsa política, de la cual tuvimos anteayer el último ensayo, según dice Cánovas, con mi entrada en Madrid.

Desde París, en un repente, telegrafié que sólo me apercibieran en Palacio las estancias que fueron del rey consorte, de aquel a quien diremos mi padre. Las que dan a poniente por la Casa de Campo. También en París, tan pronto supimos triunfante el pronunciamiento que me aclamaba rey sin derramar una gota de sangre —*Sire: vôtre majesté a été proclamé roi hier soir, par l'armée espagnole. Vivre le roi!*—, acudió don Francisco de Asís a felicitarme. Hirviendo aquello de gentes y voces, compareciese gestero y conmovido, con sus botines de ante y su abriguito de vicuña. Estaba en su gloria mi madre, todavía suponiendo que regresaba conmigo a la Villa y Corte, hasta que Cánovas ratificó por cable cifrado la imposibilidad de su vuelta. Antes había mandado decirme a Sanhurst ser de flamante nuevo cuño el Estado que conmigo empezaría. Por tal, debía estar libre de las sombras de otros reinados. Así como de sus deshonras y vergüenzas.

En el tumulto del Palais de Castille —el hotel Basilewsky, lo llamaban siempre en la embajada española de Amadeo I y de la República, negándole el nombre que le adjudicó mi madre al adquirirlo—, tal por cual un par de espectros perdidos del ayer huido, se besaron mis padres en la mejilla sin mirarse. Luego don Francisco de Asís me abrazó sobre su pecho de pollo. Dos lágrimas diminutas, de aljófar o de rocío, se le pegaban a las pestañas largas y curvas como las de una mujer.

—¡Hijo mío, ni palabras tengo para expresarse un gozo tan grande!

—Hoy soy rey. Amaneció Dios y medramos. Mañana, ya veremos. ¡Revueltos andan los tiempos, en estos días!

Por un instante, miróme atribulado. Luego me volvió a abrazar. Airada me habría reprendido mi madre el desplante, creyéndolo cínica insensatez. Impropia de mi nombre y de mis años. Reíase don Francisco de Asís, convencido de que mi ironía calcaba aquella tan suya, de la que tanto se envanecía. Pero no heredé de él la elefantina memoria, ni la propensión a predicciones y presagios. Al igual que yo, sabía el antiguo rey consorte no compartir una sola gota de sangre con mis hermanas o conmigo. Antes de que nos lo contaran por razón de Estado, supongo, no para pringarnos con el remordimiento de nuestra bastardía, lo echaríamos de ver ellas y yo con la certera perversidad de la infancia. En mi caso, puestos a descubrirme las fuentes del ser, repartiéronse los papeles Pepe Alcañices y Guillermo Morphy.

Guillermo, en Viena, cuando allí convivíamos. Pepe en París o en Deauville, vuelto yo a Francia de vacaciones.

Aunque el alma se me partía en el pecho, recuerdo muy bien que siempre me encogí de hombros, ante aquellas terribles confidencias. ¿Puede acaso proceder de otro modo un soldado, frente a la vida o la muerte, que nunca ha escogido? Más que mi filiación, sospechada casi inadvertidamente por largo tiempo, quise conocer la de mis hermanas. Isabel era hija del comandante José Ruiz de Arana, luego duque de Beana. Pilar, Paz y Eulalia, del penúltimo secretario de la reina en España: Miguel Tenorio de Castilla.

—No juzguemos a los padres, ni menos los absolvamos sin haberlos juzgado. Sólo cabe honrarlos como al país, aunque nos manche y abrume su pasado. Culparlos sería condenar la historia. Y esto no puede permitírselo un rey.

Fruncido el ceño, estevadas las piernas, paseaba conmigo Pepe Alcañices por el Bois de Boulogne. Nos cruzábamos con carretelas, calesas, breaks e inclusive con landós y tílburis: reliquias anteriores al desaparecido segundo Imperio. Solíamos bordear el lago por la Avenue des Acacias y la Allée de la Reine Marguerite. A veces dimos en el parque con don Francisco de Asís. En París, separóse judicialmente de mi madre. Vivía en un piso de la Rue Le Seur con un amante suyo, Antonio Ramos Meneses, y una mujer que creo fue de rompe y rasga, de joven querida de Cánovas. Veníase don Francisco con una traílla de perros de aguas, que siempre me saludaban con alborozados ladridos. Entre tanto, respetuoso pero sombrío, guardaba Pepe medidas y meditadas distancias con aquel a quien llamaremos mi padre. Luego supe que a todos sus *caniches*, los bautizó don Francisco con apellidos de antiguos amantes de mi madre.

—Alcañices, dile a Isabel que un domingo de esos iré al palacio, a almorzar con ella. Tampoco es bueno que no nos veamos casi nunca.

—Como el señor disponga. No dejaré de cumplir su encargo—. No era Pepe mucho más alto que el menudo don Francisco de Asís, pero recreábase en erguirse y pasear la ceñuda mirada por encima de sus hombreras, para perderla entre la enramada de las acacias, donde graznaba un enloquecido revoloteo de grajos.

Junto al lago y mientras contemplaba yo al antiguo rey consorte, un imprevisto ramalazo de la memoria me devolvió uno de mis primeros recuerdos. En algún recodo del alma, siendo yo muy niño, mi madre recibía conmigo a un desconocido. Era un hombre flaco y nervudo, con un corto bigote a lo Bartolomé Murillo y una corbata azul, anudada a un altísimo cuello duro. Nunca olvidé sus ojos: negros y lucientes como botones, tan rehundidos en las cuencas como ahora los míos. A solas los tres, me sorprendió que tuteara a mi madre, siendo la reina. Por algún tiempo, únicamente hablaría ella y me imagino lo hizo de fruslerías y nonadas. Pero reíase a cada credo y parecía muy feliz. Su visitante no cesaba de mirarme. Debió barruntar que no volveríamos a vernos y querría recogerme y ocultarme la estampa debajo de los párpados cerrados.

—Este señor es el capitán Enrique Puigmoltó —me contaba mi madre—. Aunque no lo conozcas, te quiere mucho. ¡Además, reparo yo ahora que tenéis los ojos idénticos!

Me observaba el capitán con sonrisa tristísima. Hoy pienso que sería la de quien se lee la mirada en el espejo y percata de que el mundo es nada. De improviso, arrodíllase a mi lado, hincando sólo un hinojo en la alfombra, como los militares masones en misa. Contenía el aliento, en tanto posaba sus pálidas manos en mis hombros y clavaba en las mías sus foscas pupilas. Sentí, o creo haber sentido que todo desaparecía a nuestro alrededor: mi madre, la estancia, Madrid y el entero universo. En mitad del vacío, quedamos aislados aquel hombre y yo. Muy despacio, me dijo:

—Dos locos tratarán de matarte. Pero ninguno va a conseguirlo— tenía la voz tan oscura como los ojos—. Tú serás rey entonces. Absuélvelos como otro día me perdonarás a mí.

Aunque no la exigió, le aseguré mi anticipada clemencia. Inclusive pienso habérsela prometido. Acaso por todo ello, pedí que mi séquito de capitanes generales me escoltase de lejos mientras cruzaba Madrid camino de Palacio. No quería que balas asesinas, en un regicidio fallido, diese por error en el conde de Cheste o en el general Martínez Campos, a cuyo golpe de Estado debíale el Trono, en última instancia y a despecho de Cánovas.

Jamás sabré de cierto cuál de mis propósitos impuso la espaciosa separación de mi cortejo, para ofrecerme como blanco evidente y marchoso a un posible atentado. ¿Quise, en verdad, poner a prueba el augurio de quien me suplicaba el anticipado indulto de unos asesinos, antes aun de que me agredieran, como también a él debía perdonarlo por haberme dado la vida? ¿O acaso pretendí emular a Amadeo I, cuando entre balcones cerrados y sin doseles, cabalgaba bajo la nieve por la misma calle de Alcalá, gallardo e igualmente alejado de su propia comitiva de espadones, que encabezaba el general Serrano y duque de la Torre?

Abrumado por la fatiga, cedí sin ponerlo en claro. Apenas me acosté, por la ladera de la enturbiada conciencia y bajo una nevada al sesgo, descendimos Amadeo y yo a caballo blanco. Luego desaparecieron las monturas y nos cobijamos de la tormenta, muy apretujados, bajo un paraguas abierto. *El caballero con quien compartía el paraguas, resultó inocente.* Así lo repetía Pepe Alcañices, en las tinieblas, sin que en el torpor de mi letargo, esclareciera cuál de los dos Amadeo o yo era libre de culpa. De rondón, un recuerdo deslumbrante me devolvió el sol de Deauville y aquella playa, encalada de luz, por donde paseaba descalzo con Alcañices, bajo el aleteo de las gaviotas ahítas.

—*On ne Deut point réaner innocentmente la folie en est trop évident, Tout roi est un robe et un usuripateliz*— susurraba para sí Pepe Alcañices.

—No se puede reinar inocentemente. Semejante desatino se da por supuesto —traduje riéndome, como si fuese aquello una lección de retórica—. Todo monarca es un rebelde y un usurpador.

—Lo dijo Saint-Just en la Convención, defendiendo la pena de muerte de Luis XVI —prosiguió Alcañices—. No tendría ni veinticinco años entonces aquel petulante y fogoso tribuno.

Aunque no se refieran a una monarquía constitucional, sino a otra absoluta y por derecho divino, estoy en desacuerdo con todas y cada una de sus palabras. No obstante, resulta saludable no olvidarlas.

—El propio Saint-Just acabó en la guillotina al año siguiente, a la caída de Robespierre —repliqué al igual que si recitara los deberes de la víspera.

Con las manos cruzadas a la espalda, paróse Alcañices ante el mar. Frente a la puesta del sol, un par de veleros parecían tan inmóviles como si los hubiesen esculpido en la raya del agua.

—Lo decapitaron en 1794, después del 9 termidor. Matarás y matarte han y matarán a quien te matare. Lo escribió uno de los cronistas de Indias. No recuerdo cuál —calló por unos instantes, para proseguir encogiéndose de hombros—. Es fama que los elegidos de los dioses mueren jóvenes.

Pensando en Saint-Just, en Alcañices, en el capitán Puigmoltó, agitábame en la cama. También me desvelaba el temor de dos sueños insensatos que me perseguían desde mi regreso a España. En Barcelona, en Valencia, trasanteanoche en Aranjuez, cruzábanse destellantes en la dormida conciencia, como las hojas de las espadas de un duelo. Sin remedio y sin remate, me aguardaban entonces en la alcoba de don Francisco de Asís. Por maravilla, me concedieron una tregua anoche. O quizás regresaron y no los recuerdo, fatigado ya de soñarlos. No lo creo, porque son inolvidables, cada vez más diáfanos y detallados. Talmente como si fuesen ajenos y en un tablado, o en el alma de otro hombre, los contemplara. De hecho, sólo en una de las pesadillas, me veía a mí mismo; que no en la otra. Aunque fuesen bien distintos mis dos sueños, parecían relacionarse y aun hacerse cabales uno al otro, de una forma que no alcanzo a explicarme. Sé que ahora, tan pronto concluya estas notas y en cuanto me duerma, volverán a acosarme, vengativos y tenaces

Soñando, paraba y volveré a parar en otra alcoba de Palacio. Bajo cielos de pizarra, veníase y vendrá por el balcón la lechosa amanecida de invierno. Yo acababa de levantarme y a toda prisa me envolvía en un grueso batín rojo, de lana escocesa. Con un codo en el embozo, desde la cama me contemplaba una mujer. Era y será esta noche una completa desconocida, en la memoria de mis visiones. Muy flaca, pálida y a medias despierta, tenía ojos saltones de miope y recogíase el pelo en una cofia bordada.

De espaldas a ella, contemplando aquella alba tan triste sobre los jardines, yo le decía:

—Sopla un viento de la sierra que corta los cojones.

Enteladas las pupilas, despestañábase por comprenderme. No menos confuso, me volvía a observarla. Preguntábame quién sería la joven de ojos prominentes y puntiagudos codos. Sin cesar de fisgarnos los dos, me dije y traduje para mis adentros: *Der Wind den Beraen blast so kolt das er mir durch die Eier scheidet! Verdaderamente, sopla un viento de la sierra que corta los cojones.* Si bien a menudo sonara en alemán, desde mis tiempos en el Theresianum, ignoraba entonces mis motivos para trasladar la salida de una lengua a otra. De improviso, antes de que atinara a acertarlos cambiaba de escena la pesadilla. Conmigo, desaparecíanse la muchacha cegata, la alcoba, el balcón y la madrugada de invierno.

Con la presteza que vuelven los dedos un par de grabados en un libro, cruzando el crujido del papel cebolla que los separa y protege, convertíase aquel absurdo en otro aun más inexplicable. La luz de verano vidriaba el firmamento y una terraza, enladrillada de rojas baldosas entre geranios y bajas palmeras en las macetas. *El azul, de tan claro, crece y asciende,* creía oírle decir a Pepe Alcañices hablándome de los cielos de mi tierra. Pero Pepe Alcañices no estaba en ninguna parte. En cambio, a la sombra de un pórtico al fondo y sobre el vano de una puerta de cristales, abierta de par en par, surgía Cánovas del Castillo. Brotaba en un vuelo, tal por cual un espectro conjurado por un cálculo de la cabala.

En la mañana soñada, llevaba Cánovas un ligero traje de verano. Reparé que por una vez había prescindido de los horrendos chalecos que hicieron las burlonas delicias de mis hermanas, cuando comparecióse en París, para aceptar su nombramiento de pastor y custodio de mi partido. De súbito, por el vacío del portal vidriado, surgía un extraño. Temblaba yo al ver a aquel intruso en mi pesadilla. Joven aún, no me llevaría sino cinco, tal vez diez años, el albarrán de mi desvío. Como si despiadados dioses se recrearan en precisarme lo inevitable, en seguida se afinaba y esclarecía el sueño sus mínimos detalles. En la primera y la última página del periódico, desplegado por Cánovas, percibía sus titulares. Era *La Época.*

Pero el recién llegado consumía toda mi atención. Si bien el sol que soñaba caldeara la mañana y mi alma, él vestía un traje oscuro ajustadísimo, con roja corbata bajo el cuello de dobladas puntas. Era esbelto y tan rubio, que el pelo y la recortada barba le brillaban como ascuas. Ataviado como iba, me sorprendió que calzara alpargatas. Al punto, advertí que las llevaría para acallarse los pasos, en tanto se acercaba lentamente a Cánovas por la espalda. Aparte de don Antonio y de aquel extraño, la terraza permanecía despoblada. Hasta los pájaros desvaneciéronse en el aire, como si nunca fueran.

Yo mismo vivía al margen de mi sueño, para presenciarlo. En la angustia, quise prevenir a Cánovas. Gritarle que alguien se le aproximaba a escondidas, sin que él llegara a advertirlo. Al principio, carecía de voz. Enmudecí como tantas veces nos ponen un punto en boca, dormidos, pero a dos dedos de despertarnos. Cuando hallé palabras y pude articularlas, me sorprendí gritándole:

—El azul, de tan claro, se crece y asciende. Las nubes, en cambio son apaisadas y blanquísimas. Todo el desorden bulle de tejas abajo. Arriba, el contraste entre el azul tan alto y el blancor tan bajo impone una ordenada razón.

Pero ni mías eran aquellas frases ni Cánovas las oiría en mi pesadilla. Desentendido de todo, muy pegado el periódico a sus ojos miopes, proseguía su lectura de *La Época*. Una campana transparente, parecida a una pecera de luz, encerraría la entera terraza. En aquel vidrio invisible, romperían en vano mis gritos antes de apagárseme en la garganta. Siempre así, noche tras noche, repitiéndose puntualmente el insensato espejismo desde el día en que desembarqué, de vuelta en este país.

Mientras, el hombre del traje oscuro y las alpargatas hundía la diestra bajo la chaqueta. Del cinto, donde debería llevarla oculta y apretujada, sacaba una pistola plateada y reluciente al sol. Aunque un poco afeminadas o espectrales de tan blancas, sus manos, largas y limpias, eran fuertes y firmes como las de un cirujano. Más que oírlo, le adivino lo que dice en voz baja, sin tartajear ni estremecerse:

—*Signore Presidente del Consialio, mi chiamo Michele Angiolillo,* aunque en el balneario me inscribiese como Michel Rinaldi. *In questo stato di spirito che esclude la menzogna,* en

este estado de espíritu que excluye la mentira, vengo a confe-
sárselo porque voy a matarlo.

Sobresaltado, me despertaba entonces mi propio chillido de
angustia. Como un pájaro, huíase la voz por las ventanas, que a
Ceferino le mando entreabrir cada noche, sea invierno o verano.
En seguida, extinguido mi grito, veníase a desvelarme, de punti-
llas o arrastrándose por los suelos, la delgada alba de enero.

ALBERTO ACEREDA

*Nacido en La Rioja, en 1965, Alberto Acereda es
Licenciado en Filología Hispánica por la Universidad de
Barcelona y Doctor en Lenguas Románicas por la
University of Georgia. Ejerce como Profesor Titular de
Literatura Hispánica en la Arizona State University. Es
Miembro Correspondiente de la Academia Norteamericana
de la Lengua Española.*

Algunas de sus publicaciones son: Rubén Darío, poeta
trágico. (Una nueva visión) *(1992);* El lenguaje poético de
Miguel Hernández *(1995); La Marquesa de Fuerte-Híjar.*
Una dramaturga de la Ilustración *(2000). Como editor, ha
publicado:* Antología poética. Rubén Darío *(1996);* Poesía
erótica. Rubén Darío *(1997);* El Modernismo poético.
Estudio crítico y antología temática *(2001);* Poemas
filosóficos. Rubén Darío *(2005).*

303

ALBERTO ACEREDA

EXPLICACIÓN DE LO QUE PASA

Ahora que han pasado algunos años,
cuando sólo me queda
la sombra fugitiva de antiguas ilusiones
he vuelto hasta mi casa
para juntar estas viejas cuartillas.

Y de nuevo el silencio,
estación sin retorno
del vivir siempre ausente y desterrado;
el silencio de hojas
donde vertí con tinta
mi angustia de estar vivo.
Y al instante el esfuerzo
por el que pienso y digo
todo cuanto mi humana
pequeñez me permite.

Estas son mis ausencias
nacidas del espanto que me sigue;
estos mis versos cojos, irónicos e inútiles,
memoria del fracaso,
razón del verso entre la luz no hallada,
última confesión,
estación sin retorno.

Y por si a alguien le importa,
aquí dejo mis sílabas cansadas,
mi traje sin planchar y mi maleta hecha.

YO NACÍ EN UNA PLAZA

Yo nací en una plaza con nombre de romano,
centro y cita de ferias, de ganado y verdura,
al lado de Santiago, iglesia, piedra pura,
torre, cigüeña, cierzo, honor a Quintiliano.

Contemplaba de niño la ribera y el llano
cuando al mar me lanzó la razón más oscura
y en el brillo del agua conocí la amargura
que alterné con las conchas tendidas a mi mano.

Fui creciendo y hoy, hombre, en soledad inmerso,
voy hallando el misterio que esconden los colores
y medito en las cosas, en el río y su entraña.

Hoy habito otra tierra donde busco mi verso
cuyo ritmo me ayuda a calmar mis dolores,
mi destierro inocente y mi pensarle a España.

RECUERDO

¿Te acuerdas de esas tardes de domingo,
de esas horas de fútbol, gloria y soles?
Entonces eras niño que soñabas
con tu nombre en la prensa
anunciando tu gol, tu maravilla,
tu regate en un palmo de terreno,
tu disparo al larguero, la locura.
Pudiste ser también uno de ellos
mas no quiso tu suerte.
Preferiste el silencio de los libros,
el sabor de la rima en poesía
al beso del balón entre las mallas,
al aplauso glorioso de los hombres.
El niño que ahora vierte tu memoria
es luz del sueño y de la sombra tuya,
hijo del viento, flecha que se escapa,
verso de amor a tu infancia perdida.

ORIGEN DE MI CARNE

Este violín que deja el viento adormecido
es música y es gozo, mosaico de tus días
en que siendo yo aún niño a mi lado venías
para darme el calor de tu amor encendido.

Este libro entreabierto, por su lado tendido
encierra en prosa y verso las soledades mías,
el minuto y las horas en las que tú sabías
mi temor a la noche y mi espanto dolido.

Yo contemplo la vida por el reloj que acecha
sabedor de ti, madre, de tu presencia llana,
origen de mi carne, mujer que el aire llena.

Todo esto me llega recordando una fecha,
abrazado a tu nombre que enciende mi mañana,
que vence toda sombra y puede con la pena.

PRIMERA CONFESIÓN

Aquí están mis palabras plagadas de dolores
para los que quisieren saber su fundamento.
No es mi historia distinta ni especial lo que siento,
yo también soy un hombre limitado en colores.

Comparto con vosotros los terrenos favores,
gusto de los abrazos, del fugaz alimento,
del contacto en la siesta y del agua en el viento,
amo el sabor del vino y el olor de las flores.

No niego que me halaga el valor del dinero,
el tacto de la seda, la pluma con que escribo,
el oro que consuela mi grito en la distancia.

Los humanos placeres que os confieso sincero
alegran la existencia del ser en el que vivo
pero ninguno mengua mi fatal ignorancia.

NO TE IMPORTEN LOS GESTOS

No te importen los gestos, las palabras
de cuantos confesaron ser amigos
y ahora venden tu piel y tu figura
por los mercados de envidias y celos.

Sacúdete el rencor de sus camisas,
la rabia y la altivez de su etiqueta,
perfúmate de vida, de alegría
y afloja cuanto anude tu garganta.

Hazle un guiño a la vida,
enciéndete en la lluvia de la noche
y alza una copa al aire
con vino de tu viña y un buen verso.

¿No ves ahora la envidia
convertida en ceniza de dolores ajenos?

HUMANO ESFUERZO

¿Cómo vencer el día
sin sufrir por el quién o por el dónde,
por el afán continuo
y los labios ausentes?

¿Cómo contar las horas
sin la estéril conciencia de la arruga,
de la sombra que aguarda
y del doblar que suena?

¿Cómo aceptar que somos
peregrinos sin dios y sin camino
cuando el alma nos llama
y el corazón palpita?

HE CONTADO LOS DÍAS QUE ME QUEDAN

He contado los días que me quedan
para volver a España:
son ciento ochenta
si incluyo los domingos,
las fiestas de guardar,
la Navidad, mi santo y cumpleaños.

Llevo ya nueve otoños
contando lo que falta
para comprar un billete sin vuelta.

Hay días en la vida, como hoy,
que deshacen las sienes y te impiden
seguir hablando de mañana.

Y aun así me levanto,
me hago la cama, desayuno,
vuelvo al revés el calendario,
me visto de hombre,
abro la puerta
y abrazo al mundo y a sus gentes.

AUTOBÍO

Me nacieron en viernes y en enero,
en Calagurris Iulia, vieja Castilla,
judería y mezquita, mercadal, río Ebro.

Yo soy quien esto escribe
a fin del siglo veinte,
frontera en Nueva España, hoy Arizona.

Quienes quiera que lean este llanto
acuérdense de mí,
de que existí algún día,
que dejé cicatrices en mis versos,
que me hincaron puñales en la cara,

que tuve varias vidas
y en todas me pegaron en la espalda.

Acuérdense también
de que soñé escribir otros poemas:
los que nunca llegaron
a falta de vocales
y más vidas.

A IRENE, RECIÉN LLEGADA

Irene, tú que vienes
del extenso secreto de la noche,
tú que llegas con rosas al mundo y a la vida
recibe desde aquí
la primavera sabia de tus días.

Prepárate al dolor y a las envidias,
a la lucha diaria
entre gentes sin nombre y sin vergüenza;
hazte fuerte en ti misma,
sé mujer y sé buena.

Que quienes te conozcan
encuentren en tu alma la alegría,
que ya hallarás tú misma
la hiel por los rincones.

Que tu existencia sea
tan bella como tú, recién llegada,
Irenea de paz en tu camino.

LA PAZ DE LOS SENDEROS

Ahora que no estás entre nosotros,
cuando conoces ya la paz de los senderos
y descansan tus ojos de lo oscuro del mundo,
cuando aquí nos quedamos,
con cuidados y luchas,
sin hallar todavía ni de dónde ni adónde,
sabrás que te pensamos:
que los días no pasan sin la luz del recuerdo,
que está alegre tu casa
y tu ventana abierta, mirando la ribera.

MEJILLA DE ARCOIRIS

Este poema va derecho hasta tus labios
pues los míos no alcanzan tanta absurda distancia.

Este poema sale directo del desierto
a la marina baja donde tus ojos tienen
amor para los míos y para el alma, vida.

Estos versos son míos, no se los robé a nadie,
se escriben mientras miro tu imagen y la mía,
mientras me duele adentro no tenerte en mis brazos,
cuando allí ya amanece y aquí crece la sombra.

Este poema empieza donde todo termina,
donde el amor contiene tu nombre y apellido,
tu fecha, tu memoria, mejilla de arcoiris.

Este poema lleva la música en tus ojos.
Si lo lees despacio sabrás que cuando duermo
también toda te amo.

A TI, FARSANTE ENTERA DE LA NOCHE

A ti, farsante entera de la noche,
corazón que portabas
colores que creía verdaderos,
mejilla de arcoiris ese día,
hoy memoria sin nombre y sin mañana.

A ti, que no sabes con cuántos
compartiste tu piel para cobrar miseria,
que no entiendes de amor ni de distancia,
que vives frente a un mar sin olas,
junto al engaño todo que llevas en tus labios.

A ti, sargenta de Magdala,
harapienta hetaira de lupanar de día,
vergüenza de tu sangre y de tu siembra calco,
torreón sin almena,
excelsa pantomima.

Hoy mi techo descansa sin saber de tu sombra.

PENÚLTIMA PARADA

Mis llagas son milenios
de un mismo rompeolas, perpetuas desazones
de antiguo peregrino sin frontera.

Son tantas las espinas
que apenas hacen daño,
tantos los remolinos
que resultan serenos.
Pero al fin todo pasa
y las almas perviven.

Resignarse es saber
que el existir no acaba,
que aquí sólo habitamos
arando entre la espuma.

Por eso mis abismos,
los de ayer, los de ahora,
las torturas que arrastro cada luna
son signos necesarios
para alcanzar el fin de mi trayecto.

FIN DEL TRAYECTO

Todo el sentir que purgan estas sienes,
el brote de claveles que tiembla por mis venas
y el agua que me limpia de esos viejos afanes
han nutrido estos versos en quince primaveras.

Al contemplar mi historia, mis desvelos de ayer
y mis llagas de ahora
no tengo más remedio que pediros
que disculpéis mi estrofa,
mi vocal,
mi renuncia.

Cierro aquí mi trayecto,
clausuro la estación de mis poemas,
los de la luz no hallada,
los que fueron mi voz y los que ahora,
memoria del fracaso,
exigen ya silencio.

Partidos van mis huesos,
mi rostro apaleado.

(Inéditos)

JESÚS TORRECILLA

Jesús Torrecilla nació en Villar del Pedroso (Cáceres) en 1954. Es licenciado por la Universidad de La Laguna (España) y doctor por la University of Southern California. Es profesor de literatura en UCLA.

Entre sus libros de crítica literaria caben destacar: Razón, Tradición y Modernidad: Revisión de la Ilustración Hispánica *(1996);* La imitación colectiva: modernidad vs. autenticidad en la literatura española *(1996);* El Tiempo y los Márgenes. Europa como utopía y como amenaza en la literatura española *(1996);* La Generación del 98 frente al nuevo fin de siglo *(2000);* España exótica: La formación de la identidad española moderna *(2004).*

Como narrador ha publicado, además de numerosos cuentos en periódicos y revistas, las novelas Tornados *(1998)* y Guía de Los Angeles *(2001),* En la red *(2004).*

315

JESÚS TORRECILLA

GUÍA DE LOS ÁNGELES

¿Al pan, pan, y al vino, vino?

Acuéstate con él, cojones, es el mejor poeta de España. Severiano del Valle, novelista de Ciudad Real, había llegado al Sur de California con un grupo de intelectuales y artistas pagados por el gobierno de su país para promocionar la cultura española en los Estados Unidos. Desde Miami, primer punto de su itinerario, habían tomado un avión a Los Angeles, y allí se pensaban quedar una semana antes de seguir para Nueva York y Chicago. Hasta el momento habían tenido que pronunciar un montón de conferencias tanto en UCLA como en Irvine, Riverside y San Diego, asistir a las primeras películas de un ciclo de cine posfranquista organizado por la Fundación del Amo en la Universidad del Sur de California, leer selecciones de sus obras en diversos recitales, inaugurar una exposición de arte religioso en el Museo del Condado de Los Angeles, descubrir una placa en La Placita Olvera en memoria de Fray Junípero Serra, y un largo etcétera de actividades que en ciertos momentos habían conseguido despertar la atención de algún grupo de turistas japoneses. Rodrigo había entrado en contacto con ellos a través de un profesor de literatura española del Diecinueve, amigo de Bob y Dawn.

El viernes por la noche habían proyectado en USC «Laberinto de pasiones» de Almodóvar y, aunque ya la habían visto todos varias veces, tuvieron que quedarse hasta el final para contestar a las preguntas un poco tontas que les hicieron los inevitables entendidos en la materia. Después se juntaron un grupo de doce o catorce, entre artistas, profesores y estudiantes graduados del departamento de español, para ir a tomar unos tragos a un bar cercano a la universidad, pero nada más asomar la cabeza por la puerta, Rafael Iniesta, el poeta asturiano, se negó a entrar. Tocaba un grupo de rock y la música retumbaba por todo el local.

—Es imposible entenderse con este horrible ruido. Vamos a un lugar en el que podamos hablar.

Un estudiante graduado mencionó un Irish pub que quedaba como a dos cuadras, pero Pakito Otxoa no quería estar deambulando de acá para allá a lo tonto. Además, eso de tener que sentarse y esperar media hora cada vez que se querían beber unos catxarros le ponía de mala hostia. Mejor ir directamente a cenar. El profesor de literatura española que conocía a Rodrigo preguntó.

—¿Qué tipo de comida os apetece?

«—A mí me da igual», dijo Severiano, «la cosa es que tengan buen vino».

Alguien propuso ir a La Masía, pero los españoles querían algo distinto. De establecimientos italianos y mexicanos estaban hartos, y los franceses, con sus raciones invisibles, les parecían un engaño para gente esnob. El profesor de literatura del XIX sugirió Spago, un restaurante que se encontraba cerca de Sunset y que, según dijo, representaba un hito en la historia culinaria de Los Angeles. Los españoles no habían oído hablar nunca de la California Cuisine y tenían sus dudas, pero finalmente decidieron arriesgarse.

Fueron en cuatro autos. Salieron de la freeway en La Brea, doblaron en dirección norte hasta Sunset, y, en la esquina con Horn Avenue, se desviaron a la derecha. Subieron una pequeña cuesta y dejaron los autos a los empleados del valet parking del restaurante. Los estudiantes de uno de los autos aparcaron en Tower Records.

Las paredes del restaurante eran de color rosa pálido, tirando a salmón, y estaban decoradas con cuadros de vegetales sobre un fondo blanco: tomates, calabacines, zanahorias, lechugas, puerros, rábanos, berenjenas, remolachas... Cada lámina estaba firmada a lápiz con cierto artístico descuido y tenía debajo una fecha. Mil novecientos ochenta y ocho. En el techo, vigas falsas de madera, y, adosados a ellas, focos que proyectaban su luz sobre los cuadros.

Les situaron al fondo del local, en una mesa redonda desde la que se veía Los Angeles a través de un ventanal corrido que ocupaba toda la pared, pero como en ella no había sitio para todos, juntaron otra mesa cuadrada pequeña, un poco más baja, que de manera tácita quedó destinada a los estudiantes. Uno de los camareros, impecablemente vestido de blanco, les dio las hojas del menú y les preguntó si querían empezar con champán (asumiendo al parecer que dirían que sí: los cuellos de varias botellas se insinuaban casualmente bajo las servilletas blancas en puntos estratégicos), pero Rafael dijo que él sólo bebía vino. Tras consultar la carta y ver que no había vinos españoles ni chilenos, pidió tres botellas de Napa Valley de Cabernet Sauvignon.

La mesa se dividió desde el principio en varias conversaciones sobre distintas materias: la abundancia de estudiantes asiáticos en las universidades de California, la unión europea, Perú (uno de los escritores españoles acababa de realizar un viaje a Perú), los mendigos de Santa Monica... Antes de empezar con los platos fuertes, el profesor que conocía a Rodrigo pidió unas pequeñas pizzas que pusieron en medio de las mesas y que Rafael y Pakito se negaron a probar. El profesor insistió.

—Merecen la pena. Wolfang Puck se hizo famoso sirviendo estas pizzas.

Rafael hizo una mueca de escepticismo.

—¿Sirviendo pizzas?

—No son pizzas normales: tienen caviar, piña, salmón, salchicha de pato...

—¿Una pizza de caviar? Qué estupidez.

Mientras esperaban a que les sirvieran la comida (la comida en serio, vamos), los españoles decidieron salir a la calle a fumarse un cigarro. Cuando volvieron, un profesor de literatura española medieval que gastaba perilla a lo Lope de Vega comentaba el caso reciente de un colega de Antropología que había sido sentenciado a un año de cárcel acusado de aprovecharse sexualmente de una de sus alumnas. El veredicto había sido dado a conocer hacía tan sólo dos semanas y había causado una gran conmoción en la Universidad, por ser el condenado una persona muy popular entre los estudiantes.

—Yo conozco bien a Bill. Hemos sido colegas durante muchos años y, vamos, estoy convencido de que se ha cometido con él una gran injusticia. Fui a verle a la cárcel hace unos días y me volvió a insistir en que todo sucedió de mutuo acuerdo, que en ningún momento había intentado forzar a la chica. A mí no me cabe la menor duda de que dice la verdad. Bill no es de ese tipo de personas que abusen de nadie. Al parecer comenzó a bailar con ella en una fiesta en la que se habían encontrado por casualidad, y, después de estarse besando en el coche durante un buen rato, le propuso ir a su oficina. Ese fue su único fallo: llevarla a la oficina, pero de ahí a condenarle a doce meses de cárcel... Porque la verdad es que le han arruinado la carrera. No es sólo el año que pasará entre rejas, es que cuando salga le resultará poco menos que imposible encontrar trabajo con esos antecedentes. Además de los problemas que tendrá con su esposa. Porque está casado y tiene tres hijos. Me parece sencillamente disparatado que por un malentendido que apenas posee mayor importancia se pueda echar a perder toda una vida.

«—Eso de que no tiene importancia depende de cómo se mire». Hablaba ahora Margaret, una profesora de literatura chicana. «—Es posible que se haya cometido una injusticia en este caso, aunque si te he de ser sincera tengo mis dudas, pero no me negarás que existe el abuso sexual contra las mujeres. Eso es una realidad, y una realidad mucho más generalizada de lo que todos quisiéramos».

Rafael escuchaba y negaba insistentemente con la cabeza. Andaba por los setenta años y tenía el cabello y la barba muy espesos, de un gris casi blanco. Sus amigos de la niñez, allá en Gijón, le seguían llamando todavía con el apelativo cariñoso de Falo. Era alto y delgado, extremadamente delgado, con un algo en su aire de reminiscencias quijotescas que, por otra parte, hacía pensar vagamente en el autor de los esperpentos. Cuando Margaret terminó, intervino mesuradamente, con voz poderosa y templada. Se notaba desde el primer momento que estaba acostumbrado a hablar en público.

—Estoy de acuerdo contigo en que hay que acabar con toda esa brutalidad, pero tampoco conviene perder de vista que el hombre y la mujer son distintos, muy distintos. Eso también es un hecho, y cualquier análisis del tema que pretenda ignorarlo, está falseando la realidad.

Gran parte de la época franquista se la había pasado fuera de España, en un exilio voluntario que le había conducido a numerosos países de medio mundo. De sus años de nomadismo conservaba un rico anecdotario que salpicaba su conversación con noticias divertidas y pintorescas. En Filipinas había estado casado durante varios años con una escritora china de Hong Kong diez años mayor que él, a la que abandonó para seguir a una divorciada de San Francisco de ascendencia italiana. Por la cultura sefardí comenzó a interesarse durante su estancia en Estambul, tras conocer a una judía turca con la que finalmente se trasladaría a vivir a Jerusalén. Casi todos sus cambios de domicilio se habían debido a motivos sentimentales y en todas partes había conseguido vivir medianamente bien, alternando la generosidad de sus amantes con los ingresos de su pluma, y recurriendo cuando la ocasión lo exigía a impartir clases de lengua o literatura. Cuando comenzó a ser más conocido, no le había resultado excesivamente difícil acceder a diversos empleos de cometido ambiguo en organismos culturales españoles en el extranjero, a pesar de su conocida aversión al régimen, o desempeñar puestos eventuales de profesor visitante en ciertas universidades que deseaban incluir algún nombre conocido en sus listas. A pesar de sus correrías de varias décadas por diversos continentes no había conseguido aprender medianamente bien ningún otro idioma que no fuera el español, aunque tal vez sea más adecuado decir que no se había preocupado de hacerlo. («—Yo, como Sancho: sólo hablo la lengua que mamé»). Allá donde llegaba nunca había tardado en rodearse de un entusiasta círculo de hispanohablantes, en el que con frecuencia se incluía su propia amante, que le acompañaban a todas partes sirviéndole de traductores cuando lo necesitaba. Pocos años después de la muerte de Franco había regresado a España definitivamente, al menos eso era lo que decía, y se había instalado en Madrid, en un apartamento cerca de la Castellana.

Cuando terminó de hablar, realizó una pausa para llenarse de nuevo el vaso de vino. Las mujeres del grupo deseaban pedirle que fuera más explícito, pero se limitaron a esperar en silencio. Tras aproximarse el vaso a los labios y dar un pequeño trago, continuó.

—El deseo del hombre es como el hambre.

Su alma de poeta se recreó en la paronomasia, repitiendo la frase.

—El deseo del hombre es como el hambre, igual que el hambre. Una sensación insoportable, angustiosa, que parece que va a volverte loco si no se sacia. Ahora ya estoy viejo y no es lo mismo, pero en mis años mozos recuerdo que algunos días bajaba las escaleras y me hubiera tirado de seguido a la vecina del tercero, a la del segundo, a la del primero, a la portera y a la hija de la portera. Era un apetito insoportable. Como el hambre, exactamente igual que el hambre.

Sandy, una de las estudiantes graduadas, sonrió con desdén.

—¿Y tú crees que las mujeres no lo tienen? Lo que pasa es que la sociedad las ha obligado siempre a reprimirlo. Ahí está la diferencia. Es una cuestión cultural. Nada más.

—Vamos ¡cultural! ¿No me has oído decir que es como el hambre? ¿Cuando te estás muriendo de hambre, tiene algo que ver eso con la cultura?

—Por supuesto que no.

—Pues es lo que te estoy intentando hacer comprender. Y no me digas que la mujer es igual, porque a mí me ha pasado muchas veces de estar con una, listos para hacerlo, y en última instancia ha empezado con la típicas excusas: que si ahora no puedo porque esto o aquello, que si me duele la cabeza, que si tengo el período, que si mejor dejarlo para otro momento. Vamos, que no quería.

—Sería porque no era el momento adecuado.

—¿Que no era el momento? Pues cama allí había, y yo estaba preparado y estábamos los dos solos. Condiciones mejores, imposible.

—Tal vez no le gustabas lo suficiente. Supongo que a ti tampoco te gustaban todas.

—¡Todas! ¡A mí me gustaban todas! Rubias y morenas, altas y bajas, gordas y delgadas; sin distinción de raza, color, edad o clase social. Iba a decir sexo, pero eso sí que me importaba. Si me hubieran dicho que sí todas las mujeres a las que se lo propuse estaría ahora mismo tembloroso y babeante, como un anciano decrépito. Lo que pasa es que la mujer no tiene ese deseo tan bestial, tan insoportable. El hombre es un animal que siempre está preparado. Ya lo dijo el Arcipreste de Hita: los animales «a tiempo cierto se juntan con natura; sólo el hombre, de mal seso, todo tiempo sin mesura». Cada animal tiene su época de celo, pero el hombre se tira a todo bicho viviente en cualquier estación del año. A las llamas en el Perú, a las monas en Africa, a las burras en Turquía, a las cabras en Extremadura, a las gallinas, a las ovejas, a las perras... Donde ve una cosa blanda y húmeda, allá va con el badajo dispuesto a meterlo como sea. Y la mujer no es así. Sacando ciertos casos extraños en que se ha metido la botella de marras y ha habido que ir al hospital a romperla porque se creó un inoportuno vacío, o que jugueteando con el perrito se le quedó trabado el sacacorchos y hubo que amputar. Pero en general no es igual, qué va, ni mucho menos.

Eric, un estudiante uruguayo de Antropología, rubio y bien alimentado, parecía no estar de acuerdo.

—Yo creo que todo es cuestión de educación. Entre los aztecas, por ejemplo, está demostrado que eran las mujeres las que llevaban la iniciativa en cuestiones sexuales.

—Los aztecas se las pasaban por la durísima piedra sin comtemplaciones, al igual que los tlaxcaltecas, los olmecas y los chichimecas, como todo hijo de vecino. Las violaban cuando les venía en gana con una dureza inusitada, y que ninguna rechistara.

—Pero es porque al hombre se le ha educado siempre así.

—Y dale con la educación. ¿Pero tú has visto a los animales? ¿Has visto a las gallinas, y eso que dicen «eres más puta que las gallinas»? Nada más que ven al gallo salen corriendo despavoridas, y el gallo detrás, hasta que las da caza y ¡pum!, allá las deja tiradas en el suelo. Y que conste que estoy en contra de toda esa bestialidad. La violación me parece el crimen más sucio y horrible. Pero también digo que cualquier análisis serio del problema tiene que tener en cuenta los hechos. Y los hechos nos hacen ver sin lugar a dudas que el hombre es distinto de la mujer. Que no me vengan a mí con historias infantiles de que antiguamente era diferente, porque a la mujer se la ha violado y se la ha vejado y maltratado siempre; y cuanto más primitiva es la sociedad, peor.

«—Porque siempre se las ha educado así». Sandy no parecía dispuesta a dar su brazo a torcer. Era una irlandesa pelirroja de New Hampshire. «—Al hombre se le ha dicho siempre que es bueno acostarse con todas las mujeres que pueda, cuantas más, mejor, mientras que a las mujeres nos han hecho creer desde pequeñas que eso era un pecado mortal. Yo recuerdo por ejemplo, cuando estaba en el colegio, que las monjas nos hacían poner todas las noches las manos por encima de las sábanas».

—Sí. Y a mí también me hacían; pero nada más que se daba la vuelta el fraile yo me las ponía donde yo me sé. Y venga a amenazarme con que si me la tocaba se me iba a caer, y que si vendría el diablo con cuernos y pezuñas, y toda esa tramoya de calderas hirvientes, pez derretida, llamas y tormentos. Pero es que era una sensación angustiosa. Ya te lo he dicho, como el hambre. Un deseo insoportable, que parecía que me iba a morir si no lo saciaba. ¿Qué tiene que ver el hambre con la educación? ¿Me vas a decir que es una cuestión cultural?

Rafael estaba cansado de repetir lo mismo una y otra vez. Le daba la sensación de estar participando en un desatinado diálogo de sordos en el que cada cual se limitaba a insistir en sus argumentos sin preocuparse de lo que dijera el otro. Para poner fin a la conversación, se levantó a fumar un cigarro. Comprendía que, por mucho que se esforzara, no conseguiría convencer a nadie. Le siguieron el resto de los españoles, menos un poeta catalán rasurado y abstemio que había permanecido en silencio todo el tiempo. También les acompañó Rodrigo. Aunque no fumaba, le apetecía salir con ellos a la calle. Mientras encendían los cigarros, Rafael reanudó el tema.

—Estas feministas no atienden a razones. Defienden su postura de una manera visceral, como si les fuera la vida en ello. Da igual que les hables de Cristo bendito o que les pongas la realidad delante con pelos y señales. No la van a ver, no quieren verla.

Una pareja subió las escaleras y los fumadores tuvieron que hacerse a un lado para que pasaran. La mujer llevaba una camisa de plástico transparente sobre el sujetador de Victoria's Secret. Rafael dio una larga chupada al cigarro.

—Es algo que siempre me ha desagradado de las mujeres americanas, la obcecación con que defienden la igualdad de ambos sexos. No hay más que ver este país un poco por encima para darse cuenta de que se está perdiendo la feminidad. Esas mujeres con músculos de acero que corren resollando por las aceras como gladiadoras son lo contrario de cualquier ideal de mujer que haya habido a lo largo de la historia, desde la Venus de Willendorf hasta Rubens y Modigliani. Es ridículo. Si yo hubiera nacido en este país, me habría hecho marica.

Terminaron el cigarro y se dispusieron a encender otro. Mientras acercaba la cabeza al fósforo que le ofrecía Pakito, Rafael añadió.

—Y lo malo es que están propalando su ejemplo por todas partes.

Severiano señaló a Rodrigo.

—Aquí el amigo debe de ser un entendido en la materia.

Rodrigo enarcó las cejas.

—Se termina uno acostumbrando. La fórmula es: mucho honey, mucho sweetheart, y cuando te dan un cachete te aguantas. Yo no era muy cristiano, pero he terminado convirtiéndome.

Rafael intervino.

—Yo he tenido muchas mujeres de todas las nacionalidades, pero americana, ninguna. Debe de ser una presión insoportable tener que vivir día y noche con una de esas amazonas.

—No, es divertido.

—¿Divertido?

—Bueno, si eres un poco masoquista, como yo. A mí me gusta que me castiguen de vez en cuando. Si me paso una temporada sin la ración correspondiente de latigazos, lo echo de menos.

Todos se rieron y Severiano contó un chiste muy gracioso. Cuando los españoles se preparaban a encender el tercer cigarro, Rodrigo volvió a la mesa. Había anochecido y, en los cristales que ocupaban la pared del fondo, comenzaba a superponerse la perspectiva iluminada de Los Angeles sobre el reflejo del interior del local: un póster de Frank Sinatra enmarcado en negro, los cuadros de las verduras, los cocineros preparando la comida con sus gorros y sus delantales blancos... Estaba hablando Margaret.

—Hay que comprender que Rafael pertenece a otra generación. En todo caso, su teoría del macho insaciable no deja de ser interesante.

Sandy simulaba compasión.

—Como reminiscencia histórica no tiene precio.

Una estudiante muy guapa, de pelo largo y aspecto tímido, asintió con la cabeza.

—Se nota que no ha vivido la revolución sexual.

Rodrigo bebió un trago de vino y se levantó de nuevo para ir al cuarto de baño. Dos hombres de mediana edad, uno con violonchelo y otro con clarinete, tocaban música de jazz en la sala del otro lado del bar. En los lavabos se encontró al amigo de Dawn. Cuando se situó junto a él en el urinario, el profesor le saludó.

—¿Cómo va todo?

—Bien, más o menos.

—¿Por fin no vino Dawn?

—No, no podía, tenía que estudiarse los condados de Nevada.

El profesor no comprendió la broma. Se dirigió a lavarse las manos y, mientras abría el grifo y apretaba el pulsador del jabón, habló de nuevo. Su voz se superpuso al ruido del agua.

—¿Supieron algo de Bob?

La voz de Rodrigo perdió la entonación festiva.

—No mucho, la verdad, no nos vemos demasiado.

Cuando regresaron a la mesa habían vuelto los españoles. El poeta catalán hablaba del retorno por parte de las últimas corrientes líricas a los «eternos temas de la poesía», una reacción que, según él, alcanzaba a toda Europa. De manera asombrosa había conseguido hacerse escuchar por la totalidad de los integrantes del grupo.

—Los lectores quieren que se les hable de lo que a todos nos preocupa: el amor, el sufrimiento, la felicidad. Esos han sido siempre los motivos de la literatura. Por algo será. Es ridículo plantear problemas elitistas que nadie comprende. Hay que salir a la calle, escribir para la gente sencilla. Recuerdo que hace poco estuve dando un recital en Hungría junto a otros jóvenes poetas europeos, y, cuando terminé, se me acercó una señora mayor con lágrimas en los ojos a felicitarme. Y eso que di el recital en catalán y el público sólo disponía de breves resúmenes en magiar. A mí me parece que eso vale por todos los premios literarios.

Rafael y el resto del grupo permanecían en silencio. El estudiante uruguayo propuso cambiar de aires y apuntó los nombres de varios locales en Melrose. Mientras hacían las cuentas para pagar, el profesor que conocía Rodrigo preguntó a los españoles.

—¿Qué, os ha gustado?

Rafael arqueó las cejas y movió la cabeza.

—El cordero no estaba mal, pero los aditamentos demasiado raros para mi gusto. Las combinaciones extrañas terminan matando los sabores elementales. En cuestión de comidas no hay lugar para muchos experimentos: sota, caballo y rey. Nada de trucos. Es como las mujeres: lo importante es la base, la materia prima.

Pakito hizo una observación.

—Y luego, esas raciones para anémicos, terminas de comer y ya estás con hambre.

«—Eso les viene de los franceses», dijo Severiano.

Rafael y el profesor de literatura medieval se dividieron lo que quedaba de la última botella de vino y todos salieron a la calle. La noche estaba fría. Se notaba que había nevado en las montañas.

—¿A dónde vamos?

—A cualquier sitio en que se puedan tomar unos cubatas.

Decidieron ir a Melrose y, mientras caminaban hacia el aparcamiento, Severiano atrajo con uno de sus brazos a Rafael, y con el otro enlazó a la estudiante de pelo largo por la cintura.

—Acuéstate con él, no seas tonta, no tendrás otra oportunidad como ésta, es el mejor poeta de España.

Al auto de Rodrigo subieron Pakito y Severiano, además del poeta catalán y la chica de pelo largo, que insistió en pasar delante. El poeta catalán dijo que se quería ir a casa y Pakito le dio un golpe en el hombro.

—Este Jordi es la hostia, a las diez en la cama estés. Es más europeo que la sirena de Copenhague.

Pakito y Severiano comenzaron a cantar unas rancheras mexicanas a voz en grito, y Nathalie (así se llamaba la chica) acercó su boca al oído de Rodrigo.

—Parece que han bebido demasiado. No me dejes sola con ellos, por favor.

Severiano interrumpió los gritos un momento y asomó la cabeza entre los asientos.

—¡Acuéstate con él, cojones! ¡Es el mejor poeta de España!

Salieron a Santa Mónica Boulevard y bajaron por Fairfax hasta Melrose. Pakito y Severiano seguían cantando rancheras de crímenes pasionales y caballos que galopaban por el llano, mientras el auto se desplazaba lentamente por el tráfico congestionado de Melrose Avenue.

(De *Guía de Los Angele*

MATILDE ALBERT ROBATTO

Matilde Albert Robatto nació en Galicia y reside en Puerto Rico. Cursó estudios de Licenciatura en Filosofía y Letras en la Universidad Complutense de Madrid y se doctoró en la Universidad de Puerto Rico. En la actualidad es catedrática y directora del Departamento de Estudios Hispánicos del Recinto de Río Piedras de la Universidad de Puerto Rico. De 1995 a 2001 dirigió el Seminario "Federico de Onís" del Departamento de Estudios Hispánicos. Tiene los siguientes libros publicados: Borges, Buenos Aires y el tiempo *(1972)*, Tiempo de agua *(1974)*, La creación literaria de Juan Goytisolo *(1977)*, De niebla y algas *(1978)*, Rosalía de Castro y la condición femenina *(1981)*, Redacción y estilo *(1984)*, Transparencias *(1987)*, Cincuenta años de exilio español en Puerto Rico y el Caribe, 1939-1989, *(1991, Actas congreso, coordinadora)*, Mágica Saudade *(1993)*, Rosalía de Castro y Emilia Pardo Bazán: afinidades y contrastes *(1995)*, Angel Botello y la historia del exilio gallego *(1995)*, Jornadas de la emigración gallega en Puerto Rico *(1997, Actas congreso, coordinadora)*, El reino de la memoria *(1997)*, La Torre, Literatura Gallega *(III, núm. 10, 1998, coordinadora)*, Obras completas Margot Arce de Vázquez, *Vol. III (2001, editora)*, Vol. IV (2001, co-editora), *Federico de Onís: cartas con el exilio* (2003).

MATILDE ALBERT ROBATTO

¿SERÁ EL HILO...?

¿Será el hilo
del pasado laberinto
o el recuerdo de unos días
ya cubiertos de nostalgia?
¿Quizá la flor amarilla
el aromático sándalo
las viejas algas dormidas
entre corales y nácar?
Debe ser...
la tarde antigua
rendida de soledades
las horas de tantos días
y esa mágica palabra.

MIL NOCHES FUERON DE ESPERA

Mil noches fueron de espera
de mirar por la ventana
y asomarte a la vereda
de recorrer los caminos
la ruta de los desvelos.
Tejías y destejías
la túnica de los sueños

entre olvido y esperanza
iban los hilos de seda
que dibujaban contornos
el perfil de su presencia.
Y en la noche tantas veces
una sombra se acercaba
con maleficio encubierto
deshacía los bordados
y alejaba una quimera.

Mil años fueron pasando
Caminando por la senda
saturada de nostalgias
y el amor que no regresa.
Preguntabas a los lirios
al estanque y a la hiedra
por su sonrisa amorosa
que se dormía en tu cuerpo.
¿En qué aposento escondido?
¿en qué paraje secreto?
¿qué ráfaga te ha robado?
¿qué cielo cubre tu lecho?
Mil años se van pasando
mi queja la lleva el viento.

DEBE SER SÓLO UN SUEÑO

Debe ser sólo un sueño
que se quedó en la mañana
al abrigo de un recuerdo
escondido entre las algas
Debe ser melodía
en notas imaginarias
música de las esferas
algún allegro olvidado
Debe de ser transparencia
de las secretas nostalgias
el espejo de unas horas
que confunde realidades

COMO UN RECUERDO FIRME Y LEJANO

Como un recuerdo firme y lejano
quedó la casa de largos techos
la galería de ventanales
la mecedora de tantos sueños
Quedó la alcoba disimulada
con su escritorio y primeros versos
la noche inquieta llena de encanto
y el balconcito de los secretos
La vieja torre del campanario
fue tantas veces mano del tiempo
la escalinata del viejo templo

sintió sus pasos los míos cerca
Vieja morriña de aquella casa
 que se derrumba sola en silencio
cuánto bullicio hubo en sus días
y cuánta noche cubre su puerta
Quedan en ella aquellas tardes
de verdes algas y niebla incierta
de sordo viento y lluvia fina
tiempo lejano de tenues verdes
Quedan en ella tantas nostalgias
y el desencanto de una quimera
quizá una roa desamparada
siempre la magia de una presencia.

A LO LEJOS

A lo lejos
el barco de la esperanza
que navega entre mis aguas
las algas que lo rodean
la canción que lo acompaña
A lo lejos
el faro y el puerto libre
de tormentas y huracanes
allí se esconde una rosa
y se duerme la nostalgia
se renueva una promesa
una quimera olvidada.

ORACION

Santo y profeta el Pórtico
oye mi vieja oración
Regálame tu sonrisa
Acompaña mi canción.

En esos días inciertos
claroscuro de pasión
cuando se queman los lirios
en el altar del dolor
cuando las noches se alargan
en incierto corredor
y se aniquilan las horas
y se humilla el corazón
Regálame tu sonrisa
Acompaña mi canción

En el despiadado infierno
en la cumbre del horror
las manos crucificadas
los clavos de la traición
que laceran las heridas
y envenenan la razón
en esa lenta agonía
monstruo de desolación
Regálame tu sonrisa
Acompaña mi canción.

Y en la tarde bendecida
por la musa del amor
en ese espejo de sueños
que protege mi ilusión
cuando el aire se reposa
por sólo oír un rumor
por sólo escuchar del ángel
la armonía de su voz
Regálame tu sonrisa
Acompaña mi canción.

(De *Mágica Saudade*)

JOSÉ FERRATER MORA

José Ferrater Mora nació en Barcelona en 1912. En 1936 obtuvo la Licenciatura en Filosofía por la Universidad de Barcelona. Durante la Guerra Civil luchó en diferentes frentes en defensa de la República. Al terminar la guerra, cruzó la frontera francesa y vivió varios meses en París, hasta que consiguió viajar a Cuba, donde comenzó a redactar la primera edición de su famoso Diccionario de Filosofía. *De 1949 hasta su jubilación en 1979 ocupó la cátedra de Filosofía en Bryn Mawr College. Fue también Numerario de la Academia Norteamericana de la Lengua Española y Correspondiente de la Real Academia Española. Falleció en Barcelona en 1991.*

Además de sus obras filosóficas, José Ferrater Mora cultivó también la novela y el cuento. He aquí algunos de sus títulos: Siete relatos capitales *(1979);* Claudia, mi Claudia *(1982);* Voltaire en Nueva York *(1985);* Hecho en Corona *(1986);* El juego de la verdad *(1988);* Regreso del Infierno *(1989);* La señorita Goldie *(1991);* Mujeres al borde de la leyenda *(1991).*

337

JOSÉ FERRATER MORA

ENTREVISTA CON EVA

C uando Eva salió, bastante antes que Adán, del Paraíso Terrenal, en cuya puerta los querubines de guardia estaban blandiendo esas espadas tan parecidas a las de las guerras de las galaxias, «todos» estaban ya reunidos para entrevistarla.

«Todos», es decir, los que habían sido destacados para informar de primera mano sobre la Expulsión del Paraíso.

La entrevista con Eva es un hecho histórico –quizá el más importante de toda la historia humana–. Hasta parece extraño que hubiese caído completamente en el olvido durante tanto tiempo. Se comprende que no se supiera absolutamente nada del asunto durante los siglos XIX y XX, cuando los historiadores de la Escuela Positivista se negaron incluso a aceptar que hubiese existido realmente una pareja llamada Adán y Eva. ¡Cuánto menos aún que uno de sus miembros hubiese sido entrevistado!

Habría sido natural que, tras la tan cacareada «superación del positivismo», se hubiesen restablecido los hechos. Pero durante un tiempo no ocurrió así, y ha habido que esperar a que se pusiera otra vez de moda elaborar «grandes teorías» en las ciencias históricas y sociales.

Cegados por la creencia de que la especie humana tuvo su eclosión en las sabanas del África occidental –tesis completamente descabellada–, los historiadores pospositivistas siguieron aún apegados a la idea de que la Biblia es, si se quiere, un reflejo más o menos fiel de un período crucial en la historia de varias civilizaciones del Próximo Oriente, pero que no hay que tomarse las cosas demasiado al pie de la letra. Una vez exprimido su contenido histórico, lo que de ella queda, se afirmó, es sólo una colección, no siempre muy bien organizada, y a veces inclusive bastante aburrida (véase Génesis, 5:1-24; 10: 1-27 y gran parte del *Deuteronomio*) de relatos. Conviene no traspasar los límites de la sana razón histórica.

De hecho, para restablecer la verdad ha habido que esperar a los brillantes descubrimientos de la profesora y doctora Vera Kotchina.

La doctora Kotchina tuvo que sufrir durante largo tiempo las consecuencias de su gran talento arqueológico y generológico. Como muchos que se anticiparon demasiado a su tiempo, fue objeto de burla por parte de la gran mayoría de sus colegas y hasta fue vergonzosamente abucheada en varios Congresos Mundiales de Arqueología y de Proto-Lingüística. Se la acusaba, entre otras cosas, de «cripto-judaísmo» (según unos) y de «cripto-cristianismo» (según otros), y todo por insistir en la autenticidad de las inscripciones sobre granito que descubrió en el curso de sus excavaciones en las profundidades de una cueva al norte del desierto de Neguev. Estas inscripciones están escritas en una lengua antiquísima cuya sintaxis y parte de su vocabulario la doctora Vera, haciendo alarde de una capacidad hermenéutica casi sobrenatural, logró descifrar y reconstruir. El contenido de estas inscripciones no sólo confirmó muchos de los detalles del texto bíblico, sino que le añadió datos valiosísimos. El más valioso es, sin duda, la entrevista con Eva.

Sólo en época muy reciente ha experimentado la doctora Kotchina la gran satisfacción de ser totalmente reivindicada. Ningún arqueólogo o historiador que se estime abriga ya la menor duda de que Adán y Eva existieron realmente, de que contra la expresa prohibición del Fundador y Propietario del Paraíso Terrenal, situado en el jardín del Edén, probaron del fruto del llamado «Árbol de la Ciencia» (del Bien y del Mal) y de que, como castigo, fueron expulsados del Paraíso, imponiéndoseles penas a la sazón juzgadas severísimas: ganarse el pan con el sudor de su frente para Adán y parir con dolor para Eva.

A esta importantísima contribución arqueológica de la doctora Vera Kotchina se suma el haber puesto al descubierto la razón principal de la desconfianza de muchos autores modernos hacia la Biblia como documento histórico. Es porque se tenía la impresión de que faltaba en el texto algo muy esencial: la descripción de las reacciones de la pareja, y especialmente de Eva, a la imputación de que había cometido una falta gravísima y al castigo que subsecuentemente se les impuso. El relato tradicional, tal como se transmitió durante siglos, parecía centrarse demasiado sobre la psicología del que regentaba el lugar donde se había asentado a la pareja. Se sospechaba que el autor, o el inspirador, de todos esos Libros se había esforzado por ocultar ciertos hechos, pero no se sabía que se había saltado a la torera nada menos que un acontecimiento tan magno como la entrevista aludida. De semejante ocultación se infirió falazmente que el resto era totalmente dudoso. Hubiera tenido que ser lo contrario: si el autor de los Libros ocultaba algo, razón de más para que lo dicho fuera verdadero, pero ésas son las paradojas de la historiografía.

En esta época posKotchina no tendría ya ni pies ni cabeza condenar por entero el texto bíblico. Lo que más bien hay que hacer es restablecerlo en toda su pureza. Ante todo, hay que reintroducir en él la entrevista con Eva. Luego, habrá que excavar más en busca de una posible entrevista con Adán. Por cierto que la doctora Kotchina juzga muy improbable que la hubiera, y hasta ha lanzado la atrevidísima conjetura de que Adán tardó más tiempo del que dijo Eva en salir del jardín del Edén, donde se había ocultado; según la doctora, es probable que se hubiese ocultado por algún tiempo en el Paraíso y que se le hubiese visto luego en la puerta, tambaleándose, como ebrio, e insultando a los querubines que seguían montando guardia. Hipótesis dudosa donde las haya. No menos dudosa es la suposición de la doctora Kotchina de que hubo un penoso encuentro de Adán con Eva cuando ésta se hallaba ya embarazada de su primer retoño, pero como esto supondría la existencia de Otro Hombre, sea en el jardín o fuera de él, y obligaría a rectificar a fondo el texto bíblico que tanto le costó a la propia doctora hacer admitir, esta opinión, lo mismo que las precedentes hipótesis, han topado con mucha resistencia por parte de los más reputados especialistas y sólo han sido aceptadas por un grupo minoritario de Pluralistas.

Es una lástima que las manifestaciones exactas de Eva en el curso de la entrevista no hayan llegado a oídos de más gente. Esto se debe en buena parte a que hasta ahora han aparecido únicamente en varias revistas muy especializadas, con tantos comentarios eruditos y tantas notas al pie que los simples lectores, que son la inmensa mayoría, apenas pueden entender nada de lo que se trata.

Con el ánimo de allanar este obstáculo y dar a conocer a un público mucho más amplio los resultados de los descubrimientos de la doctora Vera Kotchina, se reproduce a continuación la entrevista con Eva. Para facilitar la lectura se le ha dado un tono más acorde con las presentes circunstancias y se le han añadido algunas inferencias –de todos modos sólidamente apoyadas en las inscripciones– relativas al lugar donde tuvo lugar la entrevista, a la naturaleza y carácter de los entrevistadores, a cómo reaccionó Eva ante algunas de las preguntas, etc., etc.

Se ha procurado, en suma, introducir algo de «atmósfera».

El lugar era un espacio abrigado no lejos de la puerta del jardín. Ésta había sido apresuradamente amañada con ramas de árboles caídos en el curso de una tormenta reciente. No había ningún «muro» que separara el jardín del resto del mundo, porque en aquella época no era costumbre valerse de construcciones artificiosas para dividir terrenos –una ristra de espinosos arbustos bastaba–. Todo se hacía –como se decía en una de las notas al pie de la edición crítica de «La entrevista», *in puris naturalibus*.

Los querubines encargados de vigilar que se cumpliera la orden de expulsión pululaban alrededor de la puerta, pero todos tenían buen cuidado de no poner pie fuera del recinto. Algunos, los de las espadas flamígeras de mayor tamaño, estaban apostados a ambos lados de la salida o sentados en las ramas que formaban una especie de arco. Circulaban rumores de que un buen grupo de querubines, todavía muy en el interior del jardín, hostigaban a Adán para que por fin la abandonara, pero que el Hombre estaba remoloneando con la excusa de que no quería olvidar ninguno de los implementos –ramitas en forma de peine, piedrecitas pulidas que habían servido a Eva para hacerse la *toilette*. Puras excusas. Por lo que podía observarse desde la puerta, un corro de ángeles a las órdenes de varios arcángeles estaba levantando enormes piedras y sacudiendo matorrales y zarzas para averiguar si alguien se había escondido; un obvio *trop de zéle,* porque los únicos que hubieran podido interesarse en eso eran Adán y Eva, que se sabía muy bien dónde estaban. Pero en estos asuntos siempre hay un por si acaso.

Al salir Eva del Paraíso, todos quedaron asombrados, porque las noticias que habían circulado acerca de la Expulsión aseguraban que la que muchos llamaban «la Primera Mujer» había cubierto –más bien intentado cubrir– su cuerpo desnudo con una simple hoja de parra. Todos miraron como si estuvieran viendo visiones: no una hoja de parra, y no sólo en el sitio apropiado, sino una cantidad sorprendente de hojas de toda clase de árboles, que le ceñían la cintura y le destacaban el busto. Algunas hojas le cubrían la espalda y otras formaban, por encima de la cabellera, una especie de sombrerito. Podría pensarse que era para protegerse de los rayos del sol, pero como el día estaba bastante nublado, todo aquel artificio no parecía tener gran objeto.

Así cubierta –más tarde se diría «ataviada»–, Eva pasó, como desdeñosamente, por entre la docena más o menos de Seres Vivientes que con impaciencia la aguardaban para entrevistarla. Hubiera seguido así, contoneándose, hasta quién sabe dónde, pero una gacela, que formaba ostensiblemente parte del cotarro, la paró en seco con un fuerte empujón de anca.

Hoy día ya no es necesario aclarar (aunque aún queda alguna gente atrasada de noticias) que los entrevistadores, todos ellos animales listísimos, eran capaces de entender perfectamente a Eva, y que ésta podía entender a las mil maravillas los lenguajes de aquéllos. Ha costado un poco (pero al fin se ha logrado) convencer a los modernos más escépticos de una verdad hoy reconocida por los humanistas más recalcitrantes y que los antiguos y, sobre todo, los medievales, y no digamos la gran mayoría de los orientales, supieron siempre: que con un poco de buena voluntad, todos, los animales humanos, y los no humanos pueden entenderse sin grandes dificultades. No es, pues, que haya habido una época en que «los animales hablaban». Han hablado siempre, sólo que durante muchos siglos nos hemos empeñado en desconocer este fundamental hecho neuro-biológico.

Eva no tuvo más remedio que pararse a su vez, un poco disgustada por el encontronazo pero al mismo tiempo –se le reflejaba en el rostro– bastante complacida por el interés que se mostraba por su persona. Casi inmediatamente comprendió lo que querían y se detuvo, sonriente, formándose lo que mucho más tarde se llamaría «una rueda de prensa».

Por un instante miró con cierta inquietud hacia la puerta por si Adán aparecía. No es que no quisiera verlo, pero sabiendo cómo se las gastaba y habiendo comprobado en varias ocasiones su irreprimible tendencia a situarse en el centro de los acontecimientos –lo que oportunamente se llamaría «antropocentrismo»–, temía que procediera a desplazarla, como tantas veces había ocurrido, y que una vez más no podría hacer sentir su voz. Por fortuna, no se divisaba en todo el horizonte visible ni el más leve indicio adánico. ¡Estaba salvada! Por supuesto, reconocía en su fuero interno (muy interno) que lo justo habría sido dividir la entrevista mitad y mitad: tantos minutos para ti, tantos para mí. Pero hay momentos en que lo justo consiste en restablecer injusticias cometidas en el pasado.

Este era uno de esos momentos.

Ahí estaban todos los entrevistadores, con la gacela del topetazo muy a la vista y dispuestos a formular su primera pregunta.

–¿Qué quieres, monina?

A su manera, que era meneando mucho la cola y haciendo brillar más aún que de ordinario sus enormes ojos, la gacela le disparó a Eva una andanada de preguntas.

Que si le parecía justo el castigo, que si creía de buena fe todo lo que le habían contado acerca del Paraíso, que por qué los habían instalado allí, a ella y a Adán, y cómo había sucedido, y qué clase de órdenes e instrucciones les habían dado, y que cómo era ese Propietario del que hablaba todo el mundo aunque muchos no habían tenido oportunidad de verlo ni oírlo, y qué vida hacían en el jardín y si realmente les gustaba, etc., etc., etc.

¡Demasiadas preguntas!

Por una centésima de segundo, Eva lamentó que no estuviese allí Adán. Su compañero de jardín estaba tan seguro de sí mismo que casi no daba tiempo para terminar una pregunta. La respondía de inmediato sin inmutarse y, lo que es curioso, creyendo a pies juntillas en la verdad de todo lo que se le iba ocurriendo. Eva no había oído hablar de un personaje –¿cómo habría podido si todo estaba aún en el futuro? – que se dirigía a sus interlocutores con una rotunda frase a un tiempo exclamativa e interrogativa: «¡Tengo una respuesta! ¡Tengo una respuesta! ¿Quién tiene una pregunta?», pero de haberlo sabido habría jurado que el personaje era Adán. ¡Extraña psicología la de ese Viviente!

En vez de la serie contundente de respuestas que habría dado Adán, Eva empezó por escudarse modestamente en la ignorancia. Además, le dio a la gacela una lección de prudencia.

–Amiga mía: una cosa después de la otra.

Un caracol movió sus antenas como en gestos de aprobación y con su lenguaje insinuante le sugirió a Eva que no era necesario responder inmediatamente a todas las preguntas. Mejor sería, apuntó, ir despacio –los cuadrúpedos presentes, y la propia Eva, habrían dicho «por sus pasos contados, y contarlo todo, sin apresurarse, desde el principio».

Eva se sintió menos acongojada al pensar que no tendría por qué estar una hora, o más, asediada de preguntas, algunas de las cuales iban con toda seguridad a invadir su vida privada. Le dirigió al caracol una sonrisa de agradecimiento particularmente seductora. ¡Qué buen sentido el de estos caracoles!, pensó. Eso quería decir que, si se aceptaba la insinuación del caracol, Eva podría hablarles, para empezar, de la «situación general» y del «estado de la cuestión», y hasta que podría formular «una declaración de principios».

Eva, que en las cálidas noches del verano paradisíaco, mientras Adán roncaba desesperadamente bajo una higuera, le había dado muchas vueltas a la posibilidad de contar las cosas como ella las veía, y de decir lo que pensaba, se sintió alborozada con sólo vislumbrar la posibilidad de que pudiera tener muy pronto una ocasión que ni pintada de satisfacer esos dos ardientes deseos. Por si acaso se ponía a discusión la sugerencia del caracol y se rechazaba, se adelantó a los acontecimientos. juntando las manos como si fuera a aplaudir, exclamó:

–¡Oh, sí! ¡Muy bien! ¡Es lo mejor! Sí, sí, sí: os lo voy a contar todo lo mejor que pueda. El Origen y todo eso, quiero decir. Luego, si queréis, me hacéis preguntas, hasta de las más personales. ¿De acuerdo?

También, por si alguno no estaba del todo convencido, lo remachó con una pregunta retórica:

–¿Va bien, queridos?

Viéndola tan decidida, los entrevistadores decidieron no oponerse a los propósitos de Eva.

Todos se fueron arrimando, reclinando, recostando y desperezando para escuchar su historia.

–Quiero que quede perfectamente claro –empezó– que no estoy acusando a nadie, absolutamente a nadie, que conste, del curso que han tomado los acontecimientos, los cuales, si se piensa bien, desastrosos como lucen. Se han cometido errores, y hasta algunas injusticias, pero ¿qué queréis?, el mundo no es perfecto, y si lo fuera terminaría por ser muy aburrido y al final incluso algo menos perfecto de lo que es.

Un gran silencio. Eva, ansiosa de establecer comunicación con los demás animales, insistió:

–Va bien así, ¿no?

Por el modo en que los circunstantes miraban a Eva, ésta tuvo la impresión de que iba por buen camino. Sólo un hurón y una zorra movían los morros como si estuvieran impacientes. Desde que aparecieron los seres humanos –los dos únicos que existían hasta el momento– se habían dado cuenta de que eran un poco cargantes. Pero de esto a arrancarse, como Eva, con un discurso que parecía de político marrullero que se las da de prudente, iba un buen trecho. Se notaba lo que ambos estaban pensando: «Esta hembra se resiste a hablar de buenas a primeras de sus experiencias más íntimas para ponerse a salvo de cualquier posible crítica, pero a nosotros no nos engaña. ¡Anda, basta de filosofías baratas! ¡Al grano!».

Como si hubiese leído los pensamientos de esos dos desconfiados, Eva prosiguió:

–No quiero meterme en camisa de once varas y hacer filosofías baratas, pero si se quiere entender bien lo que ha pasado y mis reacciones (así como las de Adán, a quien conozco a fondo), no hay más remedio que situar las cosas en su contexto...

Ahora no eran sólo el hurón y la zorra los que se mostraban escépticos y, por si fuera poco, burlones, sino que se les habían agregado un matamata verde y un gran kudú. ¡Mala cosa! Eva se puso inquieta. Ahora era una avestruz que, con sus largas alas extendidas, estaba dando sombra a sus crías mientras alargaba el cuello en una actitud inconfundible de anda-termina-de-una-vez-idiota. Eva tuvo la impresión de que la primera entrevista podía acabar mucho antes de lo que hubiese querido.

Su pánico era totalmente injustificado. Aunque todavía quedaban bastantes Vivientes que parecían dispuestos a escuchar con gran atención, no habría sido el primer caso en la larga historia de la evolución de las especies en que una minoría termina por arrastrar a la inmensa mayoría.

Realmente una entrevista es un asunto mucho más complicado de lo que la gente cree. Sobre todo una que, como ésta, podía dejar una huella imborrable en la historia de la Humanidad.

Sacando fuerzas de flaqueza, Eva se repuso del choque que le había causado la actitud nada amigable de la avestruz, el impala, la zorra y el hurón. ¡Había que hacerles frente! ¡Y sin demora!

Sin preocuparse ya más, dirigiéndose al corro como si todos estuvieran pendientes de sus labios, Eva prosiguió su relato. De repente le entró una gran confianza, injustificada como todos los estados de ánimo repentinos, pero no por ello menos efectiva. Seguro, pensó, que en cuanto salgan a relucir el Árbol, la Manzana y la Serpiente, aquí no se va a oír ni una mosca.

–Amigos míos... –arrancó de nuevo, esta vez con una sonrisa capaz de derretir un témpano–. Amigos míos –repitió–; queridos amigos, amigos del alma... Os pido sinceramente perdón si empiezo por robaros algo de vuestro valioso tiempo con la relación de algunas cosas que ya sabéis o de las que habéis oído hablar, que casi siempre es lo mismo –la sutileza pasó inadvertida; muy bien, desde ahora, nada de sutilezas–. Pero... pero hay dos cosas que aspiro a llevar a cabo en el curso de esta entrevista. Primero –al decir esto levantó el índice de la mano derecha–, me sería muy difícil daros cuenta acabada de mi estado actual de ánimo (y también, si puedo hablar en su nombre, del estado de ánimo del compañero Adán) si no os informara al mismo tiempo de cómo reaccionamos ambos ante lo que nos dijo en dos sucesivas ocasiones el Portavoz del Propietario del Paraíso Terrenal para ilustrarnos acerca de nuestros, por lo visto, humildísimos orígenes (y también vuestros orígenes, no vayáis a creer). Y, segundo –dos dedos–, quisiera aligerar mi alma de todo peso para mostrárosla en toda su desnudez...

¡Bingo! Esas simples y emotivas palabras, las últimas sobre todo, pronunciadas por Eva con un tono de voz que impresionaba por lo cálida al tiempo que sincera, produjeron más efecto que una docena de hábiles discursos. Para impresionar aún más a la concurrencia, dos lágrimas que parecían dos perlas se asomaron a las ventanas de sus ojos, levemente rasgados para la ocasión. La avestruz bajó sus alas, aprisionando en ellas a sus sorprendidas crías, el gran kudú movió como en un gesto de asentimiento su cornamenta helicoidal, el matamata asomó su cabeza pardusca por debajo del caparazón azulado, el hurón y la zorra dejaron de menear sus movedizas colas... En fin... Por si Eva necesitara más pruebas de que había triunfado por completo sobre la eterna tendencia al escepticismo burlón, la leona dejó de bostezar y asentó sus posaderas sobre la hierba y el topo se abstuvo de escarbar el suelo. Por descontado, el búho fue todo ojos.

Ya no había peligro de que se impacientaran de nuevo, de que la primera entrevista del mundo fracasara víctima del escaso interés de los entrevistadores y de la (falsa) suposición de que la entrevistada le tenía sin cuidado. Ahí se tenía una oportunidad única no sólo de enterarse de primera mano de una serie de hechos trascendentales, sino también de aprender cómo se comporta el alma sensible, dispuesta a revelar sus más íntimos secretos, lista para desnudarse por completo.

Porque aunque Eva tuvo que emplear todos esos trucos con el fin de suscitar el interés de los Vivientes por su relato, la verdad es que era sincerísima y sólo le interesaba decir la verdad. A veces se emplean medios rectos con el fin de conseguir fines torcidos. Eva tuvo que hacer lo contrario: emplear medios un poco tortuosos para llegar a un honesto fin. El camino estaba despejado. Podía despacharse a su gusto.

—Lo que nos contó el Portavoz de la actividad del Propietario (a quien le gusta que lo llamen Señor, sobre todo el Señor, y ya nos vamos acostumbrando a esto) fue fascinante, sobre todo para mí, aunque algo menos para Adán, a quien le cuesta un poco enterarse de las cosas y se pasa horas enteras enfurruñado, muy metido dentro de sí, con la excusa de que tiene que «pensar» y de que para esto ha venido al mundo; realmente no sé cómo se le ha ocurrido semejante bobada. En realidad, para entender lo que nos contó el Portavoz no había que apretarse mucho los cascos; era todo muy, pero muy bonito y basta. Con todos esos juegos de luces y tinieblas, primero nada y luego algo, ¿qué digo algo?, ¡todo! ¿Para qué preguntar más? El Portavoz, que a veces se hacía llamar también Vocero del Señor, no paraba de contarnos maravillas. Al principio todo estaba oscuro y no se veía nada; de repente, se hacía la luz, como ahora durante el día, sobre todo cuando brilla el sol, aunque, y eso sí que ni Adán ni yo lo entendimos bien, aún no había sol, aunque luego también apareció, así como la luna y las demás luminarias que se ven tan bien por la noche tanto desde el Paraíso Terrenal como desde aquí, no nos hagamos ilusiones que en esto no hay grandes diferencias.

»Parece que el Señor estaba satisfechísimo, y esto lo comprendemos, aunque por lo que luego nos fue revelando el Portavoz tenemos la impresión de que estaba *demasiado* satisfecho; cada vez que le salía algo nuevo, le parecía la mar de bien. Ya comprendo que cuando se hace una cosa y sale bien, e incluso cuando no sale del todo mal, se está muy contento, pero de eso a repetirse todo el rato "Qué bueno, qué bueno" hay diferencia. Pero, en fin, quizá el decirse a cada rato "Está estupendo" le daba más alicientes para seguir haciendo cosas, nunca se sabe. No voy a hablar mucho más de todas esas maravillas, especialmente las de la tierra y las aguas, porque sería el cuento de nunca acabar. No estoy convencida de que en lo que se refiere a las aguas hubiese para tanto. Ni yo ni Adán hemos visto mucha agua, desde luego bastante menos de la que nos habló el Portavoz, el cual, al decirlo, y perdonadme el chistecito, se le hacía la boca agua. Lo que vimos, aunque la verdad es que no tuvimos mucho tiempo para explorar el jardín, fueron unos ríos, en total cuatro, que estaban muy bien, adornaban el lugar y, además, lo refrescaban, cosa muy necesaria porque aunque habréis oído decir que el jardín del Edén, como lo llamaban, es un paraíso, y hasta que decir "paraíso" es como decir "edén", la verdad es que con frecuencia estaba bastante seco y había que meterse en alguno de esos ríos para sacarse el polvo y hacerse una buena limpieza. Eso sí que lo voy a echar un poco de menos, salvo si por ahí hay también algunos ríos, o los hay tan buenos como los del Paraíso. Adán y yo pasábamos muchos ratos metidos en el agua, riéndonos como unos críos, frotándonos, salpicándonos para mojarnos de pies a cabeza, lo que era un poco ridículo porque ya estábamos bien mojados con sólo dejarnos llevar por la corriente. Una de las cosas que más nos gustaban era tendernos sobre el agua haciendo plancha, pero nunca llegamos muy lejos; en todo caso, no a esos sitios donde, según el Portavoz, sólo se ve agua por todas partes; debe de ser magnífico, aunque también es cierto que debe de dar un poco de miedo. Adán y yo aprendimos a andar por el agua, quiero decir moviendo los brazos y las piernas como si fuéramos unos pececitos, aunque de eso a hacerlo como éstos, ni hablar; por cierto que no veo a ningún pez con vosotros, ni siquiera uno de esos Vivientes que pasan mucho tiempo en el agua, como los que vio Adán cuando empezó a darles nombres y se le ocurrió, Dios sabe por qué, llamar a unos focas, a otros delfines y a otros, enormes, casi tan grandes como el Paraíso Terrenal, ballenas. Tengo entendido que algunos son muy perspicaces y estoy segura de que me harían preguntas muy buenas, pero comprendo que aquí no los haya: necesitarían unos cubos enormes para poder zambullirse de vez en cuando. Pero por lo menos podría haber algunos de esos que no necesitan agua todo el tiempo, como los patos o los cisnes; los últimos me gustan horrores, sobre todo sus cuellos, tan graciosillos. ¡Lástima! Y de los que vuelan por el cielo, que son tantos, no veo entre vosotros más que al pájaro pinto y, no sé si incluirlo en el grupo de los volátiles, al búho. Parece que los de la tierra son los más interesados en entrevistarme...

»Pero ahora recuerdo que os había prometido no alargarme demasiado sobre los comienzos, de modo que me voy a moderar, aunque no quisiera dejar de mencionar, por la cuenta que os trae, lo de los Vivientes, que se hicieron en cantidad y fueron aumentando por aquello de reproducirse, un asunto en el que el Señor parece que tenía un especial interés...

Súbitamente, de lo alto, parecía que a bastante distancia, y un poco a destiempo, descendió una pregunta:

–¿Qué piensa Adán de todo eso?

Todos miraron hacia arriba, donde se divisaba, moviéndose majestuosamente, la cabeza de una jirafa que hasta entonces había permanecido muda y como indiferente a la conferencia. O tal vez había tratado de intervenir antes, pero la lejanía no le había permitido hacerse oír. Todo el mundo levantó, como pudo, la cabeza; hasta el topo se esforzó a su modo para ver quién había interrumpido tan inopinadamente el relato de Eva. Se notaba un aire general de irritación por esa intrusión incluso entre quienes más descontento habían manifestado antes por la tendencia de Eva a monologar o a hablar de cosas no directamente relacionadas con el asunto. Lo que Eva les había dicho, aunque todavía bastante «periférico», era tan apasionante y sobre todo revelaba de tal manera la personalidad de la Mujer que estaban dispuestos a escucharla sin chistar hasta el fin. Nada de extraño que, al llegar la pregunta de la jirafa, se oyera una especie de «buuumuuu-guu» de protesta.

–¡Que se calle esa cuellilarga!

Pero Eva intervino inmediatamente para calmarles y asegurarles que las peleas no conducirían a nada y que no hay como la cooperación para conseguir todo lo que se desea.

En realidad, Eva agradecía esta interrupción, porque le daba la oportunidad de pasar nota mentalmente a las cosas que aún le quedaban por decir (bastantes).

–Creo que debemos agradecerle a la jirafa su pregunta, que tiene mucha más miga de lo que parece. Pues sí, estoy de acuerdo: no sería justo dejar completamente de lado a Adán. Lo que le ronde a Adán por la cabeza en momentos como ésos no puede dejarme indiferente, porque al fin y al cabo es el único otro ser humano que hay por los alrededores, y si no fuera por él me sentiría muy sola (mejorando lo presente, claro).

»Ahora, en lo que toca a lo de multiplicarse, es un asunto demasiado complicado para tratarlo en este momento como merece. Ya habrá ocasión, espero. Pero la pregunta de nuestra jirafa –y al decir esto Eva alargó el cuello como si con eso bastara para verla entera– me parece de un interés *enorme*. Desde luego, sería una mentira afirmar que hubo siempre acuerdo entre nosotros dos. En algunos puntos realmente cruciales (la multiplicación es uno de ellos) hubo, y me temo que siga habiendo, diferencias apreciables.

Esto marcha muy bien, pensó Eva.

–Por ejemplo, ya os dije lo que me entusiasmó el relato del Portavoz y cuánto disfruté con aquello de los juegos de luces y tinieblas. Pues bien, aunque parece mentira, a Adán parecía impresionarle mucho menos. El Hombre se las da a veces (cosa que lo confieso, a ratos no puedo sufrir) de «espíritu crítico». Así, mientras comentábamos por la noche los detalles del Primer Relato, yo estaba palmoteando como una niña mientras que Adán, ¿lo podéis creer?, se rascaba la cabeza (hasta pienso que debe de ser el primer Ser Viviente que haya hecho este gesto). Quería decir (¡supongo!) que esas novedades de que hablaba el Portavoz no demostraban mucho, y hasta me pareció entender que quizá hubiera sido preferible que no se produjeran (o que, en el fondo, daba lo mismo). Yo, en cambio, pensaba (ahora estoy menos segura) que todo era fascinante, casi un milagro, y que no había por qué preguntarse si era mejor o peor. En todo caso, tenía la impresión (ahora no estoy tan segura) de que el Señor debía de ser, en el fondo, una buenísima persona, y muy valiente además, porque ¿quién le pedía meterse en esas complicaciones? Pero él, adelante, sin ni siquiera preguntarse si no hubiese sido preferible dejarlo todo como estaba antes, es decir, con todas esas tinieblas y vacíos del principio. Ni comparación con Adán. Este hombre mío, sin hacer nada, tumbado sempiternamente bajo un okume o un sicómoro y esperando a que yo le trajera los frutos, porque lo que es él, ni se molestaba para alargar el brazo. ¿Se quiere más diferencia? El otro, el Señor, que él sí no necesitaba hacer nada, pues venga producir y producir, y lo demás se irá viendo. Adán, en cambio, no hacía más que mascullar «Jolines, jolines, a lo que salga, eso cualquiera», pero seguía sin dar golpe, sólo pensando, y creyendo que con esto ya hacía algo muy importante. Claro que si no se hace nada uno no se equivoca nunca, pero eso sólo demuestra que si de vez en cuando sale algo un poco torcido, tampoco hay que poner el grito en el cielo. Es lo que yo pensaba entonces, pero como os dije (dos veces), ahora no estoy tan segura. Quizá lo volvamos a discutir con Adán cuando por fin se decida a salir del jardín, aunque me imagino que entonces estaremos más ocupados que nunca, él sudando para sacarle pan a las piedras o como se diga, y yo, eso me dijeron que iba a pasar, pariendo y aguantándome.

Nadie hizo ningún comentario explícito a esas declaraciones de Eva —realmente muy personales—, pero por el modo como se ojeaban unos a otros y especialmente por las vibraciones de sus cuerpos, era obvio que estaban en completo acuerdo con ella.

¡Esa Eva es un encanto de mujer!

Eva, que en eso de los ojeos y las vibraciones era un genio, sonrió ampliamente, exhibiendo una perfecta dentadura, como para mostrar los saludables efectos de su dieta vegetariana.

—Pues sí, amigos —continúo—, hubo cada vez más y más cosas, y el Señor seguía encontrándolas que ni pintadas («Muy bueno, pero que muy bueno», decía), y hasta me pregunto por qué dejó de hacer cosas, que si soy yo y con esa facilidad tremenda que él tenía, o con la gran ventaja de que vayan saliendo cosas con sólo decir «Que salga esto, que salga aquello, etc.», pues a estas horas ya no cabría nada más. Estoy segura de que opináis algo parecido: «A mí me gustarían unos pajaritos color amarillo y con el cuello negro que me despertaran por la mañana con cantos bonitos», «Pues a mí me encantaría una nueva especie de babosas todavía más húmedas que las que tenemos, para salir con ellas por las tardes y comerse conmigo las hojas». ¿No es cierto? De este modo no se acabaría nunca de poblar el mundo. Pero el Señor tuvo la buena idea de detenerse, y creo que esta idea le vino por el antojo de hacer un Viviente que se le pareciera algo. Después de esto, ¿qué más podía desear? Tengo que deciros que al llegar a este punto nuestro Portavoz se hizo un poco un lío que espero se aclare alguna vez, porque si no va a ver disputas interminables sobre lo que quiere decir parecerse a tal o cual, o tener la misma imagen que tal o cual, etcétera. (en fin, líos). Yo, para mí, que quiere decir lo que dice, esto es, tener una cabeza, dos patas, dos brazos, dos manos, dos pechos (casi se podría decir «dos de cada»), no tener plumas, aunque sí bastante pelo por todas partes; en todo caso, lo que salió de este antojo fuimos nosotros dos, Adán y una servidora, y esto demuestra que si el Señor quiso hacer a alguien que se le pareciera, entonces también el Señor se nos parece, digo yo, y hasta el propio Adán, que se pasa el tiempo partiendo pelitos en cuatro en vez de trabajar, estaba de acuerdo en eso.

»Bueno, si la historia hubiera terminado aquí, no habría muchos problemas, aunque quedarían aún bastantes cosas pendientes, porque, mira, tampoco se puede aclarar todo. El único que de vez en cuando tal vez seguiría rascándose la cabeza sería Adán, porque por lo que a mí se refiere, pues yo, encantada. ¿Qué queremos más? Existir ya no está tan mal, que digamos.

»Pero al cabo de un tiempo, cuando ya estábamos disfrutando del jardín, aunque no sabíamos que era tal jardín y creíamos que todo era más o menos igual, un poco más frío o un poco más caliente, apareció de nuevo el Portavoz y nos lo volvió a contar todo, pero ahora con algunas diferencias (o "con más detalle", como él nos dijo). Nunca quedó bien claro si era el mismo Portavoz que nos contaba la misma cosa de modos diferentes, o eran dos Portavoces cada uno de los cuales nos contaba la cosa a su manera, porque los dos se parecían mucho, como esos angelitos en la puerta, que se dice que son tan diferentes entre sí, aunque la verdad es que se los ve muy igualitos.

¡Qué bien lo estaba haciendo Eva! En esto estaban todos de acuerdo, Eva la primera.

Ya no necesitaba sacar fuerzas de flaqueza. Se sentía capaz de todo, hasta de aclarar lo incomprensible.

—¿Queréis que os lo cuente también antes de hacer vuestras preguntas? ¿O estáis ya hartos y...?

Pidieron permiso a Eva para una breve consulta aparte.

La gacela, el caracol, el pájaro pinto y el conejo eran decididamente partidarios de que Eva siguiera con su relato. De que desnudara el alma, vamos. Ya habría tiempo para hacerle las preguntas indiscretas que hicieran falta.

El hurón y la zorra pensaron que había que interrumpir de vez en cuando el relato de Eva inquiriendo por más detalles.

El gran kudú expresó la opinión de que Eva trataba, en el fondo, de esquivar preguntas comprometedoras y de que convenía someterla a un interrogatorio en toda regla antes de dejarle continuar lo que ella llamaba «el relato en general» y la «declaración de principios».

La leona no estaba decidida

La serpiente y el ñu, tampoco.

Al topo no le importaba lo que se hiciera con tal de que se llevara a buen término la tarea que se les había asignado: informar a todos los Vivientes de lo *que realmente había ocurrido* mediante una exploración a fondo del estado de ánimo de los principales personajes.

El resto no expresó su opinión.

Puesto a votación, el resultado favoreció, por gran mayoría, la opinión del pájaro pinto, el caracol, la gacela y el conejo. Se acordó, pues, dejar que Eva siguiera con su relato, advirtiéndola que, de todos modos, llegaría un momento, en que no tendría más remedio, si quería seguir siendo el centro de atracción de los Vivientes, que contestar a algunas preguntas *cualquiera fuese su naturaleza.*

Así, volvieron a colocarse todos en rueda, con Eva en el centro.

Dicho sea de paso, el resultado de la votación la complació muchísimo, porque había empezado a cobrarle gusto al papel de protagonista.

—Somos todo orejas —dijo, en representación del grupo entero, la gacela, que las tenía particularmente enhiestas.

Como disparada por un resorte, Eva se apresuró a completar el relato, siempre entretejido con sus reveladores comentarios.

—Pues, sí, figuraos que un buen día se nos aparece de nuevo el Portavoz, el mismo u otro, como os dije, todavía no está claro, y nos empieza a contar una historia algo diferente, no diré completamente diferente, pero sí lo bastante para plantearnos problemas. He de deciros que a mí me gustó mucho más la primera historia con todos aquellos (para mí, repito, no siempre para Adán) estupendos cambios de escenario, pero teníamos gran curiosidad por saber más detalles, especialmente en lo que nos atañía personalmente. Por las primeras palabras del Portavoz tuvimos la impresión de que ahora se nos quería contar cómo exactamente llegamos, yo y Adán, al mundo y *para qué*.

»Bueno, lo primero que supe (siempre según el Portavoz, y hay que suponer que no mentía siempre) fue que para producir a Adán el Señor echó mano de un montón de barro, lo que no es tan mala idea, al fin y al cabo, porque todos sabemos que el barro es muy maleable y se le pueden dar fácilmente muchas formas y vueltas; de haberse servido del mármol o del granito, quizá hubiera tenido más dificultades aun contando con que sólo necesitaba decir "Pues que se haga" y sanseacabó. También le habría salido Adán, barro o no barro, pero una vez hecho, el granito o el mármol se habrían resistido más a cambiar de forma y habríamos tenido un Adán un poco envarado, me parece. De modo que a eso no tengo nada que objetar, y lo mismo digo acerca del jardín del Edén o Paraíso Terrenal que al parecer lo reservó para él, una gran diferencia, por la que Adán debería haber estado eternamente agradecido, por lo menos mientras lo ocupaba, en vez de pasarse el tiempo poniéndole peros a todo. Lo más de agradecer es que le puso un jardín precioso, con muchos árboles y plantas, una lindura. Eso sí, le encargó que lo guardara y cuidara, puro perder el tiempo porque Adán, que resultó ser un gandul de marca, se pasaba el tiempo tumbándose en un sitio y otro, quejándose del calor y, sobre todo, del esfuerzo que representaba tener que coger personalmente los frutos de los árboles, aun los que estaban bastante bajos, como las peras y los higos, que casi se le abren a uno en la mano cuando están maduros y despiden un olor tan bueno. Pero con todos los inconvenientes (y Adán es único para encontrarlos), no estaba nada mal y era de lo mejor que hay por ahí.

»Luego os voy a hablar de la trampa que al parecer el Propietario *nos* colocó en el jardín y que fue el principio de toda esta historia de malentendidos, pero antes os diré unas palabras que os interesarán particularmente porque se refieren a vosotros, los que me escucháis y los miles que están esparcidos por la tierra, las aguas y el aire.

»Mira que con lo bien que estaba el Adán de mis pecados, se aburría como una ostra, y el Propietario, un buenazo, por lo menos hasta aquel momento, se ofreció incluso para producirle más cosas, y una de las que se le ocurrió fue una idea genial: consistió en fabricar Vivientes y más Vivientes y en irlos situando en el jardín para que le hicieran compañía a ese consentido. Aún deben de quedaros familiares y amigos en el Edén que os podrán contar lo bien que se vive allá, a menos que vosotros mismos lo hayáis visitado, porque que yo sepa no estaba prohibida la entrada. Esto parece que le entretuvo un poco más a ese Adán con el que (estoy segura) el Propietario ya empezaba a estar un poco mosca, ¿de qué se iba a quejar ahora ese haragán? Para hacerle matar el tiempo le sugirió que os fuera dando nombres, con razón, porque eso de llamar a todo el mundo "animal" o "ser viviente" era muy vago. Adán cumplió con este encargo con mucho gusto; después de todo, no debe de ser tan difícil, porque no hay que seguir ninguna regla complicada, sólo apuntar con el dedo y decir: "Tú eres águila, tú eres serpiente, tú eres mosca, tú eres abeja, tú eres hipotrago y tú rinoceronte y tú pez espada, y así". Hasta debe de resultar divertido, además de dar la impresión de que uno hace realmente algo sin hacer gran cosa. Una bicoca...

»Pero ni por ésas.

»Cuando hubo dado nombre a un montón de los vuestros, volvió a las andadas y hasta he sabido (¡él mismo me lo dijo, dándose la mar de importancia y como si hubiera hecho un gran descubrimiento!) que empezó a buscar hierbas y raíces que le produjeran toda clase de sueños agradables. Una de esas hierbas (esto ni el Portavoz lo sabe) era un afrodisíaco, que por poco lo vuelve tarumba. "¿Qué te pasa, Adán?" "Pues nada, que no puedo dormir por las noches; parece que me ha picado un mosquito de ésos." ¡Qué mosquito ni qué ocho cuartos! El Señor se dio perfectamente cuenta de qué clase de insecto lo picaba y entonces decidió... pues, casi me da vergüenza decirlo, no por lo que ello representa en sí, que no es nada del otro mundo, sino porque parece como si yo hubiese venido al mundo sólo para calmar a ese gamberro... Yo creo que en esto el Señor se equivocó y hubiera tenido que ponerlo todo en uno, como he visto que pasa con algunas plantas y hasta con algunos de vosotros, no los que estáis aquí para hacerme preguntas, sino otros que a lo mejor ni siquiera habéis conocido personalmente. Si yo tuviera la habilidad de ese Propietario, ya me las habría arreglado yo misma y me hubiese evitado un montón de problemas. Pero vayamos a lo que sucedió.

»Que fue (de nuevo según el Portavoz) que mientras Adán estaba durmiendo a pierna suelta (alguna de esas hierbecitas y raíces que mascaba) le sacó una costilla; no me preguntéis cómo, ni siquiera puedo imaginarlo y, además, me huele que realmente no fue así y que eso era una manera de hablar para que Adán no se sintiera disminuido y asegurarle que nada, no se preocupara, que "eso" que vio a su lado al despertarse («eso», si queréis saberlo, era yo) procedía de su propio corpacho, ¡como si el venir de otro sitio fuera un insulto para ese pedazo de bruto! Nada más que de pensar en la costilla de marras se me revuelven las tripas. Porque estoy segurísima de que yo nací, exactamente lo mismo que él, de una masa de barro, bien calentita, y hasta de mejor calidad que el suyo. Desde luego, el tonto de Adán se tragó todo lo que el Portavoz dijo y se puso ufanísimo de saber que era "el número Uno". Si en eso (¡y muchas otras cosas!) no se corrige, va a ser imposible seguir tratándolo.

»Aun con sus ínfulas de "número Uno", yo no lo pasaba del todo mal con Adán. Ya os conté lo que disfrutábamos bañándonos en el río, pero había montones de otras cosas entrenidas que ver en el Jardín. Yo me pasaba horas enteras mirando las hormigas, que había infinitas y que son un ejemplo para todos nosotros, tan trabajadoras y seriecitas. ¡Si Adán pudiera aprender un poco de ellas...! En fin, no os quiero aburrir contando lo que me divertía.

»Hasta que sucedió lo del árbol.

»No sé por qué cada vez que Adán pasaba cerca de un árbol que estaba plantado más o menos hacia el centro del jardín, se ponía muy nervioso. No sería porque el árbol fuera imponente, como esos que crecen un poco hacia el norte, que ni Adán ni yo juntos con los brazos bien extendidos, podíamos circundarlos y que son tan altos que la vista se pierde en la copa. No, el árbol de que os hablo (y que, por lo que tengo entendido, empieza a llamarse "el árbol") era más bien esmirriado: un manzano ridículo del que colgaban unas cuantas manzanas que daban lástima y que yo no hubiera querido probar por nada del mundo. Pero Adán no debía de ser de la misma opinión, o el árbol debía de tener algún secretito que no se percibía a simple vista, porque siempre que pasábamos cerca lo miraba de reojo como si estuviera deslumbrado y al mismo tiempo aterrorizado. Como si lo temiera más que a uno de esos pedriscos que de vez en cuando se abaten sobre el jardín y lo dejan hecho un asco.

»Yo no entendía por qué ese arbolito insignificante le causaba a Adán tantos sobresaltos, y durante un tiempo pensé que era porque cada vez que habíamos pasado cerca coincidió con un trastorno serio que le habían producido algunas de esas malditas hierbecitas a las que se había ido aficionando tanto. Pero hubiera sido demasiada casualidad. No, debía de haber otro motivo.

»Me lo contó él mismo, una noche en que se sentía especialmente inclinado a las confidencias. "El Señor, acabó por decirme, al que le debemos la existencia, primero yo y luego tú (no pudo evitar la frasecita machista, ya tenía esas ideas demasiado metidas en la mollera), me prohibió gustar del fruto de este árbol." –"Y muy bien que hizo –contesté yo–, porque ese fruto parece bastante podrido y a lo mejor nos viene una disentería. Yo no lo comería ni que estuviera muriéndome de hambre." En seguida me di cuenta de que mi respuesta se le antojaba un poco frívola. Debía de haber en el asunto del árbol algo misterioso; en todo caso, la prohibición no debía de tener mucho que ver con la apariencia de las manzanas. "Es que –me aclaró– ese árbol que parece tan rancio es el de la Ciencia del Bien y del Mal, de modo que si probamos de su fruto vamos a morirnos alguna vez." "¡Vaya gracia, Adán! –le respondí–, eso ya lo sabíamos y qué le vamos a hacer, árbol o no árbol. Además, si es el árbol del conocimiento del bien y del mal, terminaremos por saber montones de cosas, y a lo mejor descubrimos un procedimiento para seguir viviendo hasta que nos cansemos... Mira: yo creo que el Señor, ese día de la prohibición, estaba un poco, ¿cómo te diré? un poco alegre... A lo mejor de vez en cuando le da por una de tus hierbecitas... No va a pasar nada: ¿por qué no nos acercamos de nuevo y nos partimos una manzanita?" Al oír esto, Adán me miró como si fuera a devorarme y por poco levanta la manaza... Por suerte, se repuso en un momento y agarrándome fuertemente del brazo me llevó, casi a rastras, a buena distancia del arbolito. Cuando nos detuvimos, me miró con aire de reproche y como si yo hubiera dicho alguna blasfemia (¡él, justamente él, que blasfema por el menor motivo y sólo para dárselas de muy machote!), espaciando bien cada sílaba, me dijo:

» ¡Que-ni-se-te-o-cu-rra!

»Muy bien, por unas semanitas dejé las cosas así, sin volver a preguntarle nada sobre la prohibición. De todos modos, él tampoco había sabido explicarlo. Se fue calmando poco a poco e incluso un día celebramos nuestro aniversario de bodas, el quinto si mal no recuerdo, es decir, los cinco años después de nuestro primer encuentro, que a estas horas ya no sé cómo tuvo lugar, Adán insiste en lo de la costilla y yo le digo que no yo lo mismo que él: barro y nada más que barro. No sé si era para no darme ideas, pero nunca sacó a relucir otra vez lo del árbol y las manzanas.

»Ni siquiera volvió a aparecer el Portavoz para terminar su relato. Como si se hubiera esfumado...

»Una tarde especialmente agradable estaba paseándome sola no muy lejos del aquel árbol de mal agüero. Divisé a Adán a cierta distancia y le hice un saludo más bien afectuoso con la mano. Ya iba a juntarse conmigo cuando al ver que dirigía mis pasos en *aquella* dirección se despidió bruscamente con la excusa de que tenía, ¿lo vais a creer?, que "cuidar del jardín". Por supuesto que se equivocaba; aunque por la posición de mis pies podía dar la impresión de que me encaminaba hacia el manzano de la historia, no tenía la menor gana de verlo de nuevo y menos aún de probar aquellas manzanas que, además, con el tiempo, debían de estar más pútridas que nunca y es casi seguro que empezarían a oler mal. Estaba más convencida que nunca de que todo aquello del bien y del mal habían sido cuentos imaginados por el Portavoz para excitar nuestra curiosidad que debía de juzgar malsana.

»De repente se me pone al lado una serpiente, muy parecida a ti –Eva apuntó con un dedo a la que estaba enroscada en un tronco con aire de fascinada por el relato y sacando de vez en cuando la lengua como para relamerse–, pero con unas estrías negras; las tuyas son azules y son más bonitas. Yo a las serpientes las acaricio siempre que puedo porque tienen una piel tan suave que es un gozo. No me cansaría nunca de pasar la mano. Ésta, la de las estrías negras, se dejó acariciar como todas las otras, y hasta se hinchó como de satisfacción; a todos nos pasa un poco eso de abombarnos un poco cuando alguien nos da gusto. Eso de que las serpientes muerden y hasta inyectan veneno, es un cuento chino. Mi serpiente, además, parecía de un pacífico que incluso era demasiado. Quizá estaba un poco adormilada.

»Yo también me iba adormilando cuando la serpiente empezó a zigzaguear, lo que a veces os ocurre, ¿verdad?, cuando estáis preocupadas. Miré y vi que acercaba su cabeza a mi oído como si quisiera decirme algo. Yo siempre estoy dispuesta a escuchar a los que quieren comunicarse conmigo (no hago distinción de especies) y algunas veces, os lo aseguro, les he resuelto algunos problemas serios. La cuestión es mostrarse sinceramente interesada. De repente oigo unos silbidos un poco extraños, distintos de los que había oído hasta entonces de boca de esos simpáticos Vivientes. Era obvio que me quería decir algo desusado y que se le trababa un poco la lengua. Por fin, lo entendí.

»"Mira, linda –me dijo (las serpientes son muy cariñosas)–. Os he observado a ti y Adán durante un tiempo y me he dado cuenta de que no tenéis la misma opinión sobre el manzano que se ve desde aquí –y, en efecto, se lo veía, un poco en la sombra, con sus ramas medio caídas y unas cuantas manzanas casi descompuestas en el suelo–. Si quieres que te diga la verdad, en eso Adán tiene toda la razón. Con su aire de pobre-de-mí-que-estoy-en-mis-últimas, este manzano tiene un poder tremendo: figúrate que si se come una de las manzanas (y no hagas caso de las apariencias: son de un jugoso que se le cae a uno la baba), pueden pasar cosas extraordinarias." "Pero bueno –le contesté–, parece, que, según me informó Adán, el Propietario le prohibió en absoluto tocarlas, y hasta le dijo que si lo hacía moriría tarde o temprano, y hasta creo que insinuó que más bien temprano. Yo sigo creyendo que todo eso son bulos y que esas manzanas no sólo no tienen ningún poder, sino que no valen nada. Como para escupirlas... –agregué haciendo con la boca el gesto pertinente–. Si parecen podridas, es que son podridas."

»"No me dejaste terminar, cabeza de chorlito –me dijo la serpiente–. Todo lo contrario y creo que tú tuviste ya, siquiera vagamente, una idea del asunto. Te lo voy a recordar para que veas que de tanto en tanto eres más lista que todos los Adanes habidos y por haber: si este arbolín es el del conocimiento del bien y del mal (y, en realidad, de todo, porque sabiendo lo que es el bien y el mal se sabe todo lo demás), si probáis una de sus manzanas tendréis asegurada la existencia, porque si os ocurre algún percance sabréis cómo hacerle frente y si caéis enfermos sabréis qué hay que tomar para curaros en un periquete. No sigo, porque esto me parece tan obvio que hay que ser un Adán para no entenderlo. Anda, no le hagas ascos: acércate y toma una manzana."

»A mí me pareció, francamente, que esa serpiente no podía ser más razonable.

Los entrevistadores se agolparon un poco más en torno a Eva, porque tenían la impresión de que ahora iba a venir lo bueno: el verdadero nudo de la historia, que explicaría el desenlace. La verdad, además, es que todos sin excepción estaban ansiosos de que Eva terminara de una vez el relato para poder –¡finalmente! – hacerle las preguntas pertinentes, y también varias impertinentes.

No se equivocaban.

–Lo que pasó desde este momento –prosiguió Eva– lo ha difundido el Portavoz a los cuatro vientos, de modo que estoy segura de que lo habéis oído. Pero os voy a refrescar un poco la memoria, no sin advertiros que ya es sospechoso que ese Vocero lo haya repetido con tanta frecuencia. Cuando se insiste en una cosa es porque se quiere ocultar algo. Pero, además, quiero volver sobre el asunto porque hay diferencias apreciables (¡y sospechosas!) entre lo que él ha dicho y lo que realmente sucedió; por lo menos, lo que me sucedió a mí, y cómo yo reaccioné a los acontecimientos. Eso lo conozco mejor que nadie porque era yo misma y el Portavoz, por muy portavoz que sea, sólo puede saber la cara que yo ponía (y aun así sólo a medias) y no penetrar mis pensamientos y sentimientos. De modo que aquí tengo que rectificar varias cosas que se han dicho; de momento lo haré de un modo general, y esperaremos a la sesión de preguntas, que será ya para bien prontito.

»Atención: lo que el Portavoz ha dicho y repetido hasta la saciedad es que yo sucumbí a la seducción de la serpiente y me zampé una de las manzanas (que, además, las había descrito como una verdadera maravilla), y que todo eso sucedió porque yo era una curiosilla que quería saberlo todo y meterse en todo, sin fuerza de voluntad para resistir nada que pareciese atractivo. Para mayor desdoro mío, ha hecho circular la falsa noticia de que yo le fui, con mis zalamerías, a Adán y casi le obligué a comer una manzana (o una mitad de la que yo había ya comido). Como venía del dichoso árbol de la ciencia del bien y del mal, pues, ¡ya está!, me enteré del mal y, por lo visto, debió de haberme gustado, y, por si fuera poco, le habría gustado también a Adán (yo le corrompí, claro, ¿quién sino su servidora?). Para engañar a los bobos, el Portavoz se detuvo mucho más tiempo de lo necesario en la cuestión, totalmente irrelevante, de si Adán y yo estábamos o no desnudos, y de si nos avergonzábamos o no de estarlo, y de si el Señor se puso o no hecho un basilisco, y de si con todo eso se armó la de San Quintín, terminando con la Expulsión.

»Además de todas esas fantasías, el Portavoz aprovechó la oportunidad para deshacerse de los deseos y repugnancias que deben de anidar en su inconsciente para criticar injustamente a la pobre serpiente y con ello, seguro, seguro (¡alerta, mis amigos!), a todos vosotros, atribuyéndoos designios oscuros y malévolos. Pero voy de nuevo a lo mío.

»Acompañada de la solícita serpiente me acerqué al arbolito y con alguna repugnancia alargué el brazo para coger un fruto. Una manzana.

»Yo misma quedé sorprendida; como por milagro, aunque lo más probable era que por industria, ese pingajo se me fue metamorfoseando entre los dedos en una esfera muy brillante y pulida, como de cera, con franjas verdes, amarillas y rojizas que daba gusto mirarlas. Menos mal, porque si hubiera seguido siendo esa podredumbre que había visto antes, no me habría atrevido siquiera a hincarle el diente. Casi todos los hinqué y me llevé a la boca un buen pedazo.

»¡Pues no estaba mal! ¿Qué digo? Estaba pero requetebién. Al mascarla salía un jugo semidulce, y semiácido, que no podía ser mejor.

»¡Vaya trucos que se gastan esos manzanos del paraíso, pensé para mis adentros, aunque me rondaba por la cabeza que desde el comienzo se había armado una trampita. Cosa muy fácil. Nada de brujería. Para espolear nuestra curiosidad, el Señor, o quien fuera, que todavía no he llegado a ninguna conclusión definitiva sobre este asunto, se las habría arreglado para plantar allí dos árboles: uno, joven y esplendoroso, que producía unas manzanas divinas; otro, que se había, ¿cómo lo diré?, sobreimpuesto a él y que era decrépito y repugnante, con unos frutos que parecían sacados de las cloacas. Durante todo el tiempo nos habíamos fijado sólo en el segundo árbol y no habíamos prestado atención al primero. ¡Vaya broma! Hay que confesar que su autor, sea quien fuere, era muy imaginativo.

»Como estaba segura (todavía lo estoy) de que toda esa historia del árbol, de la manzana, de la serpiente y no digamos de mi curiosidad supuestamente malsana es pura fantasía, o casi, me despedí de la serpiente agradeciéndole la entretenida tarde que habíamos pasado juntas y me fui en busca de Adán que, como tenía por costumbre casi desde que lo conocí, dormía una larguísima siesta debajo de un árbol, con preferencia una higuera. Allí lo encontré, todavía desperezándose, y sin dejarle que me contara, como generalmente insistía, sus estúpidos sueños, le mostré la espléndida manzana (sí, vi que era la misma) donde aún aparecía la huella de mis dientes.

»«"Anda, toma la manzanita", le dije.

»Desde luego, yo no tenía la menor intención de tentar a Adán; el muy tunante ya estaba más allá de todas las tentaciones; quiero decir que no es fácil tentar, lo que se dice tentar, a nadie a quien si le ofreces una cosa y le gusta te dice inmediatamente que sí, y ni por si pienso se le ocurre pensar si es o no pecaminoso. A Adán sólo le venían temblores como de epiléptico cuando se daba cuenta de que no estaba demasiado lejos del fatídico árbol o cuando veía simplemente algún fruto que se le antojaba podrido. Entonces todo el subconsciente se le ponía hecho un barrizal de deseos impuros y de temores inexplicables. El síndrome de la prohibición, que habría dicho la serpiente, que para esas cosas tenía un ojo de lince. Pero la manzana que yo le ofrecía no tenía nada de asqueroso o de putrefacto: era una preciosidad de manzana, todavía más bonita porque se notaban las huellas de mis dientes, que son mucho más regulares y blancos que los de Adán. ¿Tiene que sorprender a nadie que sin pensarlo dos veces (ya era casi el fin de la tarde y debía de empezar a tener hambre) le hincara a la manzana sus propios y menos perfectos dientes? De hecho, después de arrancarle un buen pedazo y sin apenas tiempo para deglutirlo, siguió dándole dentelladas a aquella lindura hasta que se la zampó por entero.

»"¡Buen provecho!"

»Eso es lo que dije yo, exactamente, ni una palabra más ni una menos, y es una verdadera lástima que el Portavoz, que se las da de tan objetivo y exacto, no haya mencionado nunca estas palabras mías, tan llenas de jovialidad y de buenas intenciones.

»Nada más que con esto podréis comprobar que el relato del Portavoz, por lo menos ese segundo relato (del primero no puedo decir nada, porque no podía comprobar si eran verdad todas esas maravillas, aunque me inclino a pensar que sí), deja mucho que desear.

Cada vez más interesante, pensaron al unísono los entrevistadores.

–Y si así es con lo de la famosa tentación, o seducción, que también se ha hablado de eso, ya podéis imaginar las falsedades que el Portavoz introdujo en el resto. Como para hacer desconfiar de todos los Portavoces.

»Es cierto que después del "asunto de la manzana", como empieza a llamárselo, el Señor no estuvo nada contento, aunque todavía no me puedo figurar por qué, y también es verdad que, al final, nos expulsó del Paraíso y nos amenazó con una carretada de males, y que para atarlo todo bien atado mandó a ese tropel de querubines que se ven a un tiro de pichón, y a otros muchos que andan por dentro removiendo piedras y zarzales, que vigilaran el cumplimiento de sus órdenes. Por eso no me explico que Adán no haya salido todavía, y menos aún que no lo hayan pescado dentro, seguramente dormido al pie de una acacia, o al de cualquier otro árbol que haga un poco de sombra.

»Ahora, en honor a la verdad, quiero declarar que, contra lo que supone, o dice, el Portavoz, Adán nunca me acusó ante el Propietario de que yo le sedujera o tentara con una manzana o con lo que sea. Adán será todo lo que queráis (y me parece que no me he mordido la lengua al expresar algunas de mis opiniones sobre él), pero no es un tipo que rehúya las responsabilidades. Claro que no las rehúye porque, en el fondo, nunca se siente responsable de nada, pero esto es otra historia.

»En todo caso, aunque ha habido muchas disputas entre Adán y yo, no ha habido ninguna a propósito de ninguna manzana. Yo la comí, o me comí la mitad, y él la terminó y todos amigos.

»Me parece que he hablado ya bastante. ¿Qué más queréis saber? ¿Queréis saber más detalles? Ya os lo dije antes: estoy dispuesta a desnudarme ante vosotros, no hablo de quitarme estas hojas porque eso es otra cosa, ¿vale?

Los entrevistadores se reunieron aparte de nuevo con el fin de examinar lo que se podría hacer para aprovechar todo el tiempo disponible, que con la inminente caída de la tarde ya no era mucho.

Hubo acuerdo general en que convendría hacerle a Eva algunas preguntas y también en que debía ser un número razonable, no esas preguntas sin ton ni son que caracterizan la mayor parte de entrevistas. Desde luego, todo tenía que ser «de interés humano» y evitar discusiones sobre Grandes Problemas, como el Ser y la Nada, o el Ser y el Sentido.

Una lista, eso es lo que había que hacer: confeccionar una lista de preguntas.

No es posible saber si era por lo avanzado de la tarde o porque todos empezaban a estar un poco fatigados de tanto escuchar y de tanto tomar notas mentalmente, pero el caso es que pronto llegaron a un acuerdo tanto sobre el número de preguntas como sobre su contenido. Se estimó que lo más prudente sería reunir las preguntas en cierto orden e informar de antemano a Eva con el fin de que pudiera irlas contestando una tras otra y en el mismo orden. De este modo se evitaría que las preguntas se multiplicaran indebidamente, como sucede cuando un entrevistador pretende apoyarse en la respuesta que le da un entrevistado para hacerle una pregunta, a la que el entrevistado responde, dando así ocasión a otra pregunta... bueno: el cuento de nunca acabar. Se evitaría, además, que a algún entrevistador le entraran ganas de lucirse formulando alguna pregunta tan larga y complicada que cuando llega al final ya nadie se acuerda del principio.

Tantas preguntas, ni una más, que esto quede bien claro.

De todos modos, algo se tardó para llegar a un completo acuerdo y confeccionar la lista. Al principio, Eva aprovechó el conciliábulo para arreglarse las hojas que se habían ido descolocando sobre su cuerpo, especialmente la cabeza y el busto. Mientras ligaba unas hojas con otras –que es lo que tardaba más–, echaba furtivas miradas hacia la puerta del jardín, por si por fin llegaba Adán. Comprendía muy bien que si fuera así, tendría que presentarlo a los entrevistados y aun permitirle hacer alguna que otra manifestación.

De momento, nada de Adán a la vista.

Transcurrida casi media hora, Eva empezó a preguntarse qué les ocurría a los entrevistadores, reunidos bajo un árbol de copa tan ancha que parecía un toldo. Ya se iba a tumbar para dormir un ratito cuando llegaron los entrevistadores, en fila india, presididos por la gacela, a quien se había hecho este honor por haber sido la primera que había formulado una pregunta a la Mujer.

Fue también la gacela la que con mucho movimiento de orejas y de patas le informó a Eva cuáles iban a ser las preguntas. Estas eran doce: diez de carácter «serio» y dos –las últimas– de índole más liviana con el único objeto de que no quedara un regusto de pesadez. Para quitarle monotonía a la cosa, se acordó que estas dos últimas preguntas las formularían el caracol, el pájaro pinto y una rata.

Eva escuchó atentamente la comunicación de la gacela y mentalmente fue tomando notas de las preguntas. En cuestión de buena memoria, los dos miembros de la Primera Pareja la tenían muy buena, en particular para las cosas que les interesaban. Pero la de Eva era inclusive superior a la de Adán. Una vez terminado el informe, todos, incluyendo la gacela, fueron colocándose de nuevo en forma de ruedo y aproximadamente en los mismos puestos que habían ocupado. Estos Vivientes –como todos– estaban muy habituados al Hábito.

Eva se propuso contestar a las diez preguntas en el mismo orden en que se le habían comunicado, y con el fin de estar bien segura de que no iba a haber errores de número o de orden ejercitó un poco los dedos de las dos manos para irlos doblando uno tras otro. Pregunta uno: pulgar de la mano derecha doblado; pregunta dos: índice; tres: mayor; etc.

Primera pregunta:

—¿Crees que el Señor obró prudentemente al colocar el manzano del que tanto se habla en el mismo centro del Paraíso Terrenal, a la vista de todos?

Eva, muy decidida, hasta podría preguntarse cómo era posible que lo estuviera tanto, porque, al fin y a la postre, su experiencia de la vida se había limitado a lo que ocurría en el jardín donde había nacido, pero, en fin, decidida estaba, contestó sin vacilar:

—La verdad, pobrecita de mí, ¿cómo voy a opinar sobre lo que ha hecho, o lo que piensa hacer, el Señor, si es el mismo que, según nos decía el Portavoz, produjo esos espectáculos tan llenos de fantasía? Él debe de saber mucho más que yo, y no digamos que Adán, de modo que si puso el árbol donde lo puso debió de ser por algo; a lo mejor, estaba seguro de que quedaba muy bien allí, aunque yo en eso tengo mis preferencias y me parece que lo que se coloca en el centro tiene que quedar muy especialmente bien y ser realmente bonito, sirva o no sirva para algo... En fin, no sé si fue prudente o imprudente; sus razones tendría...

—Pero... —el búho intervino de súbito—, pero...

Había que haberlo imaginado. Lo de poner todas las preguntas en ristre para que Eva las fuera contestando como si la examinaran en una escuela de las antiguas resultó inviable desde el mismo comienzo. Esto explica que nadie, absolutamente nadie, protestara de esta intervención del búho, que hubiera tenido que juzgarse intempestiva. De hecho, todos los circunstantes se frotaron algo, las manos o los dedos de las patas de los pies, o las alas o lo que fuese, porque les daba una oportunidad de intervenir. De hecho, sólo intervinieron, además del búho, el caracol y el pájaro pinto, pero el saber que uno puede siempre meter cuchara en una reunión produce un sentimiento de prepárense-para-lo-que-van-a-ver-lo-que-voy-a-decir-luego-cuando-haya-terminado-esta-cotorra. Desde aquel momento la entrevista se hizo mucho más suelta, y a veces un tanto imprevisible, pero ¡al diablo con las reglas!

—Pero, pero... —insistió el búho—, pero... pero fíjate, y eso está ya implícito —término exclusivamente usado por la doctora Kotchina en su traducción— en otra pregunta que, como recordarás, se te iba a hacer... Pero... —el búho ya era conocido como el campeón de los «peros»—, pero entonces, ¿por qué prohibió que comiérais el fruto de ese árbol? En estos casos, lo mejor es simplemente abstenerse de plantarlo o bien colocarlo en lugar discreto, que casi pase desapercibido. No en un sitio prominente, donde le entra a uno por los ojos, o casi, día tras día, y noche tras noche, lo que, unido a la prohibición de tocarlo, hace que le den a uno todavía más ganas... ¿no?

Eva se sentía siempre un poco nerviosa ante el búho; la intranquilizaban un poco aquellos ojos como exasperados. Intentó salirse por la tangente, lo que la hizo balbucear un poco. Pero lo que terminó por decir causó la admiración de todos los presentes. Por el relato que Eva les había hecho de los Orígenes ya habían inferido que la Mujer era muy astuta, pero nunca pensaron que pudiese ser, además, tan escurridiza. Parecía ser lo que algunos decían que era: la propia serpiente encarnada.

—Sí, sí, comprendo, aunque si a mí me prohíben algo que no me gusta, están perdiendo el tiempo. Si no me gusta, no lo tomo, punto, y la verdad es que no se me ocurrió ni una sola vez probar ninguna manzana de aquel árbol tan feo, y no entiendo por qué Adán se sentía tan angustiado, pero a lo mejor, justamente porque se le había prohibido, se le había metido en la cabeza de que justamente por estar prohibido debía de ser estupendísimo. Por lo visto, Adán no tiene gran confianza en lo que ve y toca; yo, en cambio... Adán y yo somos distintos. A él lo de prohibirle la manzana de ese árbol era lo que le gustaba más de la manzana. Un poco loco, ese Adán... Yo la probé sólo porque la serpiente me aseguró que era buenísima y que las apariencias engañan, y aunque no estoy muy segura de lo último, pues sí la probé y no me arrepiento porque era la mejor manzana que he comido jamás.

—Así pues... —empezó el búho.

Eva no lo dejo terminar. Se le ocurrió una idea que le pareció genial.

No es menester agregar que a partir de aquí, ¡adiós preguntas -cuidadosamente-formuladas-y-rigurosamente-ordenadas-en-serie!

La idea de Eva, que expresó de un modo un tanto confuso, pero que de todas maneras se podía comprender bastante bien, era la siguiente:

−El Señor sabe seguramente lo que se hace y por qué; en esto no caben muchas discusiones. Pero a lo mejor −no dijo exactamente esto, pero así es como propuso traducirlo la doctora− le pasa lo que a Homero, que de vez en cuando dormía, esto es, escribía un poco a lo que salga: *aliquando dormitat Homerus*. ¿Por qué no el Señor y Propietario de Todo lo Existente? *Dominus aliquando dormitat*. Anda, ¿no se durmió un poco al ensayar lo del árbol?

»Lo que hizo el Señor, probablemente sin darse cuenta cabal de su gravedad −nueva licencia de la doctora Kotchina−, fue sencillamente colocar una trampa para enganchar a unos pobrecillos en principio inocentes y honestos prohibiéndoles tocar o gustar algo que al mismo tiempo se les metía por los ojos y las narices. Pero eso es como inducir a un desgraciado a traficar con cocaína enviándole a un par de agentes encargados de hacer cumplir la ley, que le ofrecen ese polvillo de ángel por un precio irrisorio ("De la mejor calidad −le aseguran−: mire, huela, toque", y el bobo toca, huele y mira, y hasta hace comentarios diciendo "Debe de valer una fortuna. ¡Son ustedes unos ángeles!"). Si esos agentes le brindan semejante ganga, debe de ser legal, ¿no? Pues no: le han puesto una cámara de televisión muy pequeñita y pintada del mismo color que la habitación en una esquina y el aparato graba todas sus palabras y recoge todos sus gestos. También, claro, los de los agentes, pero éstos no, ¡ah!, éstos estaban cumpliendo con su deber y hasta se les impone una medalla y se les aumenta el sueldo... Si queréis que os diga la verdad, no me parece nada bien.

−Pero bueno, Evita −interrumpió el pájaro pinto−, seguro que el Señor no lo hizo para perjudicaros, sino con la buena intención de enseñaros a obedecer las leyes, porque si no se ría el caos, cada cual iría por su lado y al final saldríamos perjudicados todos. ¿No te parece?

A Eva no se lo parecía, o no le parecía tan claro.

—Mira —continuó el pájaro—, yo puedo volar por los aires y tener la impresión de que puedo hacer lo que se me antoja, pero mis progenitores me han dicho siempre: ojo, no te fíes, si puedes dar todas esas volteretas es porque el aire te opone resistencia, que si no ¡adiós, pajarito! te estrellarías contra el suelo. ¿Me entiendes?

¡Qué sofista el pájaro! ¡Un sofista *avant la lettre*!, como habría dicho la doctora. Claro que no volaría sin aire, pero ¿y si de repente en vez del aire todo se llenara de rocas?

Tampoco podía volar, que digamos, las rocas se lo impedirían. Además, cuando le ofrecí la manzanita a Adán, yo no creía que la cosa era para tanto. Vi que una manzana que al principio parecía podrida lucía la mar de bien y sabía divino. No debía de venir del mismo árbol. Si ya no nos podemos fiar de lo que vemos y gustamos, ¿de qué vamos a fiarnos?

El búho volvió a la carga con una pregunta en la que todos estaban sumamente interesados, porque les afectaba en su propia naturaleza y no acababan de entender por que Señor, siempre según el Portavoz había armado tal rollo sobre el asunto. Se refería a lo de estar desnudo o estar vestido, conceptos muy difíciles de captar, porque sólo se puede estar desnudo cuando se está desvestido y vestido cuando no se está desnudo, pero ¿y si no se está ni de un modo ni de otro, sencillamente porque se es lo que se es? Un problema para engendrar una jaqueca permanente. ¿Sería verdad que hay una diferencia muy fundamental entre los Vivientes: unos, que andan por el mundo como el Señor los puso en él, y otros —realmente, sólo la Pareja Humana— que no parecen poder hacer nada sin cubrirse con algo? ¿Será cierto que desde la famosa manzana los humanos se avergüenzan de estar desnudos? Eso, claro, si por desnudos se entiende no ponerse encima nada que no les pertenezca de suyo, porque en lo que toca a eso de cubrirse, la mayor parte de los Vivientes no humanos, si no prácticamente todos, disponen de una cantidad interminable de clases y variedades de coberturas.

—Lo de la vergüenza, ¿qué? —preguntó el búho con los ojos más redondos y brillantes que nunca—. El Portavoz ha difundido que tanto tú como Adán os cubristeis con unas hojas de parra, lo que, dicho sea de paso, me parece un poco ridículo y ya me estoy imaginando vuestra facha con esas tapitas estrafalarias. Pero si os daba vergüenza no llevar nada encima, sobre todo nada que cubriera esas partes tan útiles del cuerpo (¡debéis de ser muy complicados, o muy vanidosos, para llegar a este extremo!) ¿por qué no fuisteis un poco más allá y no os cubristeis de verdad, de pies a cabeza, y así habríais ocultado vuestras fealdades, que no son pocas, tenemos que decíroslo con toda sinceridad? La verdad, queridos (perdona la franqueza), no hay quién os entienda.

Eso iba en camino de convertirse en una de esas preguntas que no terminan nunca. Comprendiéndolo así, el búho, siempre atento, se disculpó.

–Pero, en nombre de todos –acabó diciendo–, te diré que nos gustaría mucho que nos aclararas este punto, uno de los más cogidos por los pelos.

Eva se lo aclaró al punto.

Primero, le contestó, ella no había sentido ninguna vergüenza por estar desnuda, *porque no estaba desnuda*. No, señor, eso fue un embuste del Portavoz, esperaba que alguna vez rectificaría. Desde que nació del barro (no de la costilla), Eva había sentido un irreprimible deseo de lucir mejor de lo que ella misma se veía cuando se contemplaba en los remansos del río. La cara, bueno, no estaba del todo mal, pero, a diferencia de muchos de los Vivientes que andaban y retozaban a su alrededor, el resto parecía algo cargado de grasa por aquí y demasiado enjuto por allá; en fin, que nunca estaba todo completamente regular. Los brazos un poco largos o las piernas un poco cortas, o viceversa. Empezó, pues, a disimular estos defectitos con hojitas de árboles y con algunas florecillas en el pelo, y se dio cuenta de que mejoraba a ojos vistas. ¿Por qué no seguir así, buscando nuevos y más atractivos atavíos? Eva se daba cuenta, por supuesto, de que al decir todo eso confesaba ciertas imperfecciones que no se encontraban en otros Vivientes –la gacela, por ejemplo, la serpiente o inclusive el caracol, todos tan ajustados a su ambiente, y en este sentido tan llenos de gracejo–, pero pensaba que no era ningún desdoro; no hay nada censurable en el deseo de aparecer lo más atractivo que se pueda. Esto podía además complacer a Adán, pero no era la razón principal de su interés en cubrirse y acicalarse; de hecho, muy a menudo Adán no se daba si siquiera cuenta de los esfuerzos de Eva para realzar sus naturales encantos. Pero, en fin, sabía que éste no era exactamente el problema que había suscitado el búho; lo que éste quería saber, ¿no es cierto?, es si Eva, después de probar la manzana, había sentido vergüenza de su desnudez. La respuesta era un rotundísimo no, porque de algún modo ya estaba vestida. ¿Sería, inquirió el búho, vergüenza de otro tipo, una que afectaba... nadie sabía muy bien en qué consistía eso, o cómo podría llamarse, pero debía de ser eso que luego se iba a llamar «aliento» o «alma»? «Tal vez algo de eso», respondió Eva, pero no por el hecho de haber probado el fruto supuestamente prohibido, sino más bien por la alharaca que se armó tan pronto como le pasó la manzana a Adán y éste se la comió sin grandes ceremonias. Y especialmente por los ruidos que producía el Señor al pasearse por el jardín cuando apuntaba el alba. Eran unos ruidos espantosos, a los que se unía su voz ensordecedora al preguntar dónde diablos estaban y por qué se habían escondido. Muy fácil: se habían escondido por el ruido.

–Quiero hacer constar –dijo Eva– que estoy hablando por mí y no por Adán. Es muy posible que él tuviera otras ideas sobre el incidente, lo que puede comprenderse hasta cierto punto, porque no somos exactamente iguales ya que –se le notaba a la legua la ironía– él vino primero y yo segunda y además él parecía estar más al tanto que yo de los antojos del Señor.

Al llegar aquí, Eva se embarcó en una larguísima digresión que se puede leer completa en la edición crítica de las inscripciones. En sustancia, dijo lo siguiente:

Que Adán debía de estar obsesionado con aquello de la prohibición y de las penas que se le impondrían en caso de desobedecer las órdenes del Señor. A veces, en medio de una siesta interrumpía los ronquidos, abría los ojos y movía los brazos como si fuera un espantapájaros. Le decía luego a su compañera que había estado soñando en que mientras dormía se habían plantado manzanos en todas partes y que *todos estaban prohibidos*. La cosa había llegado a tal extremo –siguió diciendo Eva a los entrevistadores– que empezó a entrarle la sospecha de si Adán no habría perdido el juicio.

Que algún tornillo debía de faltarle se lo confirmó la extrañísima idea que poco a poco se fue apoderando de su cerebro y que tenía todos los visos de ser un modo de barrer todas las preocupaciones hacia el subconsciente.

Esta idea consistió en la conjetura de que lo de la manzana había sido, en efecto, una trampita del Señor para que pudiera legalmente expulsarnos del Paraíso, pero no para hacernos realmente ningún daño. Más bien un gran favor. En que consistía exactamente éste Eva no lo pudo comprender jamás. Desde luego, no a base de las palabras «libertad» y «libre albedrío» que Adán mascullaba en sueños y que a ella le parecían rarísimas porque no parecía referirse a nada conocido o que pudiera conocerse. Cuando le preguntó qué cosas eran ésas, Adán le contestó malhumorado que no eran «cosas», sino que –y se veía claro que tampoco él lo entendía del todo– «eran otra cosa», lo que la hizo reír a carcajadas. Esto él no lo tomó nada bien, y menos aún cuando haciéndose la ingenua Eva le dijo que si de todos modos eran «otra cosa» seguían siendo alguna «cosa», y tenía mucha curiosidad por saber si era grande o pequeña, azul o amarilla, dulce o amarga. No pudo seguir, porque Adán se puso hecho una furia y la motejó de ignorante, incapaz de tener una idea en la cabeza o que si era una idea sería muy corta en comparación con el cabello que lo tenía muy largo. Lo único que ella pudo pescar, y aun sólo a medias, fue que con ese «albedrío» o como quisiera llamarlo, el Señor les había concedido el honor de ser capaces de elegir entre el Bien y el Mal. En principio, a ella eso no le parecía nada mal, sobre todo porque ya que podían elegir, iban a elegir siempre el Bien, ¿a quién se le ocurriría otra cosa? Adán le respondió que ya no había nada que hacer con ella, que era bien claro que no entendía ni podría jamás entender jota de nada que tuviese realmente importancia, como eso tan clarísimo de que sólo se puede elegir el Mal y que si se quiere elegir el Bien hay que esperar que el Propietario, él personalmente o alguno de sus íntimos, acuda en ayuda nuestra y nos saque de apuros.

–Nunca había oído semejantes locuras –concluyó Eva–. Se lo dije a Adán, aunque no de ese modo tan crudo, y él respondió, ya me lo figuraba:

»"Es porque eres una mujer. Eso es."

Con esto Eva consideró que había contestado más que suficiente la pregunta del búho, y ya iba a dar su perorata por terminada cuando se le ocurrió algo:

–No entiendo por qué Adán no ha salido todavía del Paraíso, pero pensando en lo que os he dicho de lo muy obseso que estaba con todo eso de la manzana y de la expulsión, me estoy preguntando si no se habrá demorado con el fin de convencer al

Señor de que está arrepentidísimo y de asegurarle que no, que no lo volverá a hacer nunca más, y hasta de que tratará de olvidar todo lo que aprendió del Árbol de la Ciencia (que, para ser sinceros, no era mucho, o no era nada del otro mundo), y todo eso con el fin de que le permita seguir en el Paraíso. Me huele que hasta estaría dispuesto a que yo quedara fuera para siempre, no porque yo le disguste tanto, nuestros buenos ratos hemos pasado, sino porque abriga la esperanza, el muy canallita, de que el Señor le sacará oportunamente otra costilla para fabricar otra Eva, que además sería más joven que yo. O, si tengo razón en lo del barro, debe de pensar que hay suficiente en el jardín para fabricar Evas a montones.

Ahora sí que aquella entrevista, que todo el mundo, incluyendo la entrevistadora, reconocía que había sido sumamente grata, ya no podía continuar por más tiempo. Se estaba haciendo realmente tarde, y todos tenían ganas de retirarse.

Pero el búho, que era el más terco del grupo y que, además, prefería con mucho la noche al día, los retuvo aún unos momentos, recordando que todavía quedaban por contestar las «dos preguntas frívolas. No te vamos a retener por mucho tiempo –agregó–. Sólo unos minutitos».

De las dos preguntas se encargó una rata que hasta entonces no había dicho ni pío.

Empezó, muy gentilmente, por afirmar que, personalmente, ella hubiera preferido poder hacer una pregunta algo más seria, como la de si había oído la noticia que había circulado insistentemente sobre una supuesta orden del Señor acerca de las futuras relaciones con Adán, y que consistía sustancialmente en que desde este momento ella tendría que obedecerle en todo.

Por toda respuesta, Eva se limitó a decir dos palabras que sentaron precedente para todas las entrevistas que se han llevado a cabo a lo largo de la historia:

–Sin comentarios.

Todo quedaba libre para las dos preguntas frívolas, que fueron asimismo muy imitadas en entrevistas posteriores.

–Si fueras un árbol, ¿cuál te gustaría ser?

Eva había oído en el curso de su relativamente corta vida cosas muy extravagantes, pero ésta las batía a todas. Como frívola, no podía serlo más.

—No lo sé; nunca se me ha ocurrido. Okumes, fresnos, acacias, sicómoros, baobabs, olivos, perales, mangos, cocoteros, manzanos... cada uno tiene lo suyo. Quizá una palmera, pero no estoy segura. Dejémoslo para otro día.

¡Prudentísima Eva, que había aprendido a responder sin decir nada!

—Bueno, ahora va la última: Si tuvieras que volver a empezar, ¿harías lo mismo que has hecho? ¿Qué te gustaría hacer distinto?

Eva recordó que mientras el Señor se paseaba por el jardín con su voz de trueno, había hablado de eso con Adán: de si habrían hecho algo distinto de lo que hicieron o de si se habrían abstenido de hacer algo que hicieron. Adán era partidario de volver a empezar, o poco menos: «Si pudiera empezar de nuevo —le había dicho a Eva—, otro gallo nos cantaría». Lo malo es que cuando Eva le preguntó qué habría hecho o dejado de hacer distinto, no supo qué contestar. Eva, en cambio, juzgaba que estrujarse los sesos con estos problemas era perder el tiempo: «Lo que pasó, pasó, y lo que será, será», había concluido.

—Adán no estuvo de acuerdo —le dijo Eva a la rata—, y me acusó (no era la primera vez) de falta de iniciativa. A mí me parece que el que no tenía iniciativa era él, que se pasaba las horas pensando en esas bobadas.

Ahora sí que había que terminar. Ni era costumbre entre los Vivientes despedirse unos de otros; ¿no era bien claro lo que hacían cuando después de reunirse para alguna ocasión como ésta se iban cada uno por su lado?

Eva, con mucho donaire, les dio las gracias. Lo había pasado muy bien.

Otra vez sola casi frente a la puerta del Jardín, Eva estaba vacilando. ¿Qué iba a hacer ahora? ¿Esperar a Adán? ¿Penetrar por su cuenta en ese nuevo mundo que en tantos aspectos —en las plantas, en los Vivientes— se parecía al antiguo?

Mientras reflexionaba, vio a Adán. En el mismo umbral de la puerta del Paraíso.

Casi no lo reconoció. El rostro, desencajado; el cuerpo, cruzado de líneas rojas y moradas, como si le hubieran dado latigazos; de una de las cejas manaba sangre. ¿Qué le había ocurrido?

Solícita, se acercó a él, mientras los querubines de guardia, de nuevo armados con sus espadas flamígeras, batían el aire como si quisieran azuzar al Hombre a que saliera cuanto antes del Paraíso. Adán parecía que apenas podía andar.

Ya casi en la puerta, evitando hábilmente el zumbar de las espadas, Eva le tendió la mano y con mucho cuidado lo condujo fuera del Jardín hasta que estuvo fuera de peligro.

Iba a preguntarle lo que había pasado, pero se dio cuenta de que en momentos como éstos lo más agradecido es el silencio.

Cogidos fuertemente de las manos, lentamente y paso a paso, Eva y Adán se adentraron en el Laberinto de la Historia.

(Del libro de relatos *Mujeres al borde de la leyenda*)

FRANCISCO ALVAREZ-KOKI

Francisco Alvarez-Koki nació en A Guarda (Galicia), en 1957. Reside en Nueva York desde los años setenta.

Ha publicado, en gallego: Lexanías *(1980)*; Maruxia *(1989)*; Mais aló de Fisterre (1991); Alén da Fronteira *(1999)*; en español: Poemas del verbo amar *(1981)*; Soliloquios del silencio *(1982)*; Para el amor pido la palabra *(1987) (2nda ed. 1990)*; Circunferencia de la palabra *(1989)*; Sombra de Luna *(1990)*; Desde la otra orilla *(1994)*; Entre dos aguas *(1995)*; Entre tu cuerpo y mi cuerpo *(1996)*.

Fue coeditor −con Gerardo Piña-Rosales− del número especial de Brújula/Compass «Escritores españoles en los Estados Unidos», *Instituto de Escritores Latinoamericanos (1995)*, y del libro Viento del Norte. Seis narradores españoles en Nueva York *(2006)*.

Gerardo Piña-Rosales (foto)

FRANCISCO ALVAREZ-KOKI

QUINTA AVENIDA

Gostaríame sorrir esta tarde
camiñando pola Quinta Ave,
fitando os novos e vellos xudeos
arrempuxado pola xente que voa con aires de presa
e no coñecen a Deus.
Gostaríame bicar aquel meniño
que choraba de rixo
mentras a súa nai falaba coa súa confidente
reina do charol.
Só teño un sorriso pra aqueles vellos
que xogan co tempo e falan de amor.
Duas pombas xuntan o aire da tarde co vento da noite.
Ó lonxe moi lonxe chove miudiño, nunha terra
que non sei que ten.
As campás tocan a morto, o Miño baixa ergueito e
silencioso
con bágoas de estrelas.
Fito o lonxe pola xanela do meu corazón
mentras me perdo camiñando.
A Quinta Avenida é un camiño longo
onde a lembranza
é unha carreira de zapatos.

(De *Máis aló de Fisterre*, 1991)

HUDSON STREET

Un día máis
e Hudson Street
aseméllaseme a un calexón sen saída
ou a un sulco da miña ialma
que non camiña.
Un día máis
e o meu corazón sacudido pola saudade
non pode máis ca termar
¿cando navegará tranquilo ó destiño desexado?
quizáis xamáis,
ou tal vez estea construindo
o seu propio destino.
Separáronme do mar que tanto quero
e síntome náufrago
porque me faltan as givotas e as gamelas.
Quédame a lembranza
do vello lobo do mar.
E sobor estes meus versos
e este meu exilio.
Eu mil veces forte
diante de tódalas adversidades,
como un neno pequeno
terminarei chorando.

(De *Mais aló de Fisterre*)

AMEITE NA PRIMAVEIRA

Ameite na Primaveira
cando a herba a penas florecia nos teus ollos
Ameite na lembranza e na presencia,
dun corpo en sorriso.
Ameite na Primaveira aquela tarde,
de queixumes e soños e mapoulas
Ameite na Primaveira cando a penas
adoescencia era unha flor de poucos anos.

Ameite na Primaveira, e tremían os teus beizos,

e o teu corpo.
E as miñas máns como o arco de vella,
cubrían o color do tempo;
e sorria a soavidade da pel,
dun primeiro amor na súa entrega.

(De *Alén da frotera*, 1999)

CRÓNICA VI

A Ramón Caride Ogando

Leia a Cavafis...
dende a baleira hora do crepúsculo
en que o tempo desfaise antre os dedos.
Dende lonxe chégame a palabra
nun concerto de horas fenecidas.
Ollo o intre que a gaivota dende o Óceano
faise escuma do pranto
 no que vivo.
A morte é un poema sucedáneo
das viaxes ás Ítacas e dos Aquiles.
Os ventos son as ondas
que se ergen e buscan destinos máis lonxanos
Ollei pra o meu escritorio
donde as "Crónicas de Sucesos"
caminaban silenciosas.
Crónica VI: O Pato Donald,
roubame un anaco de vida cada día.
Estou canso do good morning e do
remember e do thank you.
Ás veces rindo culto a San Carallás;
e antre dentes digo: ¡Inde pro carallo!
Como estar acó sen estar aló,
se non podo.
Pode mais angoxa
sóñovos como unha ponte, feita de abecedarios.
Apértovos de lonxe,
nas encrucilladas onde a lembranza
é un calexón que batuxa
nos sesos da miña memoria.

RETRATO URBANO

O espello como un receptor ambulante
devolve o parecido.
As pombas metálicas de vento
soñan con ser paxariños
e voan polas ponlas dos edificios.
As rúas, ríos de sangue emigrante
desembocan no paradiso
de caciques ambulantes
que soñan con ser ricos.
Os cregos das parroquias
sempre de luito asustadizo
buscan co medo do inferno
encontrar novos aditos.
As grandes tendas abren
os seus dentes de abundicio
e as vellas locas con cartos
bendicen o seu feitizo.
Un can pulgento foxe
do que non e o seu paraiso
e a cidade xunta os seus brazos
cheos de perxuicios.
O crisol das razas e outro conto
que nos inventaron os gringos,
non hai xuntanza de razas
todo e *ara-kiri* chino
pelexamos por todo, nunca un sorriso
o linguaxe e *fuck you*
nos vellos e nos meniños.
 E este retrato urbano
e o cliché que eu miro.

(De Alén da Frontera, 1999)

A NOSA SEÑORA DA LIBERTÁ MADE IN U.S.A.

Berrei forte ata rebentar
diante da túa man estranxeira
a que sostén a fogueira
que din é da libertá.
Que cousa de espanto
a que eu sinto
e mentras escribo canto
e xuro por ti que non minto.
Mais érgueste nuns pes
que teñen o firme enlodado
no que anda revolto o pecado
da contaminación que ti ves.
Que fermosa te ollo no outeiro
coa man cara o ceo
e por intres penso eu
que ti es unha loucura.
No nome da túa grandeza
canto tiro po-la caluga,
canto noxo e vileza
e como medra tanto fillo de puta.
Roxa de vergoña a cara túa
é unha triste paisaxe
pois voou co vento a túa mensaxe
e só te escoita unha triste lúa.
Apaga a luz que tes acesa
e non perdas a espranza
acende e ergue a cabeza
cando non sexas venganza.

(De Maís aló de Fisterre)

Este libro acabóse de imprimir
el día 15 de agosto de 2007
en los talleres de The Country Press,
Massachusetts